혁신학교 2.0

혁신학교 2.0

초판 1쇄 발행 2014년 10월 17일
초판 8쇄 발행 2020년 8월 3일

지은이 | 박일관

발행인 | 김병주
출판부문 대표 | 임종훈 ·
주간 | 이하영
팀장 | 신은정
디자인 | 디자인붐
마케팅 | 박란희
펴낸 곳 | (주)에듀니티(www.eduniety.net)
도서문의 | 070-4342-6110
일원화 구입처 | 031-407-6368 (주)태양서적
등록 | 2009년 1월 6일 제300-2011-51호
주소 | 서울특별시 종로구 인사동 5길 29 태화빌딩 9층

ISBN 979-11-85992-02-0 (13370)
값 15,000원

혁신학교 2.0

혁신학교를 넘어 학교혁신으로

박일관 지음

에듀니티

2010년 6월 2일 지방선거에서 나는 많은 사람의 예상을 깨고 간발의 차이로 전북교육감에 당선되었다. 그리고 7월 1일 제16대 전북교육감으로 취임했다. 취임하자마자 내 앞에는 난제가 산적해 있었다. 교원평가, 자사고 지정·고시의 취소, 일제고사 초등학생들의 표현으로는 '명박고사' 등이 줄지어 나를 기다리고 있었다. 다툼은 다툼이고 일은 일이다. 무엇을 가장 먼저 시작해야 할 것인가? 앞으로 4년, 나아가서는 전북 교육의 미래에 무엇이 가장 중요한 것인가? 사람들의 의견도 들어보고, 홀로 거듭 고심도 했다. 내린 결론은 간명했다.

'아이들에게 학교에서의 배움과 성장이 즐거워야 한다. 아이들에게 학교는 가고 싶은 곳이어야 한다. 만약 아이들의 가슴 속에서 가정과 교실 사이의 경계가 느껴지지 않는다면, 그런 학교를 만들 수만 있다

면, 교육은 완전히 달라질 것이다.'

그 일을 하기 위한 열쇠는 누구에게 있는가? 교육감인가? 그건 아니었다. 열쇠는 교사에게 있다. 교사를 움직이게 해야 한다. 수업은 교사의 고유권한이다. 수업을 바꾸려는 교사의 결심과 열정 없이는 공교육 개혁의 핵심인 수업을 바꿀 수 없다. 수업을 바꾸지 못하면 교육개혁이라는 구호는 빈 수레에 불과하게 될 것이다.

그래서 생각한 것이 혁신학교였다. 그 단초는 경기도 혁신학교에서 찾았다. 하지만 경기도 혁신학교를 깊이 들여다보지는 않았다. 어차피 그 작업은 도교육청 실무진과 현장 교사들이 할 것이라고 생각했다.

혁신학교의 컨트롤 타워가 필요했다. 교육혁신과당시 교육진흥과 내에 학교혁신팀을 두고 그 일을 관장하도록 했다. 이 일을 할 수 있는 전문직이 필요했다. 혁신학교에 대한 전문성을 갖추고 있고, 도덕성과 추진력을 갖춘 사람이 누구인가? 인물 검증을 시작했다. 그때 떠오른 인물이 바로 이 책의 저자 박일관 장학사였다. 2010년 9월 1일 자 교원 정기인사에서 발령을 내고 일을 시작하도록 했다.

2011년부터 운영할 혁신학교를 공모하고 선정하는 작업이 시작되었다. 원래의 계획은 10개 학교였는데, 신청을 한 학교 수가 예상을 훨씬 뛰어넘었고, 준비성과 열정과 진정성을 갖춘 학교가 많았다. 학교혁신팀에서는 어떻게 하면 좋겠냐고 교육감의 의견과 결단을 기다렸다. 성공 가능성만 있다면, 굳이 처음 세운 목표 숫자에 얽매일 필요가 없다고 판단했다. 그래서 20개 학교를 혁신학교로 선정했다.

혁신학교의 운항은 결코 만만치 않았다. 곳곳에서 암초가 기다리고 있었다. 그것을 극복해가는 과정에서 예상하지 못했던 것이 튀어나왔다. 최초에 나타난 장애물은 혁신학교를 운영할 생각 자체를 하지 말라는 압박이었다. 그러나 학교혁신팀과 혁신학교 구성원들은 굴하지 않았다. 압박이 들어오면 올수록 더욱 강하게 힘을 모았다. 이 책에는 그 과정이 고스란히 담겨 있다. 그래서 이 책은 역동성이 있다.

저자는 이 책을 쓰게 된 목적을 명확히 밝히고 있다. "이 글은 처음부터 전북의 혁신학교 4년의 경험을 다른 지역과 고스란히 나누고 싶은 의도로 쓴 것이다. 그러므로 혁신학교를 추진하면서 얻은 우리 지역의 좋은 경험은 가져다 쓰고, 어렵고 힘들었던 경험은 미리 참고하여 시행착오를 줄여주는 역할을 했으면 하는 바람을 시종일관 가슴에 담고 진솔하게 쓰려고 노력했다"는 것이다. 혁신학교의 성과와 시행착오를 함께 복기하자는 것이다.

저자가 이 책에서 가장 빈번하게 사용하는 용어가 바로 '집단지성'이다. 오늘날은 한 개인의 지성으로 제도와 관행과 규범을 변화시키면서 새로운 가치를 창출할 수 있는 시대가 아니다. 혁신학교 정책도 마찬가지이다. 교장, 교감, 교사, 학부모, 지역사회가 갖고 있는 지혜와 역량과 능력이 상호 작용을 하면서 만들어져 나오는 지성, 즉 집단지성만이 혁신학교의 성공을 보장할 수 있다.

그리고 실제로 전북의 혁신학교들은 그러한 의미의 집단지성을 도출해내기 위해 몸부림쳐 왔다. 그 결과 지금 이 순간 전북에서는 101교 101색의 혁신학교가 나비의 날갯짓을 힘차게 하고 있다.

이 책은 전북의 혁신학교 성과와 한계를 있는 그대로 드러내는, 즉 전북 혁신학교의 자기 고백서라고 할만하다. 이런 성격의 책을 쓸 수 있는 사람은 극히 한정되어 있다. 박일관 장학사는 전북 혁신학교의 첫걸음부터 함께했던 인물이다. 현재 101개교에서 운영되고 있는 전북 혁신학교의 산파라고 말해도 조금도 지나침이 없다. 혁신학교의 성공적 뿌리내리기를 위하여 자신의 삶을 모두 바쳤다고 말할 수 있다.

전라북도교육감

김승환

· · ·

소득 양극화에 따른 교육 양극화, 남의 실패가 나의 성공이라는 경쟁의 본질에 너무나 익숙한 사회, 학교 폭력의 일상화와 사회 폭력으로의 전이, 학습 흥미를 잃고 교육을 받을수록 망가지는 아이들, 공교육 불신과 사교육 맹신, 교사도 학교가기가 두려워지는 등 우리 교육이 제자리를 찾지 못했다는 반성 속에서 혁신학교를 추진했다.

진보니 보수니 거대담론 다 내려놓더라도 6개 시도에서 시작된 혁신학교 정책이후 변화하는 우리 교육현장을 바라보자. 학생, 교직원, 학부모들이 행복해하는 그 눈빛을 바라보자, 이보다 더 나은 보편적 교육복지가 어디 있다는 말인가. 혁신학교는 이제 한국교육의 새로운 희망이다. 입시 경쟁 중심 사회에 대한 변화 요구가 지난 6.4 지방선거를 통해 나타났고, 혁신학교는 공교육 부활의 대안으로 국민적 공감을 얻었다.

이러한 국민적 공감을 얻는 데 일조한 인물이 박일관 선생이다. 혁신학교 정책을 추진하는 동안 절반 이상의 시간을 학교 현장에서 보냈고, 그곳에서 답을 찾아갔다. 박일관 선생은 그의 삶 자체가 교육이라고 해도 과언이 아니다. 그의 글은 힘과 진정성이 느껴진다. 머리가 아닌 심장으로 이 책이 읽혀지기를 바라는 이유이다. 해직의 아픔을 겪은 동지로서, 빛고을혁신학교추진위원2012~2013으로서 광주의 혁신교육 정책에도 도움을 주었다.

　이 책속에는 저자의 몇 가지 강한 믿음이 발견된다. 나보다 우리가 더 똑똑하다는, 학교 구성원들의 자발적인 변화의 움직임이 지속가능한 혁신을 담보할 수 있다는, 서로의 다름을 인정하고 관계 맺기가 그 무엇보다 우선되어야 한다는, 학교는 배움과 성장이 가능하다는, 꽃 하나가 피기 위해서는 숲이 통째로 필요하듯 아이들 키우는 일도 이와 같다는, 교육은 변화의 속도가 아닌 방향이라는 박일관 선생의 이러한 믿음이 전북교육 변화의 마중물이 되었다고 믿는다.

　대추 한 알도 저절로 붉어질리 없듯 혁신학교 운영 초기 갖은 오해와 갈등과 어려움 속에서 전북 혁신교육의 주춧돌이 어떻게 놓였는지 함께 공감해보자. 전북 혁신학교 정책 실무자로서 고민과 열정을 살며시 훔쳐보자, 이러한 고민과 열정은 새롭게 혁신학교를 시작하는 모든 이에게 시행착오를 줄여줄 수 있는 지침서가 될 것으로 확신한다.

광주광역시교육감
장휘국

프롤로그

　전라북도 혁신학교 정책은 2010년 6월 지방선거에서 제16대 교육감으로 당선된 김승환 교육감의 핵심 공약에서 출발했다. 임기 4년 동안 연차적으로 100개의 혁신학교를 지정·운영함으로써 공교육 정상화 모형을 창출·확산하고, 학력과 인성이 조화롭게 발달하는 전인적 인간을 육성하며, 배움과 성장·소통과 참여를 통해 구성원 모두가 행복한 학교를 만들겠다는 것이 그 내용이었다. 그해 8월 말에는 교육의 변화를 열망하고 실천해온 여러 교육 관련 단체의 교수와 교원들을 중심으로 '혁신학교추신위원회'가 구성되었고, 참여한 위원들의 집단지성을 통해 전라북도 혁신학교의 철학과 상像, 정책 목표와 지원 방안 등의 큰 틀이 만들어졌다.

　이렇게 시작된 전라북도 혁신학교 정책은 현장의 기대와 반향을 불러일으켰다. 2011년에 20개로 시작해서 이듬해에 30개교, 그 이듬해에 34개교, 2014년에 17개교, 2015년에 21개교를 추가140 지정하여 지금은 모두 122개 학교가 혁신학교로 지정·운영되고 있다.

혁신학교 정책은 추진 과정에서 오해도 많았고 어려움도 많이 겪었다. 의회나 언론의 반대와 반감도 있었다. '경쟁과 효율'에 입각한 교육부의 정책도 '협력과 공동체의 가치'를 중시하는 우리 교육청의 철학에 기초한 정책과 자주 충돌했다.

그럼에도 불구하고 전라북도 혁신학교는 학교 혁신에 대한 교사들의 자발적인 의지와 열정 위에서 싹트고 자라나서 꽃 피고 열매를 맺고 있다. 아이들의 배움과 성장을 중심에 두고 교육과정과 수업과 평가를 바꾸고, 학교나 지역 단위로 교사들이 수업을 나누며 전문적인 학습공동체를 꾸려가고 있다. 학교 민주주의를 실현하는 과정에서 학교자치와 자율이 점점 깊이를 더해가고, 학교 구성원들은 스스로 변화와 성장의 주체임을 경험하며 행복해한다. 개인보다는 공동체의 가치를, 경쟁보다는 협력의 가치를 공유하고 실천하면서, 나아가 다른 학교 교사들과 네트워크를 통해 사례를 나누면서 성장의 기쁨을 찾고 있다. 아이들은 따뜻하게 배려하고 돌봐주는 학교문화와 교육과정 안에서 존중받으며 생활하고, 활동하고 협력하며 표현하는 배움을 통해 행복해한다. 학부모는 아이들이 행복하게 배우고 성장하는 모습을 보며 기꺼이 학교에 참여하고 있다.

필자는 전라북도교육청에서 혁신학교 정책을 처음부터 추진해온 실무담당 장학사로서 지난 4년 동안 전라북도교육청이 추진한 혁신학교 정책을 기록으로 남겨야 한다는 주변의 강력한 권고를 오래전부터 받아왔다. 압박감과 부족한 능력 사이에서 오랜 고민을 했고, 결국 책임감 때문에 고통스러운 글쓰기 과정을 감내하기로 결심했다.

혁신학교와 관련된 다수의 출판물이 있음에도 불구하고 글을 쓰기로 결심한 이유는 한 가지였다. 뒤늦게나마 혁신학교를 해보려는 다른 지역의 학교나 교사, 교육청의 이해를 돕고 시행착오를 줄여줄 책, 비록 내용이 딱딱하더라도 교과서 같은 책 하나쯤 필요하지 않을까 하는 판단 때문이었다.

혁신학교를 통해 본질적으로 추구해야 하는 것이 무엇이고, 혁신학교 성공을 위해 집중해야 할 핵심 가치와 과제는 무엇인지 그리고 정책 추진 과정에서 학교와 교원들이 겪었던 어려움은 어떤 것이고 어떻게 극복했는지, 교육청은 현장을 어떻게 바라보고 무엇을 지원했는지 등에 대한 전북교육청의 경험을 진솔하게 보여줌으로써 혁신학교에 대한 이해를 돕고자 했다. 누구든 혁신학교를 알고 싶어 하거나 학교혁신의 길을 찾고자 하는 사람들에게 시행착오를 줄여주는 소박한 안내서가 되기를 바랄 뿐이다.

이 책이 의도하는 바는 소박하지만, 이 안에 담긴 내용만큼은 진정성으로 평가되기를 바란다. 특히 현장의 교사들이 보여준 헌신적인 사례는 그 자체로 전북 교육의 역사이고 소중한 기록이다. 지면상 또는 다른 이유로 상세하게 기록하지 못하는 내용도 있지만, 이런 부분에 대해서는 독자들이 행간을 읽는 지혜를 발휘해줄 것을 기대한다.

아이들의 행복한 배움과 성장을 위해 그리고 혁신학교의 성공을 위해 밤낮없이 헌신하고 있는 전라북도 혁신학교의 모든 교사와 학부모에게 이 자리를 빌려 감사와 존경의 마음을 전하고 싶다. 전라북도 혁신학교의 성과가 있다면, 그것은 혁신학교를 '생명처럼 소중하게' 여기면서 공간을 활짝 열어준 김승환 교육감의 부동의 신념과 진정성 덕이고, 현장에서 발로 뛴 교사들과 학부모들 덕이다. 그리고 교육진흥과 시절부터 줄곧 한 몸으로 일했던 교육혁신과 식구들, 연수원을 비롯한 직속기관과 교육지원청 혁신학교담당 장학사들의 노력도 컸다.

그동안 혁신학교 정책을 함께 고민하고 열정적으로 추진해온 모든 분께 감사와 존경의 마음을 전해드린다. 그분들 덕에 나온 것이므로 마땅히 이 책을 그분들께 바친다.

2014년 10월
박일관

• 차례 •

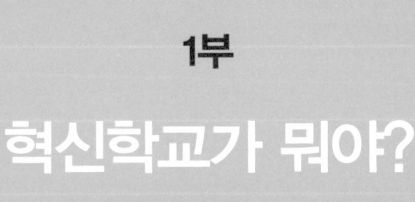

1부

혁신학교가 뭐야?

· 혁신학교 다시 보기 ·

왜 혁신학교였나?

공교육에 대한 통렬한 반성

● 혁신학교는 기존의 공교육에 대한 통렬한 반성에서 출발했다. 우리의 공교육은 지식 위주의 입시 경쟁 교육에 매몰된 채 과거의 산업주의 패러다임에서 한 발짝도 앞으로 내딛지 못하고 있다. 그 결과 교육은 아이들의 행복한 배움이나 전인적 성장을 보장해주지 못하고, 변화하는 사회의 요구도 담아내지 못하고 있다. 아이들은 학교에 가기 싫어하고 공부하는 것을 싫어한다. 이로 인해 공부에서 이탈함과 동시에 사회의 잉여인간으로 취급되는 등 불행해지고 있다.

2013년 통계를 보면, 한해 300명 넘는 아이가 자살하고, 7만여 명의 아이가 학교를 떠난다. 그리고 대략 20만 명이 넘을 것으로 추산되는 가출 아동·청소년이 존재한다. 청소년들을 위한 시설에서조차 감당하지 못하는 거리의 아이들 상당수는 소위 '가출팸'을 결성하여 집단으로 범죄를 일으키거나 각종 범죄의 표적이 되는 등 사회 문제가 되고 있다. 아이들의 현재가 이렇게 불행하고 절망적이라면, 미래 또한 불행하고 절망적이지 않겠는가? 아이들의 미래가 어둡다면, 국가와 우리 사회의 미래 또한 어둡지 않겠는가? 이제 우리의 공교육을, 학교를, 학력을 그리고 수업을 통렬하게 성찰하고 질문을 던져야 한다.

대체 수많은 아이가 왜 그렇게 무기력한가, 저렇게 많은 아이가 왜 책상 위에 널브러져 있는가, 왜 아이들은 배우려 들지 않는가, 왜 아이들은 서로 존중하지 못하고 폭력적인가, 왜 아이들은 정해진 규칙을 지키지 않는가, 왜 아이들은 교사를 존경하기는커녕 욕하고 대들고 폭력을 사용하기까지 하는가, 왜 아이들은 학교를 떠나는가, 왜 아이들은 자신의 하나뿐인 소중한 생명조차 버리는 것인가?

진지한 성찰이 필요할 때

사실 이런 질문 하나하나는 매우 심각하고 진지한 성찰을 필요로 한다. 학교나 교사에게 책임이나 전가하려는 것이 아니다. 요즘 아이들의 문제는 생각보다 훨씬 다양하고 구조적인 요인에 기인한다. 우리 아이들의 상황이 이처럼 심각하고 위중한데, 학교가 그냥 손 놓고 있을 수만은 없다. 지금 당장에라도 여럿이 뜻을 모아 학교를 변화시키면, 조금이나마 상황이 나아질 수 있지 않을까? 국가와 사회, 가정의 역할을 탓하고, 법과 제도, 중앙 정부나 지방 정부의 정책과 행정만 탓하고 있기에는 상황이 너무 위중하다.

혁신학교는 이러한 성찰에서 출발한다. 혁신학교 정책은 현재의 학교 교육과 아이들이 직면한 심각한 문제를 극복하고 해결책을 찾아가기 위한 단위 학교 차원의 적극적 · 집단적 · 실천적 · 대안적 성격을 가진다. 교육청은 학교의 자발적인 의지와 노력을 지원하고 뒷받침하는 역할을 할 수 있을 뿐이다. 혁신학교 정책은 공교육에 대한 성찰로부터 시작해서 구성원들의 자발성과 집단지성에 기초한 노력으로 모두의 행복한 배움과 성장의 가능성을 타진하는 것에서 출발했다.

결과적으로는 매우 의미 있고 놀라운 변화가 나타났다. 현실적인 여러 제약과 어려움에도 불구하고 해마다 실시한「혁신학교 자체평가」나『혁신학교의 학교 효과성 분석』의 결과에 따르면, 혁신학교의 교사 · 학생 · 학부모 모두 일반 학교에 비해 큰 만족감을 나타냈다. 변화가 쉽지 않아 보였던 학교, 저소득층이 밀집한 구도심 공동화 지역의 학교나 변두리 지역의 어려운 학교까지도 변화가 찾아왔다. 학교에 가기 싫어하던 아이들이 학교에 가고 싶어 하고, 학교생활 자체를 즐기며 행복해했다. 월요일을 기다리고, 방학보다 개학을 기다리는 아이가 많아졌다. 아이들이 순해지고 규칙을 지키며 교사를 따르고 존경하고, 배움을 즐거워하고 학교를 자랑스러워하는 엄청난 변화가 찾아왔다. 당연히 교사도 행복해졌다. 학부모도 학교를 신뢰하고 만족해했다. 빈말이 아니다. 매우 강력한 여러 증거가 있다.

그렇다고 항간의 오해처럼 공부 안 하고 놀기만 해서 교사와 아이들이 만족하는 것은 아니다. 구성원들 스스로 학교문화를 바꾸고, 교육과정과 수업을 바꾸고, 관계 맺는 방식과 의사결정 방식, 소통하고 협력하는 방식을 바꾼 결과이다. 비록 작은 것들을 바꾸었지만, 이로 인해 큰 변화가 생겼다. 집단지성을 통해 자기 학교만의 고유한 교육철학을 만들어내고 그것을 교육과정에 담아냈다. 수업을 바꾸고 수업의 고민을 동료 교사와 함께 나누면서 학습공동체를 만들어나갔다. 아이들에게 일방적인 가르침 대신 스스로 배움을 찾게 하고, 경쟁 대신 협력과 존중의 가치를 배우게 했다. 누가 시켜서가 아니라 학교 구성원들이 스스로 만들었다. 이 과정에서 모두가 행복한 학교를 만들 수 있다는 희망과 해답을 스스로 발견했다.

공교육 안에서 공교육을 바꾼다

혁신학교는 대안학교가 아니다. 대안학교가 추구하는 다양한 가치를 존중하지만, 대안학교처럼 공교육 밖에서 '대안'을 추구하는 것이 아니라 공교육 체제 안에서 공교육 전체를 바꾸려는 시도로써 모델학교나 선도학교를 자임하는 학교다. '학교혁신'이라는 공교육 정상화 프로젝트의 선두에 서서 거대한 변화의 흐름을 만들어가는 '선두 기러기' 같은 학교다.

교사들은 그동안 입시교육의 그늘에서 무기력할 수밖에 없었다. 그저 국·영·수 중심으로 시험문제를 열심히 반복해서 풀면 아이들의 학력이 높아지고, 이름 있는 대학에 몇 명을 더 보내면 그것으로 교육자의 소임을 다한 것인 양, 교육의 목적을 달성한 것인 양 여기도록 강요당했다. 경쟁과 효율이라는 명분 아래 수준별로 아이들을 나누어 수업하는 것이 학력을 높이는 방안이라고 의심 없이 받아들였다. 학습부진아반을 편성해서 몇 시간 보충학습을 진행해도 학습부진을 근본적으로 해결할 수 없음을 알면서도, 돈을 주는 정부와 자치단체의 요구를 수용할 수밖에 없었다. 사실 지금도 많은 사람이 그렇게 생각한다.

하지만 지금까지 믿어왔던 이런 신화를 의심해보아야 한다. 정말 그런 것인지, 입시를 위한 교육만이 유용하고 좋은 것인지, 이대로 아이들의 불행을 방치하는 것이 옳은 일인지, 그것이 현실이고 어쩔 수 없는 일이니 포기해야 하는 것인지를 말이다. 교육이란 무엇인지, 학교란 무엇인지, 공부란 무엇인지, 교사와 학생의 존재 의미는 무엇인지에 대해 새롭게 성찰하는 것으로부터, 나와 우리 그리고 학교는 무엇을 어떻게 바꾸고 왜 바꾸어야 하는지에 대한 공동의 사고로부터 혁신학교는 출발했다.

사회변화와 학교의 부적응 위기

● 　　자력으로 근대화를 이루지 못한 채 일제 식민지가 되고, 식민지의 질곡에서 벗어나자마자 전쟁으로 잿더미가 된 나라. 그런 우리나라가 불과 3, 40년 만에 서구의 300년 근대화 역사를 따라잡았다. 동아시아 국가들이 그렇듯이 우리나라 역시 압축 근대화를 겪었다. 그 과정에서 학교 교육은 농경사회에서 산업사회로 이행하는 데 결정적

인 역할을 했다. 교육은 짧은 시간에 서양의 과학기술 문명을 따라잡는 거의 유일한 방법으로 인식되었고, 산업사회에 필요한 인력을 양산하여 공급하는 기제로 작용했다.

그런 배경에서 산업시대의 학교와 교사는 권위적일 수 있었고, 암기식·주입식 교육은 유용했으며, 학생들의 창의력이나 유연한 사고는 중요시되지 않았다. 학교는 지식 권력을 독점했고, 교사는 일방적으로 가르치는 존재로 군림했고, 학생들은 단지 가르침과 통제의 대상으로 개인의 자유와 자율성은 존중되지 않았다. 규격화된 상품을 찍어내듯 교과과정과 교육내용, 교육방법도 모든 학교와 학생에게 획일적으로 적용되었다. 복장과 두발 규제도 엄격했고 체벌도 허용되었다.

압축 근대화가 한창이던 1960년대와 1970년대에 초·중·고를 다녔던 지금의 40대나 50대만 해도 학교에서 체벌을 당하고 집에 와서 '선생님에게 맞았다'고 말하면 오히려 부모님의 호된 꾸지람을 듣거나 매를 맞았던 기억이 있을 것이다. 그때는 교사와 학교의 권위가 살아 있었는데, 지금은 권위가 땅에 떨어졌다고 말하는 이들도 있다. 당연하지 않은가? (농경사회에서 스승의 권위는 산업사회의 그것보다 훨씬 더 절대적이었다.) 그때는 학교에서 교사가 가르쳐주는 지식을 암기하지 않고는 상급학교에 진학하거나 좋은 직장에 취업하는 것 자체가 불가능했다. 교육을 통해 사회적 계층이동과 신분 상승이 가능했던 시대의 이야기다. 교과서는 지식의 유일한 보고였고, 학교는 지식을 얻을 수 있는 유일한 장소였다. 그래서 교사와 학교는 권위적일 수 있었다. 입시 체제와 줄 세우기식 평가 시스템은 이러한 시대에 유효했다.

패러다임이 바뀌었다

그러나 사회는 산업사회에서 지식정보사회로 빠르게 이행했다(일컬어 '패러다임 시프트paradigm shift'라고 한다). 2000년대 들어 인터넷이 광범위하게 보급되면서 지식과 정보의 양이 폭발적으로 증가했다. 국가나 사회, 기업이 요구하는 인재상도 자연스레 달라졌고, 따라서 아이들에게 요구되는 역량도 달라졌다. OECD는 21세기를 살아갈 아이들이 가져야 할 핵심 역량으로 관계 맺고 소통할 수 있는 능력, 사물을 분석하고 비판하는 능력, 창의적으로 사고할 수 있는 능력, 자율적으로 성찰하고 행동할 수 있는 능력을 꼽았는데, 이런 능력을 학교가 길러줄 것을 권고하고 있다. UNESCO는 아이들의 학습 역량을 길러주기 위해 알기 위한 학습, 행동하기 위한 학습, 함께 살기 위한 학습, 존재하기 위한 학습을 권고하고 있다.

교과서나 달달 외우고 시험 점수 잘 받는 아이들이 성공하는 그런 시대는 이미 지났다. 교사가 모든 지식을 다 가르칠 수도 없을뿐더러 아이들도 더 이상 통제 대상이어서는 안 되는 시대이다. 손안에서 소셜 네트워크 서비스SNS가 이루어지고, 실시간으로 정보가 수정, 보완되는 웹 백과사전을 손에 들고 다니는 시대가 왔음에도, 학교는 여전히 단순 지식을 암기하고 테스트하는 문제풀이 교육, 점수 매기고 서열 매기는 경쟁 교육에 집착하고 있다.

학교가 사회변화에 적응하지 못하면 신뢰를 잃거나 무너질 수밖에 없다. 그리고 그런 학교 체제로는 아이들의 미래도, 국가의 미래도 보장할 수 없다. 공교육의 붕괴니 학교 붕괴니 하는 말이 나오는 것도 크게 보면 결국 이 때문이다. 사회의 변화와 패러다임의 변화에 맞춰 교육의 적절한 변화와 대응을 선제적으로 이끌어내지 못한 책임은 일차적으로 중앙 정부에 있다. 그간 정부교육부는 우리 교육의 근본적인 문제에 대한 진단과 중장기적인 해결 대안을 찾기 위해 노력하기보다는, 오히려 '경쟁과 효율'이라는 시장주의 논리와 명분을 앞세워 줄세우기식 교육에 온 국민을 매달리게 하는 데에 앞장섰다. 이전 정부도 임기 내내 학교 다양화 정책과 자율화 정책을 내세웠지만, 그 내용을 보면 시장주의 논리 위에서 교육의 양극화만 심화시킨 측면이 강하다.

성적은 우수하지만 행복하지 않은 아이들

국제 학업성취도 비교평가PISA 결과만 보면 한국 학생들의 학업성취 수준은 세계적으로 가장 우수한 편에 속한다. 하지만 학생들의 학업 흥미도나 학습투여시간 대비 효율성 등을 들여다보면 비교 대상국 중 최하위 수준이고, 상·하위 집단 간 학업 편차도 가장 큰 편이다. 전문가들은 한국 학생들이 '성적은 우수하나 행복하지 않고', '독창적인 사고 방법이나 공부하는 목적을 잘 모른다'고 진단한다. 교사들도 힘들기는 마찬가지다. 매킨지 보고서에 따르면, 한국 교사들은 OECD 국가 중 가장 우수한 집단이지만, 직무만족도나 자기효능감은 최하위 수준이다.

더 늦기 전에 우리 교육에 대해 깊이 성찰하고 질문을 던져야 한다. 우리 교육이 이런 사회의 변화와 패러다임의 변화에 잘 적응하고 있는지, 학교는 아이들의 현재와 미래를 걱정하고 있는지를 말이다. 공교육을 사회의 변화에 대응하여 변화시키지 않으면 안 된다. 산업시대 교육에 대한 향수와 집착, 관행과 구태를 과감히 버리고 바꿔야 할 때가 이미 왔다. 마땅히 법과 제도부터, 교육부의 행정과 지침부터, 대학 입시부터 바뀌어야 한다. '그럼에도 불구하고' 위로부터의 변화, 제도와 정책의 변화, 하드웨어의 변화만을 주장하면서 하염없이 기다릴 수만은 없지 않은가?

지금 당장 시작하지 않으면 안 될 만큼 학교, 교육, 아이들은 절박하다. 그래서 혁신학교와 학교혁신을 말했다. 교육이 바뀌어야 한다고 생각하는 한 사람의 교사부터, 그런 교사가 발 딛고 있는 바로 그 학교부터 변화를 시작해보자는 것이 혁신학교였다. 그런 변화를 정책적으로 지원하자는 것이 바로 혁신학교 정책이었다.

교육을 둘러싼 모든 여건이 열악하지만 '그럼에도 불구하고' 변해야 한다면 왜 변해야 하고, 무엇이 변해야 하는지, 어떻게 변해야 하는지, 무엇부터 변해야 하는지를 스스로 성찰하고, 지금 바로 여기, 나와 내 동료와 우리 아이들이 발 딛고 서 있는 바로 이 학교부터라도 바꾸기 위해서 함께 손잡고 스스로 변화의 길을 찾아 나서는 것으로부터 혁신학교는 출발했다.

우리가 꿈꾼 혁신학교

공교육의 새로운 표준을 꿈꾸다

● 　　혁신학교는 학교혁신의 모델로서 학교 체제의 전환을 꿈꾸고 공교육의 새로운 표준을 만들어가는, 즉 기존의 관행을 벗어나 새로운 교육철학과 비전을 바탕으로 학교운영 시스템을 바꾸어나가는 학교다.

혁신학교가 처음 등장한 것은 노무현 정부 때였다. 대통령자문기구로 교육혁신위원회를 두고 거기서 다양한 학교개혁 정책을 마련하고 추진했는데, 그중 하나가 혁신학교였다. 2005~6년에 기초연구와 운영방안을 마련하고 2007년에는 전국에 200개의 혁신학교를 운영할 계획을 세웠으나, 2008년 이명박 정부의 등장과 함께 무산되었다.

2009년 5월 김상곤 경기도교육감이 당선되면서 혁신학교는 새로운 전기를 맞는다. 그해 9월에 13개의 경기도 혁신학교가 지정·운영된 것을 시작으로, 이듬해 지방선거에서 전북을 비롯한 6개 지역에서 새로운 교육감이 탄생하면서 혁신학교 정책이 확대되었다. 이 6개 지역이 혁신학교를 통해 공통적으로 꿈꾼 것은 공교육의 새로운 표준을 만드는 일이었다. 입시주의, 경쟁주의, 개인주의, 관료주의가 만연한 학교를 한 아이도 뒤처짐 없는 평등한 배움과 돌봄의 공동체로, 자발적인 의지와 열정으로 모두가 성장하는 학습공동체로, 인간 존중과 민주주의 가치가 실현되는 행복한 교육공동체로 전환하는 것이었다.

그동안 정부는 현행의 공교육 체제가 갖는 한계와 고질적인 문제에 대해 깊은 성찰과 근본적인 대안 없이 학교를 경쟁적인 입시교육에 매몰시키는 동시에 관료주의적 행정 체제의 말단기구로 기능하도록 강요했다. 특히 이명박 정부가 역점을 두고 시행했던 학교 자율화 정책이나 고교 다양화 정책은 공교육에 대한 국가의 책무성 강화나 교육의 평등성 추구를 포기하고 교육에 시장주의 논리를 확대 적용한 것으로 교육의 양극화를 심화시켰다. 1조 원이 넘는 특별교부예산을 교육부 장관이 틀어쥐고 수많은 정책 사업을 직접 시행하고 관장하면서 지역의 교육청과 학교에 인센티브와 패널티를 적용하는 방식으로 통제 체제를 강화해왔다. 박근혜 정부의 교육정책도 그 연장선에 있다.

그럼에도 불구하고

공교육의 새로운 표준을 만드는 일은 쉬운 일이 아니다. 그동안 시행된 수많은 제도와 관행, 정책의 문제가 선결되지 않으면 안 되기 때문이다. 대학입시 제도 개선과 대학의 구조 개편, 학교 규모의 적정화 인간화, 학급당 학생 수의 축소 조정과 교사 법정 정원의 확보, 학교 자치와 학교 민주주의 실현을 위한 제도 마련 등 수없이 많은 과제가 먼저 또는 동시에 해결되어야 학교 체제가 근본적으로 바뀔 수 있고, 공교육의 새로운 표준을 만드는 일이 가능해질 것이다. 이러한 과제들은 단기적이고 단편적인 대책보다는 장기적이고 종합적인 청사진 안에서 논의되어야 하는 것이어서 더욱 쉽지 않다.

물론, 각 학교가 입시 경쟁 체제나 관료주의적 통제 체제로부터 완전히 자유로울 수는 없다. '그럼에도 불구하고' 교육청과 학교에 주어진 틈새의 자율성과 권한의 범위 안에서나마 아이들이 행복하게 배우고 교사도 행복하고 학부모도 만족하는 학교를 만들어야 한다.

우리가 꿈꾼 새로운 표준

대체 그런 것이 가능하기나 한 것인가, 구체적으로 무엇을 어떻게 바꾼다는 말인가? 자세한 내용은 뒤에서 다루겠지만, 전북에서 혁신학교를 통해 만들어가고자 했던 공교육의 새로운 표준은 대략 이랬다.

먼저 상명하복의 관료주의 체제를 모두가 참여하는 민주주의 체제로 전환한다. 학교장 중심의 의사결정 체제를 모든 구성원이 참여하는 민주적이고 개방적인 체제로 만들고, 교사는 물론 학부모와 아이들의 의견까지도 존중하는 인간 중심의 따뜻한 학교문화를 만든다.

또한, 업무 중심 체제를 학교 본연의 교육활동 중심 체제로 전환한다. 교사와 학생의 상호작용과 가르치고 배우는 일이 학교의 중심축이 되게, 행정업무에 교사의 시간과 에너지를 빼앗기지 않게, 교무업무를 정상화하고 학교운영 체제를 재구조한다.

입시 경쟁 교육을 중심에 두고 교사가 일방적으로 가르치고 아이들은 수동적으로 배우는 가르침 중심의 수업 체제를 아이들이 스스로 배우고 협력적으로 배우는 학습 중심 체제로 바꾼다.

구성원 모두가 생각을 모아 자기 학교만의 철학을 만들고 그 철학이 담긴 교육과정을 만든다. 이렇게 학교의 특색을 살려 재구성한 교육과정을 수업을 통해 함께 구현하고 정답 찾기식, 줄 세우기식 평가 체제를 아이들 각자의 배움과 성장을 기록하는 체제로 전환한다.

폐쇄적인 학교운영 체제를 민주적이고 개방적인 체제로, 고립적이고 단절적인 수업 체제를 함께 수업을 보고 나누며 성장하는 공유된 수업 체제로, 아이들을 대상화하고 수동적인 존재로 만드는 감시와 통제와 처벌 위주의 생활지도 체제를 자율적인 학교자치와 학급자치, 인권과 민주주의가 살아 숨 쉬는 자치 지원 체제로 전환한다.

간략하게 언급했지만, 바로 이러한 것들이 우리가 꿈꾼 공교육의 새로운 표준이었다.

자발적인 의지와 열정으로 만드는 학교

● 　　그렇다면 이러한 학교 체제의 전환은 누가 만들어가야 하는

가? 바꾸어 말하면, 누가 혁신학교를 만들고 이끌어가는 주체와 동력이 되어야 하는가? 학교 체제의 전환은 그 시작부터 진행 과정, 평가와 피드백에 이르기까지 반드시 교사들이 주체가 되어야 성공할 수 있다는 인식을 우리는 처음부터 가지고 있었다. 그래서 혁신학교가 지향해야 할 철학과 상, 목표와 방향을 제시하는 것 이외에 어떤 매뉴얼이나 지침을 따로 만들지 않았다. 다만, 전라북도 혁신학교 지정 첫해였던 2011년에는 도시형이니 농촌형이니, 공모형이니 지정형이니 하는 유형으로 구분했으나, 이듬해부터는 특정한 유형이나 모델을 염두에 두지 않았다. 학교 구성원들의 주체성과 자발성, 역동성, 창의성에 기반을 두어 백교 백색의 다양한 모델을 존중해주기 위해서였다.

전북의 혁신학교 정책은 혁신학교에 대한 현장으로부터의 강렬하고 광범위한 열망을 이끌어내고 지원하는 쪽으로 방향을 설정했다. 사업의 내용과 방법에서도 교육청이 매뉴얼을 제시하고 주도하는 방식을 고집하지 않았다. 교육청은 학교가 스스로 설정한 목표나 내용, 방법 등을 자발적으로 구현해가도록 계기를 만들어주고 이를 지원하는 방식으로 사업을 추진했다.

그동안 대부분의 정책 사업이 매뉴얼을 제시하고 현장에서는 그것을 따라 하도록 요구하는 톱다운Top-down 방식이었다면, 우리는 교사들이 학교개혁을 스스로 디자인하고 실행할 수 있도록 자발적 의지와 열정을 존중하고 지원하는 방식을 택했다. 과거에 매뉴얼을 내려주고 사후에 지도·점검하고 그 결과에 따라 인센티브와 패널티를 적용했던 어떤 정책에도 학교는 달라지지 않았던 점에 주목했다. 학교와 교실 개혁의 주체는 두말할 것 없이 교사다. 교사의 자발성과 요구에서 출발하지 않고 그저 위에서 결정한 정책을 교사들에게 던져주는 정책, 관료주의적 통제 방식과 상벌 체제로는 학교나 교실의 개혁은 불가능하다. 교사를 한낱 사업의 대상으로 바라보는 한 교실에까지 이르는 현장의 깊숙한 변화는 일어날 수 없다.

혁신학교를 선정할 때도 가장 중요하게 여긴 심사 기준이 바로 혁신학교에 대한 구성원들의 자발적 의지와 열정이었다. 운영계획서를 받아서 평가하기도 했지만, 그보다 구성원들의 준비 정도와 자발적 의지와 열정을 서술하는 질문지에 대한 응답과 그 응답에 기초한 현장실사와 심층면담이라는 정성평가가 심사의 80%를 차지했다. 수량화된 실적이나 성과 유무는 아예 기준으로 삼지 않았다. 학교 규모나 위치, 폐교 대상 여부 등도 고려하지 않았다. 오로지 학교 구성원들이 혁신학교에 대해 얼마나 이해하고 있는지, 얼마나 간절히 원하고 있으며 진정성이 있는지, 어떤 과정으로 준비하고 있는지를 심사하여 지정했다. 아무리 환경이 열악해도, 스스로 변화하겠다는 주체들의 합의와 준비, 열정이 있다면 학교 체제의 전환이 가능하다고 보았기 때문이다.

그렇게 구성원들의 주체성과 자발성을 존중해주는 방향으로 정책을 추진한 결과, 상상할 수 없었던 매우 다양하고 바람직한 방향으로 학교가 변화하기 시작했다. 소통과 협력의 문화가 살아나고, 아이들의 배움이 살아나고, 구성원 모두 행복하다고 느끼는 학교가 만들어지기 시작했다. 왜 변해야 하는지, 무엇을 바꾸어야 하는지, 어떻게 바꿀지는 전적으로 학교 구성원들의 집단지성을 믿고 맡기면 된다. 교육청은 학교에 어떤 지원이 필요한지, 어떻게 지원할 것인지를 귀를 열어 경청하고 공감하며 함께 고민하며 해결책을 찾아 나가면 된다.

민주주의가 살아 숨 쉬는 학교

● 　　민주주의가 살아 숨 쉰다는 말은 어떤 의미일까? 민주주의 이념의 핵심은 인간존중이다. 그렇다면 학교에는 민주주의가 존재하고 있을까? 일상의 수업과 생활지도, 의사결정 체제, 학교운영 체제, 학교 구성원들 간의 관계와 문화, 학생과 학부모의 의사결정 참여 등 그 무엇을 보아도 학교 내 민주주의가 성숙했다고 말할 수 없다. 건국 이래 우리의 학교는 민주주의를 실현한 적이 없다 해도 과언이 아니다. 학교에서 민주주의를 몸으로 익힐 기회가 없었던 교사들이 가장 힘들어하는 부분이기도 하다.

　그동안 학교는 말단 교육행정 기관으로 기능했다. 가르치고 배우는 것이 학교 본연의 역할임에도 불구하고 교육부-교육청-학교로 이어지는 관료주의적 행정 체제 안에서 교육보다 행정업무가 우선시되었다. 그에 따라 학교장-교감-부장-교사로 이어지는 수직적 조직 구조를 유지하는 것이 자연스럽고, 여전히 많은 학교에서 민주적 의사결정을 위한 회의보다는 지시와 전달을 위한 회의를 한다. 형식적인 논의를 거치기는 하지만, 그것을 민주적인 의사결정이라고 보기 어렵다. 의사결정이 비민주적이거나 그 과정에서 각 주체가 소외되고 대상화되면 학교는 자발적인 변화의 동기를 마련하지 못하고, 각 주체는 수동적인 위치에 머무르고 만다. 교사는 교장이 시키는 대로만 하고, 학생은 교사가 시키는 대로만 하고, 학부모는 학교가 하라는 대로만 한다면, 학교는 누구의, 누구에 의한, 누구를 위한 학교란 말인가?

우리는 혁신학교를 통해 구성원 모두가 주인이 되는 학교를 만들고자 했다. 그저 형식적인 민주주의가 아니라, 학생과 교사, 학부모 모두가 존중되고 의사결정의 주체가 되는 그런 학교를 만들고자 했다. 학교 민주주의의 꽃은 학교자치와 학생자치이다. 학교자치를 위해서는 교사뿐만 아니라 학생과 학부모의 자발적이고도 적극적인 참여를 위한 개방적 학교운영과 이를 가능하게 하는 유연한 리더십도 요구된다. 학생자치를 위한 전제는 아이들에 대한 준비론적 관점을 극복하고 아이들을 온전한 인격체로 존중해야 한다. 그러기 위해서는 학교와 학급 운영에 대한 기존의 사고와 관행을 진지하게 성찰하고 새로운 관점을 수립할 필요가 있다.

학교 민주주의에서 무엇보다 중요한 것은 수업과 생활지도에서 학생들을 주체로 존중하는 것이다. 교육과정 운영과 수업 속에서 한 아이도 소외됨 없이 존중받도록 문화와 시스템을 만드는 것이다. 그래서 수업을 관찰하고 협의하는 방식도 교사의 가르침 수업 기술 중심에서 아이들의 배움 중심으로 '코페르니쿠스적' 관점 선환을 위해 노력했다. 학생 개개인의 인권을 존중할 뿐 아니라 모든 학습과 놀이, 행사에 관한 의사결정에 아이들이 직접 참여하도록 학교의 문화와 시스템을 바꾸어나갈 것을 제안했다. 수업에서도 아이들이 스스로 학습을 기획하고, 협력적으로 배우고, 발표_{표현}하고, 평가할 수 있게 교사들이 함께 연구하고 실천하도록 도왔다. 교육과정 운영도 아이들의 공부를 중심에 두고 사고하고 실천할 수 있도록 학교나 학년 단위에서 교사들이 자발적이고 주체적으로 고민할 수 있는 시스템을 만들어갈 것을 제안했다. 생활면에서도 교사가 지시하고 감독하고 통제하는 방식에서 벗어나 아이들이 스스로 규칙을 정하고 실천하고 판단할 수 있도록 하는 체제를 만들어줄 것을 제안했다. 상벌규정이 아니라 생활협약, 자치법정 등을 통해 자율과 자치의 능력을 길러주고자 했다.

학교 민주주의를 통해서 우리가 극복하고자 한 것은 지시와 명령, 통제에 따라 움직이는 관료주의적인 문화와 시스템이었다. 모든 구성원을 대상화하고 수동적 존재로 만드는 학교, 언뜻 보면 조직이 일사불란하게 움직이는 듯 보이고, 성과와 실적이 문서로 눈앞에 보이고, 교육과정과 수업이 잘 이루어지는 듯 보이지만, 그 안에서 아무도 행복하지 않고, 존중받지 못하고, 누구도 책임지지 않는 그런 '죽은' 학교를 넘어서고 싶었다. 모두가 행복한 학교, 모두가 존중받는 학교, 모두가 주인인 학교를 우리는 꿈꾸었다.

민주주의가 살아 숨 쉰다는 것은 그저 학교 안의 의사결정에서 민주적인 형식과 절차를 갖추는 것만을 의미하지 않는다. 그보다는 오히려 내용 면에서 서로 소통하고 존중하는 가운데 학교의 모든 문화와 시스템 속에 '인간존중'이라는 가치를 구현한다는 것을 의미한다. 교사가 교육의 주체로 존중받고, 학생이 배움의 주체로 존중받는 문화와 시스템을 만든다는 것은 학교 구성원 모두가 함께 공부하고 지혜를 모으고 노력을 기울이지 않으면 불가능하다.

학교 민주주의를 실현하는 것은 매우 어렵고 오랜 시간과 노력이 필요한 일임이 분명하다. 그럼에도 불구하고 매우 중요하고 본질적인 문제라는 것도 분명하다. 민주주의의 가치와 신념은 생활 속에서 몸으로 체득하며 학습된다. 그래서 학교에서 민주주의를 구현하는 일은 아이들의 삶에 매우 중요한 의미가 있다. 아이들의 현재 삶에도 큰 영향을 미치는 것은 물론, 미래사회의 건강한 구성원으로 살아가는 데 절대적으로 필요한 매우 중요한 문제이기 때문이다. 민주주의라는 것이 국가나 사회의 제도로만이 아니라 각 개인과 공동체의 삶의 양식으로 체득되고 구현되지 않으면 안 된다는 것을 우리는 이미 역사를 통해 알고 있다.

가고 싶은 학교, 따뜻한 학교, 행복한 학교

● 　　아이들에게 가고 싶은 학교는 어떤 학교이고, 교사에게 가고 싶은 학교는 어떤 학교일까? 대체 우리가 꿈꾸는 행복한 학교는 어떤 학교일까? 학교생활이 행복하기 위해서는 여러 가지 요건이 충족되어야 한다. 그러나 주체마다 행복의 조건이 다를 수 있다. 가령, 교사가 행복하기 위한 조건과 학생이나 학부모가 행복하기 위한 조건이 다를 수 있다.

우리가 주목한 것은 관계가 따뜻한 학교였다. 지난 3년 반 동안 100

여 개 혁신학교를 컨설팅하면서 느낀 점은 의외로 관계의 중요함이었다. 따뜻한 인간관계가 다른 어떤 것보다 중요할 뿐 아니라 학교혁신의 출발점이란 사실을 깨달았다. 아무리 하드웨어가 좋고 소프트웨어가 훌륭해도 관계가 깨지면, 그 어떤 것도 의미를 둘 수 없었다. 예컨대 교장과 교사, 교사와 학생, 학생과 학생, 선배와 후배, 교원과 학부모가 서로 신뢰하고 존중하고 협력하는 관계일 때 사소한 것도 의미 있게 실천될 수 있다. 반대로 계획이 아무리 거창해도 관계가 바탕이 되지 않으면, 그것이 금세 무의미해지는 것을 수없이 보았다. 따뜻한 인간관계, 서로 존중하는 관계야말로 모든 것의 기초였고 출발점이었다.

기존 시스템을 변화시키기 위해서는 학교 구성원의 자발적인 노력이 필요했는데, 이는 동료성과 공동체성을 전제할 때에만 가능하다. 동료성이 결여된 수업 공유나 교육과정 재구성, 평가방법의 혁신, 학교운영 체제 혁신은 불가능할 뿐 아니라 공허한 것이 되고 말았다. 이 동료성의 핵심이 바로 관계다. 관계는 서로 다름을 인정하고, 서로에 대한 인간적인 예의를 존중하는 데에서 출발하고, 소통과 협력을 위해 노력하면서 맺어진다는 사실과 이러한 상호 신뢰의 관계가 없이는 어떤 구호도 헛될 수밖에 없고, 어떤 성과도 빈 수레에 지나지 않는다는 사실을 깨달았다.

우리가 바꾸고자 한 관계의 핵심은 기존의 통념을 넘어선 전도된 섬김과 보살핌이었다. 윗사람이 아랫사람을, 강자가 약자를, 많이 아는 사람이 적게 아는 사람을 섬기는 것이다. 아랫사람이 윗사람을 섬기는 것은 복종이다. 학생이 교사를 섬기고 교사가 교장을 섬기는 것은 섬김이 아니라 복종이다. 우리는 교장이 교사를 섬기고 교사가 학생을 섬기는 따뜻한 관계를 꿈꾸었다. 섬김은 인간적인 존중과 배려에서 나온다. 그것은 진정한 사랑이 아니고는 불가능하다. 기존의 문화와 관행에서 교장이 교사를, 교사가 학생들을 인간적으로 존중하고 배려한다는 것이 얼마나 어려운 일인가? 하지만 그 관계의 뒤집기야말로 혁신학교가 바꾸고자 한 문화의 핵심이어야 한다고 생각했다.

그것을 학교생활 속에서 실천하는 것이 불가능한 일도 어려운 일도 아니라고 생각했다. 매일 아침 등굣길에 교장 선생님이 교문에서 아이들 하나하나 안아주거나 하이파이브를 해주고, 교사들은 교실 입구에서 일일이 아이들의 표정을 살피고 이름을 불러주고 어깨를 토닥여주는 학교, 선배가 후배를 학교 버스에 태워주고 내려주며 봉사하는 학교, 교사와 학부모가 아이들에게 매일같이 책을 읽어주고 차茶를 타주는 학교, 교사가 수업시간에 아이들의 학습 속도를 인정하고 존중하고 눈을 맞추며 기다려주는 학교, 아이들에게 의견을 묻고 아이들의 생각을 반영한 수업과 학교 행사를 만들어가는 학교, 교사들의 협의와 합의를 바탕으로 학교운영을 결정하는 학교가 현실에서 정말 불가능한 일일까?

우리에게 익숙한 권력관계를 뒤집지 않고는 그동안 학교에 팽배해 있던 관행과 문화, 학교운영 시스템을 근본적으로 바꿀 수 없다. 교사의 일방적, 획일적 가르침 중심의 수업을 학생들의 배움 중심의 수업으로 바꾸는 일도 따뜻한 관계, 섬김의 관계일 때 가능하다. 아이들 하나하나에 대한 인간적인 존중과 배려라는 가치와 그에 기초한 관계를 배제하고서는 그 형식은 흉내 낼 수 있겠지만, 본질에는 다가갈 수 없다. 학교장은 교사들의 인격과 의견을 존중하고, 교사들은 학생들의 인격과 의견을 존중하는 문화와 운영체제를 만들 때 우리가 꿈꾸는 가고 싶은 학교, 따뜻한 학교, 행복한 학교를 만들 수 있다.

그러나 이 점을 깊게 이해하고 실천한 학교가 사실 그리 흔하지 않았다. 대부분의 혁신학교가 교육과정을 재구성하고 수업을 바꾸고 평가를 바꾸는 데는 성공했지만, 학교 안의 권력관계를 완전하게 뒤바꾼 학교는 많지 않다. 학교의 행복은 존중과 배려에서 온다고 믿는다. 가고 싶은 학교, 행복한 학교란 이처럼 따뜻한 관계가 핵심이고, 이 점에 대해 깊은 통찰이 필요하다. 혁신학교 하기 힘들다는 하소연을 깊게 들여다보면 학교장은 교사들 때문에, 교사들은 학교장 때문에 힘들다고 하는 경우가 많다. 교사는 학생들을 탓하고 학생과 학부모들은 교사와 학교에 대해 불만을 토로한다. 이런 학교일수록 겉으로는 화려한 교육과정과 각종 방과 후 프로그램을 가지고 있지만, 정작 그 누구도 행복하다 말하지 않는다.

혁신학교의 궁극적인 목표는 모두가 행복한 학교를 만드는 것이다. 이것이 바로 우리가 혁신학교를 통해 꿈꾸었던 본질이었다.

혁신학교에 대한 오해

오해 1. 예산만 주면 누가 못하나?

●   혁신학교에 몇 가지 오해가 존재하는데 그중 가장 흔한 것이 '돈 주면 누가 못 하느냐?'는 것이다. 교육에 대해 보수적인 언론인들, 혁신학교에 대한 이해가 부족한 학교장이나 교원들까지, 이런 생각을 하는 이가 많았다. '왜 그런 혜택을 혁신학교에만 주는가?'하는 식의 반감이나 '예산 퍼주기'라는 비아냥거림도 그런 맥락에서 나온 것이고, 이런 오해와 논란은 지금도 끊이지 않고 있다.

그래서 전북의 경우 혁신학교 예산을 확보하기가 쉽지 않았다. 처음 공약 상으로는 매년 학교당 평균 1억 원 정도로, 4년간 100개교에 총

290여억 원을 지원하는 것을 목표로 했지만, 결국은 목표액의 40% 정도인 120억 원 정도를 지원하는 데 그친 것도 이런 오해와 무관치 않다. 결론적으로 말하자면 '예산 퍼주기'라는 논란과는 다르게 혁신학교에 지원한 예산은 4년간 학교당 평균 5천5백만 원 정도에 그쳤다.[1] 이는 특목고 등에 지원하는 예산은 물론 교육부가 직접 특별교부금을 지원하는 창의인성모델학교 등 수십 가지 목적사업이나 정책사업의 지원금액과 비교해서 결코 많지 않은 금액이란 걸 교사라면 누구나 아는 사실이다.

2010년 11월에 20개 혁신학교를 처음 지정하고 나서 2011년의 혁신학교 운영 예산을 편성하여 의회에 제출했지만, 교육상임위에서 전액 삭감 처리되었다. 우여곡절 끝에 예결위에서 일부가 되살아나고, 추경에서 다시 일부를 확보했다. 이 과정에서 혁신학교 학부모들의 의회 방문과 의장 면담, 비상대책위원회 구성과 기자회견, 성명서 발표 등이 이어졌다. 이를 계기로 전국에서 가장 활발하게 활동하고 있는 '전라북도혁신학교학부모협의회'가 탄생하기도 했다. 사정은 이듬해에도 또 그 이듬해에도 달라지지 않아서 번번이 예산 때문에 교육청 실무진과 학교가 어려움을 겪었다.

예산만 주면 혁신학교를 누구나 할 수 있다는 주장은 사실 터무니없다. 혁신학교가 무엇인지, 무엇을 추구하는지, 어떻게 만들어지는

1　　　　　학교당 평균 지원액은 2011년 8,500만원, 2012년 4,400만원, 2013년 5,160만원, 2014년 3,900만원 정도였다. 이를 4년간 합산하여 평균치를 구해보면, 대략 한 해 평균 1교당 지원 금액은 5,500만 원 정도이다.

지를 알게 되면 그런 말을 할 수 없다. 과연 예산만 주면 학교가 달라질까? 학교가, 우리 공교육이 그동안 예산이 없어서 달라지지 않았던 것일까?

혁신학교는 구성원의 높은 자발성과 열정, 헌신이 없이는 애당초 시작조차 불가능하다. 혁신학교는 선정 과정에서부터 투명하게 열린 공모 방식이다. 그러니 원하면 누구나 할 수 있다. 선정 심사의 유일하고도 중요한 기준은 구성원의 자발적 변화 의지와 준비 정도다. 어떤 실적이나 성과도, 학교급도, 규모도 아니다.

따라서 이런 오해는 혁신학교가 그동안 교육의 본질을 회복하기 위해 기울인 노력을 보지 못했기 때문에 생긴 것이다. 입시교육, 성적, 시수와 진도 중심의 교과 교육과정을 아이들의 삶과 성장과 배움이 살아있는 진정한 교육과정으로의 창조적 허물기를 시도하고, 협력하고 활동하고 표현하는 배움 중심의 수업으로 혁신하기 위해 지속적으로 실천하고, 학교운영의 민주화를 통해 구성원들의 자발성을 유도하고, 아이들을 중심에 두는 새로운 학교문화를 창조하기 위해 노력하고, 학부모와 지역사회에 학교를 개방하여 함께 운영하려는 내적인 변화 노력과 과정을 바라보지 못하는 데서 오는 단견일 뿐이다.

그러니 '혁신학교는 돈으로 하는 것'이라는 오해는 전적으로 틀린 말이다. 돈 있다고 아무나 할 수 있는 그리 쉬운 길이있다면, 왜 해마다 1조 4천억 원이나 되는 엄청난 예산을 쏟아 부은 교육부 주관의 수많은 특교사업은 우리 교육을 변화시키지 못한 것일까?

혁신학교 지원 예산에서 가장 큰 비중을 차지하는 것은 업무경감을 위한 보조 인력 채용이었다. 학교가 본질에 집중하기 위해 가장 필요한 것은 교사가 가르치는 일에 집중하게 하는 것이다. 그래서 교육과정의 본질에 집중하기 위한 가지치기 작업과 업무 효율화를 위한 노력을 기울이면서, 동시에 교사를 지원하는 업무보조 인력을 채용하기 위한 예산이 꼭 필요했다. 교육과정이나 수업과 평가를 아이들 중심으로 재구성하기 위해서는 교사의 불요불급한 행정업무를 경감하는 조치가 반드시 필요했다. 학교에 따라 교무업무를 보조하는 인력을 채용하기도 하고, 수업보조교사나 과학보조, 상담이나 복지, 사서교사 등 해당 학교가 필요로 하는 인력을 여러 형태로 채용하여 업무의 상당 부분을 덜어낼 수 있었다. 그리고 그 혜택은 고스란히 아이들에게 돌아갔다.

이런 인력 채용에 대략 연간 2천만 원 정도가 소요되었다. 5천만 원 정도의 예산에서 이 돈을 제외한 나머지 예산으로 교사들의 성찰과 성장을 위한 독서토론, 워크숍과 각종 수업혁신 관련 연수와 교육과정평가회를 진행하는 데에 5백~1천만 원 정도를 사용하도록 했고, 학부모의 성장과 협력, 참여를 위한 예산도 그 정도 사용토록 했다. 나머지 1~2천만 원은 학교 구성원들이 추구하는 철학과 가치를 바탕으로 교육과정을 재구성하고 이를 실행하는 데에 쓰도록 했다. 아이들이 몸으로 직접 체험하고 활동하는 수업, 다양한 예술 · 체육 활동과 이에 필요한 교구 구매와 강사 채용, 독서교육과 다양한 캠프 활동, 진로 탐색과 체험을 위한 프로그램 운영 등에 예산을 쓰도록 했다. 예산을 일률적으로 배정하지 않고, 학교 규모나 요구와 연동하여 적절히 안배하고자 노력했다.

혁신학교는 예산으로 만들어지는 학교가 아니다. 구성원들이 학교 체제를 전환하고자 먼저 합의하고, 다양한 연수와 토론을 통해 학교개혁의 의지와 열정을 모은 학교다. 아이들의 참된 배움과 행복한 삶을 위해 무엇을 어떻게 바꾸어야 하는지에 대한 고민을 먼저 한 학교들을 선정하고 그들을 돕기 위해 예산을 지원해준 것이다. 아이들을 중심으로 모든 구성원이 변화하고 성장하는 것을 혁신학교의 본질로 삼았기 때문에, 예산은 최소한의 경비를 보조해주는 수단이었을 뿐이다.

혁신학교의 성패는 예산에 달린 것이 아니라, 아이들을 중심에 두고 교육을 고민하는 열정과 능력이 있는 교사들에게 달렸다. 구성원들의 합의와 집단지성에 달렸다. 소통과 협력에 달렸고, 민주주의를 실현하고 솔선하는 리더십에 달렸다. 결국은 예산이 아니라 사람에 달렸다고 봐야 한다.

오해 2. 연구·시범학교와 뭐가 달라?

● 　혁신학교에 대한 또 다른 오해는 기존의 연구·시범학교와 다를 바 없다는 것이다. '예산만 주면 누가 못하냐?'는 식의 오해와 마찬가지로, 가장 큰 원인은 혁신학교가 연구·시범학교처럼 어떤 주제나 기간에 국한되는 것이 아니라 기존의 학교 교육 전반에 만연한 잘못된 관행과 문화, 운영시스템을 바꾸고 교육의 본질을 회복하자는 교육혁신운동이라는 사실을 인지하지 못하기 때문이다.

연구·시범학교는 일반적으로 특정한 주제가 있다. 그리고 2년 정도의 기간을 적용해보고 성과를 보고하는 선에서 마무리된다. 여기서 중요한 것은 연구·시범학교를 운영하는 동기는 승진 가산점 등의 인센티브이기 때문에 연구 활동에는 승진에 관심 있는 일부 교사만 참여하며, 그마저도 지극히 형식적인 경우가 많다. 주제 선정에서 결과보고서까지 연구부장 등 핵심 교사 몇몇이 알아서 꾸려나가고 나머지 교사는 정해진 계획에 따라 수동적으로 실행만 하면 된다.

혁신학교는 다르다. 어떤 주제에 국한하여 연구하거나 실험하는 것이 아니라 학교를 전반적으로 개혁하는 것이기 때문이다. 혁신학교는 먼저 학교의 철학과 비전을 세우고, 모든 교사와 학부모, 학생이 이러한 지향을 공유하는 것에서 시작한다. 교육과정을 재구성하고, 수업을 바꾸고, 일상 수업을 공유하며, 평가도 바꾼다. 학교의 문화를 민주적인 존중과 협력, 소통과 참여의 문화로 바꾸어나가고 교육의 중심에 학생들의 인권 존중과 자치, 자율을 놓는다. 교사들의 행정업무를 경감하여 교육과정과 수업에 집중할 수 있게 한다. 새로운 리더십의 구현을 통해 모든 구성원이 학교운영의 주체가 되도록 한다.

이처럼 학교와 공교육 자체를 개혁하려는 것이 혁신학교이고, 이런 학교개혁을 위해서는 가장 우선적으로 교사들의 의지와 열정과 집단 지성이 필요하다. 교사들은 어떠한 인센티브도 없이 자신들이 꿈꾸었던 지극히 정상적이고 상식적인 학교를 만들기 위해 애쓴다.

어떤 연구·시범학교가 학생과 학부모가 학교를 찾아 이사 오게 했는가? 어떤 연구·시범학교가 철학을 담은 교육과정과 프로그램을 발

전적으로 지속하며, 인센티브 없이 교사들의 자발성과 열정을 이끌어
냈는가?

특정 기간만 하자는 것도 아니다. 특별한 사람 몇몇이서만 하자는
것도 아니다. 승진 가산점을 주면서 눈에 보이는 성과를 성급하게 내
보자는 것도 아니다. 저마다의 학교철학과 특색을 담아 교육과정을
운영하고, 그런 가치와 문화를 토대로 학교를 재구조하자는 것이고,

항목	연구 · 시범학교	혁신학교
목적	연구 목표 도달	공교육에 대한 공동체 구성원 신뢰 회복
주제	미시적(예, 독서능력 향상)	포괄적(예, 행복한 학교 만들기)
철학	없음	있음(자발성, 창조성, 지역성, 공공성)
참여주체	교사 일부	교사, 학생, 학부모, 지역사회
예산사용	제한적	포괄적
학생	연구의 대상	배움과 성장의 주체
교사	연구 실천자	학교혁신과 성장의 주체
학부모	객체, 동원, 수동	주체, 참여, 능동
전제조건	교사의 전문적 역량(연구주제 관련)	민주적 학교문화, 교사의 업무경감
완성기간	1년~3년, 제한적	연속성, 무제한
역사	역사적 흐름 없음	작은학교교육연대 등
성과목표	주제 관련 정량적, 양적 구체 목표	구성원의 행복(수업과 교육과정, 학교문화와 시스템의 포괄적 변화)
교육과정	변화 없음	재구성
연수	주제에 국한	자발적인 연수 중시
인센티브	승진 가산점 있음	없음
추진방식	상급기관의 지도 감독 확인	연대와 네트워크

공교육을 우리 스스로 힘으로 바꿔보자는 것이다. 행복한 학교, 따뜻한 학교, 가고 싶은 학교를 우리 스스로 만들어보자는 것이다.

앞의 표를 보면 혁신학교와 연구 · 시범학교가 여러 면에서 확연히 다르다는 것을 알 수 있다.

오해 3. 혁신학교는 전교조 학교다?

● 　혁신학교는 공교육의 새로운 패러다임을 만들고 제시하는 학교다. 공교육 체제 전체를 한꺼번에 바꿀 수 없으니, 변화의 준비가 된 학교부터 우선 지정하고 그 성과를 점차 확대해나감으로써 궁극적으로는 공교육 전체를 바꿔나가자는 것이 혁신학교 정책의 취지고 방향이다. 현재의 공교육 체제가 아이들을 불행하게 만들며 공부로부터 멀어지게 한다는 문제의식에서 혁신학교 정책은 출발한다.

혁신학교 정책은 기존처럼 매뉴얼과 예산을 내려주고 지시 · 점검 · 체크하는 '위로부터의 개혁'이 아니라 준비된 학교부터 자발성과 열정으로 학교를 바꾸어나가는 '아래로부터의 개혁' 방식으로 작동하도록 기본 틀을 만들었다. 추진 방법이나 과정, 운영 형태, 성과 등은 학교마다 달랐다. 혁신학교의 개념 자체를 불변의 개념이 아니라 가변의 개념, 정태적 개념이 아니라 동태적 개념, 폐쇄적 개념이 아니라 개방적 개념, 획일성 모델 개념이 아니라 다양성 모델 개념으로 설정하고 추진한 당연한 결과다.

혁신학교를 한다는 것은 구성원 스스로의 힘으로 학교 체제를 변화시키는 것이고, 학교 체제를 변화시킨다는 것은 학교 내 민주주의를 실현하고, 철학이 있는 교육과정을 만들고, 모든 교사가 교과의 벽을 넘어 수업을 공유하면서 전문적 학습공동체를 만들어가고, 평가를 바꾸는 일을 통해 아이들이 행복하게 배우고 성장하는 학교를 만드는 것이다. 몇몇 특정 교사의 힘으로는 불가능한 일이다.

그럼에도 불구하고 혁신학교를 몇몇 전교조 교사의 '해방구' 정도로 여기는 오해가 존재한다. 특히 일부에서는 특정 학교를 예시하면서 마치 모든 혁신학교에 전교조 소속 교사가 압도적으로 많은 것처럼 말하거나 전교조 교사들이 '의식화 교육'을 한다는 식의 의도적인 폄훼나 이념적인 색깔론으로 공격하기도 한다. 전교조 교사들이 학교장을 마음대로 좌지우지하거나 허수아비로 만든다고 주장하기도 한다.

학교 실정을 모르는 사람들은 그렇게 말할 수 있다. 학교에서 혁신의 방향이나 방법 등에 대한 생각의 차이는 엄연히 존재한다. 그러나 그 차이는 소속 교원노조 또는 교원단체 간 이념 갈등에서 오는 것이 아니다. 생각이나 경험, 일하는 방법이나 속도의 차이에서 오는 것일 뿐이다. 그것을 마치 특정 교원노조 때문인 것처럼 말해서는 안 된다. 현재의 학교 구조에서 특정 단체 소속 교사라고 해서 학교장의 권위나 위상을 뛰어넘는다는 것은 불가능하다. 이면 교사가 학교의 의사결정에 막강한 영향력을 미칠 수 있으려면, 소속을 떠나 그만큼 학교 일에 헌신적이고 열정적이어야 한다.

나는 혁신학교가 '전교조 일방통행 학교'가 아니라고 감히 말할 수 있다. 내가 전교조 출신이어서 하는 말도 아니고, 이념 공세를 방어하기 위해서 하는 말도 아니다. 적어도 전북에서 실무자로서 4년 동안 수백 회에 걸쳐 혁신학교 교사들과 함께 협의하고 컨설팅하고 연수하고 워크숍 하면서 알게 된 진실이기 때문에 자신 있게 말할 수 있다.

2012년 전라북도교육청에 대한 국회 국정감사 때, 모 국회의원의 요구 자료에 대한 답변을 준비하기 위해 혁신학교 근무 교원들의 소속 단체를 조사했다. 그 결과도 그런 주장이 별로 설득력이 없음을 보여준다. 아래 표를 보면 혁신학교의 교총 소속 교원 비율이 42%가 넘는 데에 비해 전교조 소속 교원의 비율은 28.5%로 상대적으로 훨씬 적다. 경기도교육청도 혁신학교의 전교조 소속 교원 비율은 14%, 교총 소속 교원은 31%로 밝힌 바 있다.

교원 수	교총	전교조	미가입	중복
843	356	240	265	18
	42.2%	28.5%	31.4%	2.1%

출처: '2012년 전북교육청 국감 답변 자료' 중에서

경쟁과 효율을 앞세운 기존의 교육 방향에 젖어 보수적인 생각을 버리지 못하는 지도자나 교사도 있고, 협력과 공동체의 가치를 학교의 교육철학으로 도입함으로써 학교 체제나 교육의 방향을 수정하고자 하는 개혁적인 마인드를 가진 지도자나 교사도 있다. 그 스펙트럼은 학교마다 다양할 수 있다. 경쟁만이 유일한 가치였고 대안이었던 학교와 교실에 협력의 가치를 수용하고 이를 학교 체제 개혁의 방향으로

만들어가려고 하다 보니, 이를 둘러싼 생각의 차이가 때론 부딪치기도 하고 파열음을 내기도 한다. 그러나 이런 관점의 차이는 아이들을 중심으로 사고하면서 조금씩 좁혀지는 것이 일반적이다.

따라서 학교 안에서 소속 교원단체 간의 대립이나 이념 대립은 거의 존재하지 않는다. 만일 있다면 소위 '앞바퀴 교사'와 '뒷바퀴 교사'의 열정의 차이, 방법의 차이, 생각의 차이 등이 존재한다. 이는 어느 조직이든 변화를 위해서는 감내하고 극복해야 하는, 어쩌면 당연하기도 한 소소한 차이일 뿐이다. 그리고 이를 극복해가는 과정은 학교의 철학과 지향이 만들어지는 과정이다. 궁극적으로는 아이들을 바라보고 교육과정을 해석하는 관점이 통합되는 과정이고 나아가 구성원들의 사유의 폭과 깊이가 더 넓어지고 깊어지고 단단해지기 위한 자연스러운 과정이기도 하다. 어느 단체 소속이든 아이들을 위해 헌신적이고 열정적으로 일할 때 동료 교사와 아이들과 학부모로부터 인정받고 존경받는다.

구성원 간의 작은 차이는 자연스러운 현상이고 받아들이고 조정해나가야 하는 것이다. '어떻게 하면 아이들이 다니고 싶은 학교, 행복한 학교를 만들 수 있을까'하는 고민 속에서 서로 소통하고 협력하면서 교사들의 집단지성을 이끌어내야 혁신학교를 성공적으로 만들 수 있다. 제대로 된 혁신학교에서는 교사들이 선교조든 교총이든 소속 단체를 떠나 새로운 학교를 만들어가는 데 의지와 열정을 모은다.

오해 4. 혁신학교는 노는 학교다?

● 혁신학교는 아이들의 학력을 소홀히 하고 맨날 뛰어놀게 한다는 오해도 있다. 그래서 혁신학교는 학력이 떨어진다는 것이다. 정말 그럴까? 아마도 이는 전통적인 학력관에서 탈피하지 못한 데서 오는 오해가 아닐까 싶다. 혁신학교에는 직접 몸으로 느끼고 체험하는 수업이나 활동이 많아서 그렇게 보일 수도 있다. 특히 초등학교의 경우에는 교과 학습만을 강조하던 것에서 벗어나 예술·체험 활동을 강화하거나, 아침 신체 활동, 중간놀이, 계절학교나 프로젝트 수업 등을 통해 아이들이 충분히 뛰어놀면서 공부할 수 있도록 일상적인 교육과정을 새롭게 재구성하는 경우가 많은데, 그래서 그런 오해가 생긴 것이 아닐까 생각한다.

혁신학교는 공부와 학력의 의미를 새롭게 재해석하고, 나아가 학교와 공교육의 기능과 역할에 대해서도 기존의 패러다임을 넘어서려는 노력을 기울인다. 교사가 일방적으로 교과지식을 주입하듯이 반복적으로 가르치고 아이들은 내용을 받아 적고 암기하고 학교는 시험을 통해 점수를 매기고 서열을 정하는 식의 기존의 교육에 대해서도, 비인간적인 입시 경쟁 교육과 획일적인 통제 위주의 생활지도에 대해서도 함께 의문을 던져보고 그 대안을 새롭게 모색하자는 것이 혁신학교의 출발이다. 그러니 지금까지의 배움과 학력에 대한, 교육과정과 수업과 평가에 대한 대안적 실천을 모색해야 하지 않을까? 교육의 성과를 당장의 시험점수나 성적으로만 판단할 수 있는가? 교육의 성과는 평생을 두고 나타난다. 한 가지라도 깊이 있게 몸으로 직접 느끼고 표현해보면서, 함께 협력하고 활동하면서, 토론을 통해 자기 생각을 표현하면서 배운 아이들이 그렇지 않은 아이들에 비해 어떤 삶을 살아갈지 상상해보라. 혁신학교가 추구하는 교육이 단순히 아이들을 놀게 하는 것이라고 폄하할 일인지 생각해볼 일이다.

2011년에 전북의 혁신학교 대표 교사들과 함께 핀란드의 헬싱키에서 멀지 않은 작은 도시의 어느 초등학교를 방문한 적이 있었는데, 그 학교 교장 선생님이 했던 말이 지금도 기억에 또렷이 남아 있다.

"한국의 학생들은 충분히 놀 시간이 필요합니다."

한국에 두 차례나 방문한 그 교장 선생님은 한국 학생들에 대한 연민의 정을 표시했을 뿐 아니라 우리나라의 입시 중심 교육에 대해서도 우려했다. 아이들은 충분히 놀아야 공부할 의욕도 생기고 꿈꿀 여유도 생기는데, 안타깝게도 한국 학생들은 너무 많은 시간을 학교와 가정에서 학습에만 매달린다고 했다. 실제로 핀란드 학생들의 일과는 우리와 많이 달랐다. 학습시간이 우리나라 아이들의 거의 절반 수준이었는데도 불구하고 핀란드와 한국 아이들의 PISA 결과는 거의 비슷하다.

2000년에 시작된 PISA는 3년에 한 번씩 만 15세 학생들을 대상으로 치러지는데, 2012년까지 치러진 다섯 번의 테스트 결과를 보면 핀란드 학생들과 한국 학생들은 공통적으로 세계 최고의 성취수준을 보인다. 그러나 자세히 들여다보면 핀란드의 아이들과는 달리 한국의 학생들은 지적 흥미도나 스스로 문제를 해결하는 능력이 OECD 국가 중 최하위 수준이고, 사교육 의존도나 상·하위 그룹 간 성취도 편차, 학습에 투여하는 시간은 세계 최고 수준이다. 거기에다 우리나라의 청소년 자살률은 OECD 국가 중 단연 1위다. 한마디로 요약하면, 한국의 학생들이 성적은 뛰어나지만 사교육 의존도가 높고 스스로 공부할 의욕이나 흥미가 없으며, 전혀 행복하지 않다는 것이다. 그야말로 '상처 뿐인 영광'이다.

독일에서도 주입식 교육의 폐해를 극복하기 위한 교육개혁 운동으로 학교개혁에 성공한 사례가 있는데, 그중에서도 우리가 주목한 학교가 헬레네 랑에Helene-Lange Schule다.[2] 5학년부터 10학년까지로 구성된 이 학교는 예체능 활동이 주를 이루고, 교과학습과 프로젝트 학습의 비율이 4:6 정도로 프로젝트 학습이 더 많은 비중을 차지하지만, 같은 헤센 주 내에 있는 동급의 다른 학교들에 비해 PISA에서 월등한 성취를 보여준다.

학교가 아이들의 예술적·신체적·정서적 활동의 비중을 높이고, 공부에 대한 내적 동기를 스스로 갖도록 학습에 대한 흥미를 갖게 하며, 프로젝트 학습 등을 통해 스스로 참여하고 서로 협력적·활동적으로 공부하도록 하는 것이 학력에서 뒤떨어지는 결과를 가져올 것이라는 결론은 성급할 뿐만 아니라 옳지 않다.

혁신학교는 교육과정의 재구성과 수업·평가의 혁신, 자율적이고 민주적인 학교운영, 학습공동체 지향, 학생과 학부모의 참여 확대 등을 추구하며, 동시에 새로운 학력을 추구한다. 그럼에도 전통적 개념의

---

2   에냐 리겔의 『꿈의 학교 헬레네 랑에』 참조

'학력' 저하 우려를 지나치게 내세움으로써, 주입식 교육과 수업, 평가 방식, 당장의 입시 준비에 매몰된 근시안적이고 구시대적인 교육 패러다임에서 벗어나려는 노력을 폄하하는 주장에는 동의하기 어렵다.

기존의 학력과 성적 개념으로 혁신학교를 평가하더라도 주의할 점이 있다. 혁신학교는 일반 학교와 교육 목표와 방법이 다를뿐더러, 일반 학교에 비해 사회 · 경제적 여건이 열악한 지역에 세워진 경우가 많다. 이런 특성을 고려하지 않고 성적을 단순 비교하면 잘못된 결론으로 이어질 위험이 있다. 그렇다고 혁신학교에 가면 학력이 저하된다는 얘기가 아니다. 장기적으론 그 반대일 가능성이 크다. 혁신학교와 '학력'의 상관관계에 큰 의미를 두고 싶지 않지만, 그런 주장에 반론으로 제시할 자료는 얼마든지 있다. 중요한 것은 혁신학교가 추구하는 학력은 이런 기초학력 정도의 '성적' 개념을 뛰어넘는다는 점이다.

학력을 넘어선 '종합적 성과'는 더욱 뚜렷하다. 2013년에 전북교육정책연구소가 유치원을 제외한 전북의 전체 혁신학교 83교와 비슷한 급별, 지역별, 규모별 비교군 29교를 대상으로 학교 효과성을 비교 분석한 결과, 혁신학교가 일반 학교에 비해 모든 영역에서 통계적으로 유의미한 성과를 거두고 있음을 볼 수 있었다. 교사의 경우, 미래 핵심역량, 수업공동체, 교사역량 강화는 물론 직무만족도에 이르기까지 10개 영역에 61개 문항으로 구성된 평가도구를 사용했다.

경기도교육연구원에서도 비슷한 결과를 발표한 적이 있다. 2012년 말 경기도의 혁신학교 154곳과 일반 학교 154곳 등 308개 학교의 교사와 학생, 학부모를 대상으로 조사한 결과, 혁신학교에서는 일반 학

영역	혁신학교			일반 학교		
	초등	중·고등	전체	초등	중·고등	전체
미래 핵심역량	84.3	80.1	82.20	83.5	79.6	81.55
수업공동체	74.3	68.7	71.50	72.1	66.7	69.40
교사 역량 강화	86.4	74.7	80.55	69.9	61.1	65.50
공동체 교육과정	88.7	74.8	81.75	83.0	71.2	77.10
특색 있는 교육과정	87.1	77.1	82.10	80.7	72.1	76.40
민주적 학교문화	89.6	81.0	85.30	80.8	75.9	78.35
수업지원체제	85.1	74.8	79.95	78.5	70.5	74.50
교육자치	85.0	79.8	82.40	77.6	71.8	74.70
지역사회 협력 네트워크	82.9	75.8	79.35	79.0	71.2	75.10
직무만족도	86.6	78.6	82.60	83.9	78.9	81.40

출처 : '2013년 혁신학교의 학교 효과성 분석 통계자료' 재가공

교에 비해 교사·학생·학부모 모두 모든 측면에서 통계적으로 유의미한 성과를 확인했다는 것이다. 수업혁신, 생활지도 효능감자신감, 교육과정 혁신, 학교 공동체감, 교사 집단 효능감 등에서 높은 평균 점수를 보였다. 학생도 마찬가지로 수업 참여, 학생자치, 교사와의 관계 형성, 학생 인권 존중, 자기 효능감에서 일반 학교보다 평균 점수가 높았다. 그렇다면 혁신학교는 과연 아무 생각 없이 아이들을 놀게 하는 학교인가, 아이들의 참 학력을 높이기 위해 제대로 된 교육을 해보려는 학교인가?

오해 5. 우리는 이미 혁신학교다?

● '우리 학교는 이미 혁신학교'라고 주장하는 학교가 더러 있다. 혁신학교 선정을 위한 심사를 할 때나 설명회나 연수 자리에서도 종종 듣는 말이다. 물론, 정말 그런 학교도 간혹 있다. 그러나 대부분 혁신학교에 대한 이해가 부족해서 하는 말이었다.

보통 이런 학교들은 공통적인 몇 가지 특징이 있다. 우선 교장 선생님의 열의가 넘친다. 그래서 이것저것 예산을 많이 따온다. 연구학교를 비롯한 다양한 목적사업이 학교에서 진행된다. 그리고 교무나 연구부장 등 몇몇 중견 교사가 엄청난 양의 업무를 떠안고 헌신한다. 수업이나 학생을 돌보는 일이 어려울 정도로 과중한 업무에 시달리는 경우도 많다. 대부분의 교사는 교장 선생님의 열의에 공감하지 못하거나 마뜩잖게 여긴다.

이런 학교에는 문서나 사진 등으로 포장된 내세울 만한 성과가 참 많다. 현관부터 교장실까지 온 복도에 각종 행사나 프로그램의 사진과 자료를 전시해놓고 손님을 맞는다. 교장실에도 색색으로 장식된 요람이나 학교 홍보자료, 각종 성과를 파일로 정리하고 모아놓은 면장철 몇 권씩은 놓여 있다. 이런 걸 볼 때마다 연구부장 선생님이 이걸 만드느라 얼마나 시간을 버리고 힘들었을까 하는 생각이 든다.

이런 학교는 아이들을 위한 체험활동과 다양한 행사성 프로그램을 운영한다. 방과 후 활동에도 많은 비중을 둔다. 그래서 아이들과 학부모들은 매우 좋아한다. 체험활동이 많다 보니 아이들은 수업에 집중하지 못하고 자꾸만 밖으로 나가자고 한다. 학부모는 학교에서 공짜로 방과 후 돌봄까지 해주니 좋아한다. 학부모 사이에서 교장 선생님도 인기가 높다. 그것 때문에 아이를 이 학교로 전학시키는 부모도 있다. 그러다가 예산상의 어려움이 생겨 프로그램이라도 하나 중단할라치면 학부모들의 항의가 이어진다. 교사들은 수업 진도를 맞추기도 힘들다고 하소연한다. 예산을 쓰느라 교사의 에너지가 소진되고, 업무가 늘어나서 수업과 아이들에게 집중하기도 힘들어진다. 하지만 교장 선생님의 열의와 더 바쁜 부장교사들을 보면서 힘들다는 말조차 꺼내기 어려운 경우가 많다.

아이들의 학력을 높이기 위한 노력도 나름 열심히 한다. 국가수준 학업성취도평가일명 일제고사에 대비하고, 그 결과 기초학력 부진 학생들은 따로 방과 후에 보충학습을 시킨다. 하지만 아이들은 참여도가 떨어지고 교사도 지친다. 이는 형식적일 뿐 실효도 없고, 설령 아이들의 수준을 올려서 상급학년에 진급시킨다 해도 다음 해에 다시 미도달 학생이 된다는 것을 교사들은 안다. 그럼에도 학습부진의 원인이 무엇인지 공동사고나 협의를 할 의욕과 시간이 없다. 그래서 그냥 기계적으로 학습부진아 지도를 반복하며 학력향상 관련 예산을 소모해간다.

겉으로 보기에 체험활동을 많이 하고, 아이들이 좋아하는 다양한 방과 후 활동으로 학생과 학부모들의 반응이 좋아도 그것이 혁신학교의 본질은 아니다.

혁신학교는 가장 먼저 학교가 무엇인지, 교육이 무엇인지, 아이들은 어떤 존재인지, 공부란 무엇이고, 우리가 추구해야 할 학력이란 어떤 것인지 등에 대해 모든 구성원이 머리를 맞대고 토론하는 것에서부터 출발한다. 그러므로 '우리는 이미 혁신학교'라고 주장하는 학교는 그런 치열한 토론의 과정을 가져본 적이 있는지 생각해봐야 한다. 1박 2일이든 2박 3일이든 구성원들이 머리를 맞대고 학교와 교육을 성찰하고 추구해야 할 새로운 철학과 비전을 생산하고 공유하는 과정을 거쳐야 한다. 어떤 학교이기를 바라는지 아이들에게도 물어야 한다. 혁신학교가 추구하는 기본 철학은 참여와 소통, 자율과 책임이다. 학교개혁의 청사진을 함께 만들지 않으면, 누구나 주체가 아닌 방관자가 되기 마련이기 때문이다.

혁신학교는 학교 교육의 본질을 회복하자는 것이므로 우선 불요불급한 업무나 행사, 프로그램부터 덜어내야 한다. 방과 후 활동조차 학부모와 지역사회가 함께 해결 방안을 모색해야 한다. 그래야 교육과정과 수업이라는 교육의 본질에 집중할 수 있다. 수업혁신의 전제가 되는 자발성과 동료성을 위해서 교사들의 학습공동체를 지원하고 일상적인 수업을 공유할 수 있도록 해줘야 한다. 그러려면 업무전담팀을 구성하는 등의 업무경감을 위한 특별한 노력을 기울여야 한다. 이 모든 것을 교사들이 집단지성을 통해 자발적으로 이끌어가도록 지원하는 새로운 리더십도 요구되며, 때에 따라서는 지도자의 헌신과 솔선수범이 요구되기도 한다.

비록 겉으로는 혁신학교와 비슷해 보여도 그 속내는 확연히 다르다. '우리 학교는 이미 혁신학교'라고 말하는 순간, 뭔가 중요한 내용이 빠진 채 외양만 추구하고 있을 확률이 높다. 혁신학교는 완성형 명사가 아니라 끝없이 변화해가는 진행형 동사동태적 개념이라는 사실을 간과 했을 가능성이 크기 때문이다.

이미 혁신학교로 지정된 학교도 마찬가지다. 구성원들이 끊임없이 학교철학과 비전을 공유하고, 모든 교육과정의 중심에 아이들을 두기 위해 지속적으로 집단지성을 발휘할 수 있는 구조를 만들어서 실천하고, 학생 인권 존중을 제도뿐 아니라 실생활에서도 적용하며, 교육과정의 창조적 허물기와 재구성을 위해 노력하고, 일상 수업의 공유와 평가의 혁신을 위해 노력해야 한다. 그러기 위해서는 교사들의 성장을 위한 독서토론과 교육과정운영평가회 등의 전문적인 학습공동체가 만들어지고 활발하게 운영되어야 한다. 의사결정이 민주적이고 개방적이어서 모든 교사, 학생, 학부모에게 열려 있어야 한다.

결국은 아이들을 중심에 놓고 학교를 교육적으로 재구성하려는 지속적인 노력을 해나가는 학교가 혁신학교이므로, 아무리 혁신학교로 지정된 학교라 하더라도 '우리 학교는 이미 혁신학교'일 수 없다.

혁신학교가 추구하는
핵심 가치

내적 성과의 확산

●   2013년 혁신학교 추진을 위한 기본계획을 세우면서 슬로건을 하나 고안했다. 지난 2년 동안의 혁신학교 성과를 일반 학교에 확산하고자 하는 정책의 방향을 간명하게 표현하는 슬로건이 필요했기 때문이다. 고민 끝에 "혁신학교를 넘어 학교혁신으로"라고 정하고 추진하는 모든 사업의 방향으로 삼았다. 여기에는 혁신학교 정책이 단지 혁신학교 몇 개를 지정·운영하는 데에 그치지 않을 것이란 강력한 메시지가 담겨 있다. 2014년부터는 전북 교육의 전체 슬로건으로 삼아서 전라북도교육청이 발간하는 주요 정책문서와 업무 관련 문건의 머리

를 장식하고 있다.

겉으로 드러난 성과보다는 학교의 내적 성과를 수평적인 연대와 네트워크를 통해 넓히고자 하는 여러 가지 사업 내용을 계획서에 담았다. 학교에 매뉴얼을 만들어서 던져주고 모두 이렇게 하라는 식으로 강제하거나 지도하는 방식으로 해서는 안 될 일이다. 혁신학교 간 또는 혁신학교와 일반 학교 간 쌍방향으로 마치 스펀지에 물이 스며들듯이 수평적인 교류와 지역의 네트워크를 통해서 상호 배움을 유도하는 것이 좋은 방식이다. 그 중심에 혁신 모델학교나 거점학교가 있으면 좋을 것이다. 아무리 좋은 정책도 학교 구성원의 자발성을 전제하지 않고는 성공하기 어렵기 때문이다.

전북의 혁신학교를 통해 나타난 정책의 내적인 성과를 학교와 학교 간, 교사와 학부모 간의 수평적인 네트워크를 통해 일반 학교로 확산해나가고자 하는 것이 2013년 이후의 전라북도 혁신학교의 주요 정책 방향이라고 할 수 있다.

이러한 정책 방향과 함께, 전라북도는 2014년 들어 학교가 성취해야 할 최상위의 목표이자 핵심 가치로 다음 4가지 키워드를 제시했다.

1. 존중받는 아이
2. 성장하는 교사
3. 협력하는 교실
4. 행복한 학교

이 4가지 키워드는 전북의 혁신학교 경험을 통해 얻은 가장 중요하고 핵심적인 성취목표이자 철학적 지향이다.

존중받는 아이

● 　　첫 번째로 '존중받는 아이'는 혁신학교의 출발점이자 궁극적인 목적이다. 잠재적 교육과정을 포함한 학교의 모든 교육과정과 인간관계의 중심에 아이들에 대한 존중이 자리 잡아야 한다는 것을 의미한다. 수업과 평가, 학교 내의 모든 생활에서도 교사들의 사고와 실천의 중심에 아이들이 있어야 한다는 뜻이다. 그랬을 때 아이들을 중심에 두고 아이들의 성장을 고민하는 교육과정이 재구성될 수 있고, 아이들의 배움이 중심이 되는 수업을 구상하고 공유할 수 있으며, 학생 인권 존중이라는 가치도 모든 제도와 규칙과 생활과 의식 속에 바로 세울 수 있기 때문이다. 교육의 궁극적인 목적도, 학교의 존재 이유도, 교권의 존재 근거도 모두 아이들의 행복한 성장이어야 하고, 이를 위한 출발점에 아이들에 대한 존중이 있어야 한다는 것을 의미한다.

아이들의 존중을 어떻게 학교생활에서 구체적으로 실현할지는 구성원들의 집단지성에 맡기면 된다. 학교가 아이들을 어떻게 맞아들이고 보낼지, 교육과정을 어떻게 편성할지, 수업을 어떻게 할지, 행사를 어떻게 할지, 공간을 어떻게 할지, 관계를 어떻게 할지 등등 학교 안의 모든 것을 결정할 때 그 중심에 아이들을 두고 사고하는 과정을 거치면 된다. 그리고 무엇을 하든 제일 먼저 아이들에게 물으면 된다. 아이들을 중심에 두고 일상적인 학교문화와 교육과정, 학교의 하드웨어와 소프트웨어를 함께 성찰하다 보면, 무엇을 해야 할지가 분명하게 드러나게 마련이다. 이것이 첫 번째 키워드가 갖는 의미다.

성장하는 교사

● '성장하는 교사'는 교육 변화의 주체인 교사들이 학습공동체 안에서 자각하고 성장하는 것을 의미한다. 어찌 됐든 혁신학교는 교사가 먼저 주체적이고 자발적으로 나서지 않으면 출발 자체가 불가능하다. 학생과 학부모도 교육의 엄연한 주체이지만, 학교혁신의 시작과 끝은 교사다. 교사가 나설 때에만 교실 속까지 깊숙한 변화와 실천이 가능하기 때문이다. 학교장의 의지만으로도 되지 않는다.

아무리 학교장이나 학부모의 머릿속에 학교혁신에 대한 다양하고 멋진 그림이 들어있다고 해도 그것을 교사에게 강제할 수도 없고 그래서도 안 될 일이다. 혁신학교의 시작부터 반드시 교사들의 자발성과 동료성에 의존하지 않으면 안 된다. 혼자 또는 몇몇이서만 할 수 있는 일도 아니다. 학교의 문화와 운영 체제, 교육과정과 수업과 평가 체제를 혁신하는 일은 학교 구성원 모두의 의지와 열정이 모일 때만 가능하다. 어떤 혁신학교도 교사들의 성장을 위한 학습공동체가 없이는 성공하지 못한다. 구성원들의 학교 만족도가 높고 지속적으로 변화해가는 학교를 보면 교사들의 집단적인 성장의 노력이 있다.

우리가 들여다본 바로는 가장 효과적인 것이 바로 정기적인 독서토론과 교육과정운영평가회였다. 그중에서도 독서토론을 통한 교사들의 성장은 전북 전체로 보아 가히 괄목할만하다. 교사들의 집단적인 자각과 성장은 혁신학교의 출발점이자 핵심이다. 물론, 이러한 교사들의 자발적 성장은 학교 민주주의가 실현될 때 지속 가능하다는 건 두말할 나위가 없다.

협력하는 교실

● 　　이것은 교실문화, 즉 학급 내의 생활과 수업을 막론하고 하루의 시작부터 끝까지 모든 일과에서 경쟁의 요소를 배제하고 협력의 가치를 구현하자는 의도를 담고 있다. 그것도 제도나 규칙이나 형식의 차원을 넘어서 삶의 양식으로 구현하자는 것이다. 수업과 생활도 협력을 지향할 때 아이들의 인성도 저절로 좋아진다. 인성의 핵심은 타인을 인정하고 존중하는 태도다. 나아가 다른 사람의 어려운 처지를 동정하고 돕는 것이다. 이러한 것은 몇 번의 계기교육으로 해결되지 않는다. 학교에서의 모든 수업과 생활이 협력적일 때, 그것이 삶의 양식으로 아이들의 내면 깊숙히 체화된다. 서로 이해하고 경청하고 존중하고 도와주는 관계를 교실 안에서 일상의 생활로 만들어가자는 것이다. 그래서 대부분 혁신학교에서는 수업혁신의 방향을 아이들이 서로

협력하며 호혜적으로 배우는 쪽으로 구성원들이 함께 연수받고 연구하며 실천하고 있다.

그래서 혁신학교가 제대로 본질에 집중하면 학교폭력이 자연스레 줄고 아이들의 학교에 대한 만족도는 저절로 높아진다. 학교폭력 문제에 대한 답을 할 수 없다면, 그것은 진정한 의미의 혁신학교라고 할 수 없다. 그린 마일리지 같은 상벌점제나 폭력 사실에 대한 생활기록부 기재 등의 일벌백계 방법은 학교폭력의 해결책이 될 수 없다. 외부 전문가에 의한 몇 번의 계기교육으로 해결할 수도 없다. 학교폭력을 근원적으로 차단할 핵심은 교실문화에 있다. 따뜻하고 존중하고 협력하는 관계가 교실 안에 충만할 때 아이들의 인성이 좋아지고 학교폭력 문제도 근원적으로 해결될 수 있다.

행복한 학교

●   마지막으로 '행복한 학교'는 앞의 3가지의 철학과 지향, 방향과 목표를 통해 이루고자 하는 마지막 이상으로써의 학교상이다. 학교는 학생이든 교사든 누구에게나 행복한 삶의 공간이면 좋겠다는 바람을 담았다. 행복은 미래에 존재하는 것이 아니라 지금 여기에 삶의 매 순간 누려야 한다는 믿음을 반영했다. 지금까지 학교는 학생들에게 미래의 행복을 위해 지금의 불행을 참고 견디는 것이라고 가르치는 형국이 아니었던가? 자살과 폭력, 학업 포기, 가출 등 극단적인 상황으로

치닫는 학생이 많고, 수업시간에 잠자거나 방해하는 학생들 때문에 수업을 진행하기 힘들다고 하소연하는 교사가 많다.

이 마지막 키워드는 모두가 불행한 현재의 학교를 민주적으로 소통하고 협력하는 학교, 따뜻하고 인간적인 학교, 배움이 일어나는 학교로 만들어가면서 모두가 행복한 학교를 꿈꿔보자는 혁신학교 궁극의 이상이 담겨 있다.

2부

혁신학교,
우리도 한번 해볼까?

· 혁신학교 제대로 하기 ·

혁신학교의 시작
관계부터 만들자

자각과 열정, 혁신학교의 출발점

●   다음은 2011년 하반기에 전라북도 혁신학교 1기 20개 학교의 컨설팅을 마치고 나서 쓴 후기다.

> 이번 하반기 초·중등 20개 혁신학교 컨설팅을 통해 많은 긍정적 변화와 성과를 느낄 수 있었습니다. 특히 학생들이 행복해하는 학교로 변하고 있다는 점과 모든 일에 학생을 중심에 두고 생각하고 실천하는 관점의 변화가 눈에 띄었습니다. 또한, 긍지와 자부심을 느끼는 교사가 점점 늘어나는 것도 좋았습니다. 학교마다 특색 있는 프로그램

을 운영하고, 학부모들은 혁신학교에 대해 대체로 만족하며, 학교문화도 더디지만 점점 소통과 협력을 통하여 민주적으로 바뀌고 있었습니다. 수업혁신에 대한 고민도 많아지고 깊어지고 있었습니다.

한편으로는 혁신학교 구성원 모두에게 따뜻한 위로와 격려도 필요해 보였습니다. 교장 선생님이든, 교감 선생님이든, 선생님이든, 행정실 직원이든 어느 누구도 가보지 않은 낯선 길을 간다는 것은 두렵고 외롭고 힘겨운 일이었을 것입니다. 누군들 혁신학교를 잘해보고 싶은 마음이 없겠습니까? 하지만 서로 살아온 세월이 다르고, 배움이 다르고, 생각이 다르다 보니 때로는 본의 아니게 부딪치기도 했으리라 생각합니다.

하루아침에 모든 것이 변할 것이라고 성급하게 마음을 먹었다면 좀 더 내려놓아야 합니다. 상대가 미덥지 않아 보인다는 이유로 성급하게 나서는 것도 내려놓아야 합니다. 서로의 다름을 인정하고 상대를 배려하는 마음이 먼저입니다. 구성원 모두가 합의하는 일부터 시작하는 것이 혁신학교의 출발이고 정신이고 지혜입니다.

혁신학교 구성원 모두 힘들어도 서로 위로하며 행복한 학교를 함께 만들고 있으리라 기대했습니다. 그러나 여전히 일부 학교에서는 서로 따뜻하게 바라보는 시선이 부족하다는 걸 느꼈습니다. 여전히 뒷전에 머무르며 냉소적이거나 딴죽을 거는 교사도 보입니다. 학교문화가 너무 목표 지향적으로 변하는 것은 아닌지 우려되는 점도 있었습니다. 어느 정도의 갈등과 진통은 예견했지만, 좋은 뜻으로 만나서 시작한 일이 서로의 마음속에 미움을 키우는 일이 된다면 차라리 안 하는 것만 못합니다. 혁신학교는 누구를 위한 일일까요? 누구는 행복하고 누구는 불행해도 되는 걸까요? 더 많은 고민이 필요해 보였습니다.

혁신학교 구성원 모두가 자기 성찰의 시간을 가질 필요가 있다고 느꼈습니다. 깊은 자기 성찰과 소통하려는 노력이 충분했는지 되물어야 합니다. 너무 성급하게 서두른 것은 아닌지, 아직도 관행이나 고정관념의 틀을 깨지 못하고 있는 것은 아닌지 몇 번이고 자신에게 되물어야 합니다. 더 이상 서로 상처를 주는 일이 많아지면 안 되겠습니다. 모두가 행복할 수 있도록 공감대를 찾아 작은 일부터 다시 시작하는 것이 더 중요해 보였습니다.

조금 더 여유를 갖고 천천히 갈 것을 제안합니다. 인간에 대한 예의를 지키며 서로 입장을 존중하고, 합의한 사항만 우선 실천하면서 즐겁고 행복하게 혁신학교를 만들어가면 좋겠습니다. 그 누구도 성급하게 실적이나 성과를 요구하지 않습니다. 학교가 더 덜어낼 것과 가지치기를 할 것도 제안합니다. 불요불급한 일을 더 많이 줄이고, 과감하게 선택과 집중을 해야 합니다. 더 많이 만나고 토론하고 협의하고 대화하면 좋겠습니다. 혁신학교가 힘들다는 말보다는 행복하다는 말이 더 많아지면 좋겠습니다.

혁신학교는 모두가 행복한 교육공동체를 만들자는 것입니다. 구성원 모두가 합의하는 비전과 목표, 철학과 가치를 만들어내고, 그것을 교육과정에 반영하여 실천하면 좋겠습니다. 혁신학교 지정기간이 4년임을 고려하여 긴 호흡으로 차근차근 실천하면 좋겠습니다.

우리 스스로 대견해할 만큼 많은 변화가 일어나고 있습니다. 희망은 이미 만들어지기 시작했습니다. 처음 출발에 비하면 크나큰 발전이 있음을, 도도한 흐름이 형성되고 있음을 느낍니다. 모두 고생하셨습니다.

우리는 지난 4년간 혁신학교를 통해 행복해하는 교사와 학생, 학부모를 수없이 보아왔다. 일반 학교에 비해 학교 효과성이 높을 뿐만 아니라 학교에 대한 각 주체의 만족도 역시 매우 높은 편이다. 보통 혁신학교는 교사들의 집단적인 자각과 열정에서 출발한다. 교사로서의 자기 삶에 대한 성찰과 자각은 교사의 정체성을 되찾기 위한 몸부림으로 이어지고, 이때 혁신학교 정책을 만나면 자발적으로 학교개혁을 위해 나서게 된다. 자발성이 전제될 때 열정적이고 헌신적인 활동이 일어나게 되고, 그 에너지로 학교가 변화된다. 결국, 교사가 혁신학교를 하는 이유는 스스로 교육자로서 자신의 참삶을 가꾸어가는 꿈을 실현하고 싶기 때문이고, 그 꿈은 정확하게 아이들의 참삶을 이끌어주는 과정과 일치하게 된다.

따라서 학교혁신을 향한 교사들의 열정은 당연히 아이들 교육에 대한 열정으로 나타나며, 아이들의 참된 배움과 삶을 저해했던 기존 교육에 대한 반성과 생산적 허물기로 이어진다. 아이들을 중심에 두고 학교를 재구성하는 일은 교육자로서의 보람을 느끼게 하고 결과적으로 직무만족도를 높인다. 아이들은 성적 경쟁에서 벗어나 존중받고, 차별 없이 배우고, 자기 주도적인 배움을 통해 행복한 학교생활을 경험한다. '월요일에 학교 가기가 즐겁고, 방학보다 개학이 기다려진다'고 말할 정도다. 그러니 학부모 또한 학교와 교사를 신뢰하고 즐겁게 학교에 참여하여 행복해지는 것이다.

그런데 이처럼 행복한 학교를 만들어보자고 뜻을 모아 혁신학교를 시작했지만, 자세히 들여다보니 힘들어하는 모습이 심심찮게 눈에 보였다. 왜 혁신학교를 해야 하는지에 대한 큰 틀의 합의를 이루었더라도, 시간이 지나면서 무엇을 어떻게 하느냐에 대한 생각의 차이가 드러나고 그것이 구성원 간의 갈등으로 이어지는 학교가 생겨나기 시작했다. 사람마다 생각이 다르고 경험이 다르고 관점이 다르다는 것을 감안하면 어쩌면 당연한 일이다.

차이의 인정

● 혁신학교를 추진할 때 가장 먼저 고려해야 할 점은 이러한 차이를 서로 인정하는 것이다. 차이는 옳고 그름의 문제가 아니다. 내가 옳고 네가 틀렸다거나 교사가 옳고 교장이 틀렸다는 식의 접근은 그래서 매우 위험한 결과를 낳는다. 혁신학교는 생각이 똑같은 몇몇이서 번갯불에 콩 볶아 먹듯이 '금 나와라. 뚝딱!'하고 만드는 것이 아니다. 끊임없이 학교문화를 개선하고 재구조화하는 일이다. 서로 다른 사람들이 모여 생각의 차이를 좁히고 속도의 차이를 조절하면서 아이들을 중심에 두고 학교 체제를 바꾸고 새롭게 재구성하는 일이다. 먼저 자각한 한 사람이 열 걸음 나가서 뒤따르는 다수의 교사를 이끄는 것이 아니라 열 사람이 어깨를 걸고 다 같이 한 걸음을 내딛는 것이다. 욕

심부리지 않고 마음을 내려놓고 합의된 만큼만 조금씩만 나아가면 될 일이다. 다만, 본질에서만 벗어나지 않으면 된다. 함께 어깨 걸고 긴 호흡으로 가야 할 일이다. 혁신학교는 '단기완성코스'가 아니기 때문이다.

모두가 행복한 학교를 만들자고 나선 걸음이 혁신학교라면 인간적인 예의와 존중이 기본이 되어야 한다. 더디더라도 모두가 참여하고 소통하며 협력하는 따뜻하고 인간적인 문화 안에서 함께 성장하는 가운데 행복해야 한다. 경험으로 보면, 혁신학교로서 만족도가 높은 학교들은 관계가 원만하고 서로 존중하며 화목하다.

혁신학교는 여럿이 함께 존중하고 소통하며 협력해서 만들어가는 지속 가능한 학교다. 서서히 점진적으로 함께 행복한 교육을 그리며 나아가는 학교다. 그러기 위해 가장 먼저 고려해야 할 것은 사람이고 관계이다. 혁신학교를 처음 시작하는 단계에서 맨 먼저 염두에 두어야 할 것은 서로 다름의 인정, 내려놓음, 존중과 배려, 인간적인 예의, 천천히 가기를 합의하는 일이다. 그리고 그 속에서 관계부터 만들어갈 것을 권한다.

민주적 의사결정과 새로운 리더십
따뜻한 학교를 만들자

학교는 민주적인가

● 　　과학의 달 행사를 한다고 가정해보자. 과학업무 담당 부서나 과학부장이 계획안을 짜고, 행정실장의 협조를 얻어 교감, 교장 선생님에게 차례로 결재를 받는다. 교사들에게는 교무회의 때 행사계획을 발표하거나 메신저로 알린다. 그리고 담임교사의 협조를 얻어 아이들의 참여를 독려한다. 행사가 끝나면 시상이 이어진다. 그것으로 끝이다. 그냥 과학부만의 업무일 뿐이다. 모든 행사가 이런 식으로 운영되는 것이 관행처럼 굳어져 왔다. 교사들은 학교에서 민주적인 의사결정을 해본 경험이 많지 않다. 그동안 학교에서 교육과정이 어떻게 운영됐는지, 그

속에 진정으로 민주주의가 존재했는지는 잠시만 돌아봐도 알 수 있다.

혁신학교를 시작하고 나서 가장 먼저 봉착하는 문제가 바로 회의문화다. 매주 시간을 정해놓고 학교의 모든 문제를 민주적인 회의를 통해 결정하기로 했지만, 점점 서로에게 힘든 시간이 되면서 '이런 걸 왜 하나?'하는 분위기가 힘을 얻게 되는 경우를 종종 보았다. 학교장은 교사들의 역량이 부족한 것 같아 자꾸만 자신의 경험과 생각을 드러내고, 그럴수록 교사들은 수동적이고 소극적인 자세가 된다.

회의를 할 때 학교장은 자신의 의견을 먼저 제시하지 않아야 한다. 학교장은 자신의 '모범답안' 없이 교사들의 협의 과정에 함께 참여하는 것이 중요하다. 협의에 참여하지 않고 나중에 결재 과정에서 의견을 제시하면, 교사들의 자발적인 협의 내용이 물거품이 되어서 다음부터는 협의하려 들지 않거나 수동적인 태도로 변해버리기 때문이다. 수동적으로 변한 교사에게 자발성을 기대할 수는 없다.

학교장은 내심 자기 생각이 있어도 항상 회의에서 어떻게 하는 것이 좋을지 물어봄으로써 교사들이 의견을 적극적으로 표현하도록 열어주고, 거기에 자기 생각을 보탬으로써 학교장이나 교사 한 사람의 처음 의견보다 더 발전된 방향으로 답을 찾아 나가는 것이 최선의 방법이다. 이것이 바로 학교가 집단지성을 도출하는 과정이다. 교사들은 자신이 참여한 의사결정에 성취감을 느끼고 결정된 일이나 프로그램의 적극적인 참여자가 된다. 이럴 때 학교 혁신의 건강한 동력이 생겨난다.

이후에도 학교장은 결정사항의 진행과정을 확인하거나 재촉하지 않고 교사들을 믿고 기다려주는 것이 필요하다. 그래야 교사들이 지도자에 대한 신뢰감을 갖는다. 이런 신뢰 관계가 먼저 형성될 때 비로소 교사들은 학교에 더욱 열정을 갖게 되며 자발적으로 헌신한다. 그리고 그런 헌신이 개인의 영욕이나 출세를 위한 것이 아니라 아이들의 참된 배움을 위한 것, 자신이 꿈꾼 교육활동을 위한 것이라는 자부심으로 연결되어 교사를 행복하게 만든다.

따뜻한 리더십이 필요하다

● 혁신학교를 시작하면서 교사들이 느끼는 또 다른 어려움 중 하나가 바로 이와 같은 리더십의 문제였다. 혁신학교가 추구하는 학교 혁신을 위해서는 새로운 리더십이 요구되지만, 교장 선생님과 교감 선생님의 몸에 밴 마인드와 학교운영 방식은 종종 교사들을 힘들게 했다. 혁신학교 지정 초기 한 초등학교 교사가 이런 글을 보냈다.

아~ 정말 울고 싶어요. 너무 속이 상하고 화가 나서 눈물이 다 나오려고 해요. 제발 관리자 컨설팅 좀 잘해주세요.

예견된 문제이기는 하나 3월이 시작되고 본격적으로 혁신학교를 운영하다 보니 가장 어려운 짐 중의 하나가 관리자들의 마인드와 태도입니다. 교감 선생님이 공문을 처리하는 것까지는 바라지도 않았습니다. 그냥 제가 조금 더 일하면 되니까요. 그냥 지켜봐 주기만 하면 고마울 정도죠. 바람직한 혁신학교의 모습은 교사들의 자율성을 바탕으로 제대로 된 수업을 진행하는 것이라고 생각했고, 나머지 활동(동아리 활동이나 학교 행사)은 보조적인 차원이라고 생각했습니다.

그런데 관리자들의 생각은 생색내기 좋은 행사를 끌어다 하려고 하고 (실적을 위해서), 교육청에서 내려오는 모든 지시사항을 수행하는 데 초점이 맞추어져 있습니다. 교육청에서 아침에 체육활동을 하라고 하면 그것도 해야 하고, 민방위 훈련하라고 하니 학생들 모아놓고 두 시간을 버려가며 반공교육을 해야 하는 식입니다.

그제 교장 선생님과 교감 선생님을 모시고 우리 학교가 어떤 방향으로 나가야 하는지에 대해서 이야기를 나누었습니다. 그 자리에서는 이해하는 것처럼 반응을 보이지만, 돌아서면 제자리로 돌아간다는 것을 그동안의 경험을 통해 잘 알고 있어서 지금도 참 답답합니다. 왜 그럴까 생각해보면 원래 그분들의 교육철학 문제도 있지만, 교육청(교육장이 주는 근무평정) 등에서 자유롭지 못하기 때문이라는 생각이 듭니다. 이해 못 하는 것은 아니지만, 혁신학교는 학교혁신의 목표가 있기 때문에 관리자들이 먼저 변해야 한다고 생각합니다.

그래서 말인데요, 다음에는 관리자와의 면담시간을 따로 정해서 제발 교사들의 자율성에 맡기고, 어떤 일이든지 일사불란하게 움직이도록 요구하지 말고, 최종 목표는 수업혁신이고 그러려면 교사에게 시간과 여유를 주어야 한다고 집중적으로 이야기를 해주시면 좋겠습니다.

사실 새로운 리더십은 특별한 것이 아니다. 학교혁신을 위한 논의에 교사들과 함께 참여하고, 소통을 위해 노력하고, 학교를 민주적이고 개방적으로 운영하는 것이다. 성과를 재촉하지 않고 기다려주는, 교사들에게 마음으로 다가가서 생활지도와 같이 어려운 일을 성심껏 도와주는 그런 리더십을 교사들은 원한다. 그러나 현실에서는 그런 지도자를 만나기가 쉽지 않다.

혁신학교의 교사들이 느끼는 어려움을 해소하기 위해 교육감과 전체 혁신학교 교장단이 참석하는 간담회를 하고, 교감단과도 간담회를 했다. 설명회나 워크숍도 여러 차례 실시했다. 항상 강조했던 것은 어떤 가시적 성과나 실적도 바라지 않을 테니 모든 것을 내려놓고 편안하게 교사들의 자발적 노력을 지지하고 지원해달라는 것이었다. 그 이후로 기회가 있을 때마다 새로운 리더십에 대한 메시지를 전달했다.

지난 4년간 점차 혁신학교에 대한 이해가 깊어지고 많은 시행착오를 경험하면서 이제는 새로운 리더십이 무엇이고, 학교 민주주의가 무엇인지 정도의 인식은 공유되고 있는 듯하다. 교무회의의 의결기구화나 학생자치, 학생 다모임, 학교운영위원회에 학생대표 참여 등 형식과 절차의 민주주의를 구현하는 일은 혁신학교의 출발이기도 하고 매우 중요하고 기본적인 것이다. 하지만 이러한 형식과 절차는 교사와 학생, 학부모를 존중하고 그들의 의견을 귀담아듣고 교육의 주체로 세우고자 하는 자세에서 나온다.

혁신학교를 만들어가는 학교들의 속내를 수년간 들여다본 경험으로 보면, 새로운 리더십이란 학교 구성원들이 새로운 길을 가는 데 두려움이 없도록 솔선하고 따뜻하게 지원하면서 기다려주는 것이어야 한다고 믿는다. 그리고 묻는 것이다. 교장은 교사들에게 "당신들의 의견은 무엇인가?" "무엇을 하고 싶은가?" 묻고, 교사들은 아이들에게 "너희 의견은 무엇이니?" "무엇을 배우고 싶니?"라고 묻는 것이다.

학교 민주주의는 구성원들의 인격, 생각, 의견을 존중하는 것에서 출발한다. 이는 다름 아니라 먼저 상대방에게 무엇을 하고 싶은지, 무엇을 배우고 싶은지, 무엇을 바꾸고 싶은지를 묻는 것이란 사실을 혁신학교를 통해 배웠다.

그러나 그것만으로는 충분하지 않다. 혁신학교를 만들어가는 데 또 하나의 중요한 요소는 따뜻함이라고 주저 없이 말하고 싶다. 훌륭한 리더십으로 칭송받고 존경받는 지도자들의 공통점은 바로 따뜻함이다. 비가 오나 눈이 오나 매일 아침 교문에 서서 아이들 하나하나 따뜻하게 맞이해주고 아이의 이름을 불러주는 '교문 앞 스토커' 교장 선생님 이야기를 많이 접했을 것이다. 이 학교 아이들은 등교하는 순간부터 존중받는다는 느낌으로 하루를 시작하지 않을까? 이것을 보고 배운 교사들은 자연스럽게 매일 아침 학급에서 아이들을 맞이하면서 하나하나 이름을 불러주고, 포옹도 해주고 하이파이브도 해주고 어깨를 토닥여주게 되지 않을까? 혁신학교 여부를 떠나 그런 학교에서는 얼마나 따뜻한 인간관계가 만들어질까?

나는 이것이 학교 민주주의의 출발이고 학교 내 인간관계의 출발이어야 한다고 굳게 믿는다. 학교 민주주의는 인간존중, 인권존중의 정신을 생활 속에 실천하는 과정에서 완성되며, 그런 따뜻한 존중의 관계를 만들어내는 단초는 다름 아닌 따뜻한 리더십이라고 믿는다.

학교철학을 만들고 교육과정에 담기
학교운영의 원칙부터 합의하자

학교철학, 혁신학교 성공과 실패의 열쇠

● 　간혹 '무늬만 혁신학교'인 곳도 눈에 띈다. 혁신학교의 성공과 실패는 학교의 철학이 있느냐 없느냐에 달려있다. 구성원과 함께 좋은 학교가 무엇이고 좋은 수업이 무엇인지 치열하게 토론하는 과정부터 거쳐야 하는데, 그러지 않으면 흉내 내기에 그치고 결과적으로 무늬만 혁신학교가 된다.

　학교철학을 만드는 일, 학교운영의 원칙을 세우고 학교의 변화를 이끌어내는 일은 반드시 혁신학교라는 명패를 달아야만 할 수 있는 것이 아니다. 참된 교육을 꿈꾸었던 교사라면 누구나 주체가 되고 '앞바퀴'가 되어 동료 교사와 함께 학교의 변화, 교육의 변화를 꿈꿀 수 있다. 아이들을 중심에 두고 학교문화를, 교육과정을, 수업을, 평가를 얼마든지 바꿀 수 있다. 함께 방향을 고민하고 구성원들의 참여를 이끌어내고 집단지성을 발휘하면 어느 학교나 혁신학교가 꿈꾸는 그런 교육을 할 수 있다.

보통 11월에 다음 연도에 운영될 혁신학교가 선정되고 나면 이듬해 1월 중에 새로 선정된 혁신학교의 전체 교직원을 한곳에 모아 3일간 합동연수를 진행한다. 이때 가장 중점을 두는 것이 학교별 분임토의를 통한 '학교철학 세우기'다. 그만큼 학교운영의 원칙을 모든 구성원의 합의로 만들어내는 일은 학교혁신의 출발로써 중요한 의미가 있다.

우리는 '학교철학 세우고 공유하기'란 표현을 자주 썼다. 교사와 학생, 학부모가 몇 차례든 모여서 우리가 꿈꾸는 교육이 무엇인지, 우리 학교가 어떤 학교이면 좋겠고 어떤 교육을 하고 싶은지, 아이들은 어떤 존재이며 어떤 공부를 하도록 하고 싶은지, 교사는 어떤 교육을 하고 싶은지, 가르침과 배움의 진정한 의미는 무엇인지, 학력의 참 의미는 무엇이고 평가는 어떻게 변화시켜야 하는지 등을 합의하고 그것을 문서로 확약하는 일을 먼저 해야 한다. 그것이 교육과정 문서의 형태로 만들어져도 좋고, 학교 헌장 형태로 만들어져도 좋다.

여기서는 혁신학교 1년 차를 맞아 본질에 집중하고 있는 부안의 한 초등학교의 사례를 살펴보고자 한다. 이 학교는 혁신학교로 지정받고 나서 12월에 한 주간의 집중적인 전 교사 워크숍을 거쳐 학교철학학교 운영 원칙을 만들고 그것을 교육과정에 담아내는 데 성공했다. 교사들이 먼저 머리를 맞대고 의견을 모으고, 이 의견을 토대로 학교운영의 원칙과 철학을 만들었다. 그러고 나서 학부모들에게 이 과정을 충분하게 설명하고 동의를 구했다. 학부모들의 의견을 듣고 보태는 과정을 거친 것은 물론이다.

여러 날에 걸쳐 워크숍을 진행했는데, 여기서는 1일 차와 2일 차에 논의한 '학교철학 세우기'와 '학교철학을 교육과정에 담기' 과정만 보여주고자 한다.

1일 차 – 학교철학 세우기

● 오후 수업이 끝나고 워크숍 장소에 선생님들이 모였다. 서로의 생각을 이야기하는 내내 모두가 경청하고 존중하는 문화를 만들어 가자고 당부했다. 오후 2시 30분부터 시작된 철학 세우기는 저녁 식사 후에도 한참 이어졌다. 서로 생각을 충분히 꺼내놓고 그에 대해서 진지하게 이야기하는 시간이 이어졌다. 지금까지 수많은 시간을 소통하면서 끈끈한 동료 관계가 형성되었다고 믿었는데, 선생님들의 마음속에 아직도 많은 상처가 있음을 알 수 있었다. 이 과정을 통해서 자신을 짓누르고 있던 아픔과 슬픔을 벗겨내고 서로 보듬고 힘을 나눠 가졌다. 10시가 다 되어서야 어느 정도 의견이 정리되고 우리 학교만의 철학이 완성되었다.

'즐거운 배움으로 삶의 힘을 키우는 학교' 이 16글자에 담긴 선생님들의 이야기는 정말 많았다. '즐겁다'는 용어를 선택하기 위해서, '배움'이라는 단어를 쓰기 위해서, '삶의 힘'이라는 말을 쓰기 위해서 매우 많은 시간을 고민하고 또 고민했다. 다양하고 자유로운 의견 개진을 통해 서로의 생각을 알게 되었고 이를 분야별, 성격별로 분류하여 다음과 같은 공통의 질문과 생각을 종합했다.

이 과정에서 선생님들의 교육에 대한 열정과 꿈을 다시 확인할 수 있었다. 그동안 혁신학교 따라 하기를 연습하면서 많은 불필요한 절차나 업무를 간소화했는데도, 선생님들은 추구하고자 하는 바를 분명하고 단호하게 이야기했다. 나중에 알게 된 일이지만 교장 선생님은 선생님들의 반응에 놀라기도 했고, 서운하기도 했으나 곧 선생님들과 함께 가는 데 동의했다.

1. 우리가 바라는 학부모상은?
   - 아이의 입장에서 생각하는 학부모
   - 아이를 그 자체로 사랑하는 학부모
2. 아이들이 바라는 교사상은?
   - 개성을 존중하고 즐겁게 가르치는 교사
   - 모든 아이를 존중하는 교사
   - 존중과 배려로 함께 만들며 즐거운 배움에 참여하는 교사
3. 우리가 바라는 아이들은?
   - 배움에서 소외되지 않고 협력과 존중을 실천할 줄 아는 어린이
   - 저마다의 행복한 꿈을 그리며 날마다 자라는 어린이

- 도움과 배움을 통해 '나'를 찾는 어린이
- 스스로 생각하는 행복한 어린이
- 자기의 행복한 삶을 계획하는 어린이
- 배움을 통해 삶의 힘을 키우는 어린이

4. 우리 모두가 바라는 학교의 모습은?
- 모든 아이가 행복한 삶을 위해 노력하고, 아이에게 배움의 즐거움이 일어나는 학교
- 배려와 존중으로 서로 협력하며 아이들이 행복한 학교
- 배움에 질문하며 삶을 성찰하는 학교
- 즐겁게 배우는 행복한 학교
- 학생, 학부모, 교직원 모두가 소통과 협력으로 함께하는 행복한 학교

위와 같이 교사들이 생각하는 교사상, 학부모상, 학생상과 학교상을 정리했고, 이를 구현하기 위한 당면과제는 무엇인지 논의했다.

철학의 구현을 위해서는?

1. 교사가 즐거워야 된다. ← 가르치는 즐거움을 느끼자

2. 가르치는 맛이 나야 한다. 교사로서 자괴감을 느낄 때는
- 업무하느라 수업을 못할 때
- 관리자의 업무 중심적 사고 ➜ 이런 생각이 이해가 되지 않는다.

3. 교사가 존중받아야 한다.

- 각자 영역이 존중되어야 한다.
- 교사는 수업이 최우선임을 알아줬으면 좋겠다.
- 교사들을 믿고 맡겨줬으면 좋겠다. → 교육과정과 상관이 적은 한 자·영어 급수제, 독서마라톤 등의 활동은 교육과정 운영 속에서 소신 있게 추진하도록 교사에게 맡겨주면 좋겠다.

4. 아침자습 시간을 잘 운영하자.
- 아이들을 놀게 하자.
- 한자 급수제나 영어 급수제로 정상적 활동이 어렵다.
- 아이들에게 자습 선택권을 주자.
- 회의를 통해 스스로 결정하게 하자.
- 버스 등교시간이 너무 늦다. 시간을 앞당기거나 일과시간을 조정하자.

2일 차 – 교육과정 분석과 덜어내기

●　　이틀째로 접어든 철학세우기 작업은 첫날의 고민을 바탕으로 시작되었다. 첫날과 마찬가지로 수업을 끝내고 온 선생님들을 차분하게 가라앉히고 집중하며 성찰하는 것으로부터 시작했다.

'교육과정을 어떻게 덜어낼 것인가'에 대한 고민이 시작되었다. 워크숍이 열리기 전에 사전 작업으로 교육과정을 살폈는데, 지금까지의 경험으로 볼 때 어느 하나 버릴 것이 없어 보였다. 일상적으로 해오던 일, 비판 능력조차 잃어버린 자신에 대해 자괴감이 들었다. 여기저기

자료를 찾는 과정에서 익산의 정성식 선생님의 다음 카페 '세상을 배움터 삼아 아이들과 더불어'에 올라온 '교육과정에서 살아남기' 시리즈 글을 참고했다.이 내용들은 훗날 『교육과정에 돌직구를 던져라』라는 책으로 출간되었다. 교육과정의 모든 구성 요소를 원점에서부터 새로운 시각과 논리를 바탕으로 명쾌하게 정리한 것을 선생님들과 함께 공유하면서 교육과정 덜어내기를 시작했다.

이 과정에서 가장 중요시된 것은 첫째 날에 만든 우리 학교의 철학을 기준으로 삼는 것이었다. 이를 위해서 가장 시급한 것은 교육과정에 있는 비민주적인 요소의 결정체인 '학교장 경영관'을 어떻게 하느냐였다. 자칫 관리자와의 마찰을 일으킬 수 있는 부분이라 상당히 조심스럽게 접근할 수밖에 없었다. 교장 선생님이 '교사들과 함께 간다'는 것에 동의하고 지원하셨지만, 30년 넘게 익숙해진 옷을 벗어버린다는 것이 아무래도 서운하실 것 같아서, 워크숍 기간 내내 교장 선생님과의 소통을 위해 선생님들의 의지와 열정을 소상하게 설명해야만 했다. 2일 차의 교육과정 덜어내기 논의 과정에서는 더욱 진전되고 정교해졌다.

1. 교육과정 슬림화

가. 학교장 경영관이 필요한가?

　-한 사람에 의해 학교가 좌지우지되는 일은 민주적인 학교문화를 지향하는 학교혁신의 취지와는 맞지 않다. 따라서 학교 구성원 모두의

공감과 소통을 통한 '학교운영 철학'이 학교장의 경영관을 대체해야
한다.

나. ○○초등학교 학교운영 철학 : 즐거운 배움으로 삶의 힘을 키우는 학교

어린이상	– 학력 : 함께 배우는 즐거움을 아는 어린이 – 인성 : 나를 사랑하고 너를 존중하는 어린이 – 진로 : 저마다 행복한 꿈을 그리는 어린이
교사상	– 아이들을 존중하며 함께 성장하는 교사 – 배움에 질문하며 삶을 성찰하는 교사
학부모상	– 아이를 있는 그대로 사랑하는 학부모 ※세부 내용은 학부모 설명회에서 채택하기로

– 자아존중감을 아이들에게 심어주자.
– 삶의 힘이란, 자아존중, 책임감, 도전의식, 배려, 창의적 문제해결력, 건강,
  호기심, 진로개척 등의 개념을 포함한다.

2. 교육과정 각부별 사업 검토

가. 불필요, 습관, 관행처럼 추진하는 사업에 대한 재검토

나. 각종 행사(과학, 체육, 학예회, 현장체험학습)에 대한 검토 필요

  – 과학, 체육행사 ➔ 봄 체험학습, 집중 이수기간에 통합 실시하며 교
   육과정 재구성을 통해 운영하기

  – 학교 차원의 현장학습 폐지 : 학급 프로젝트 추진에 따른 학급 및 학
   년 단위 자율적 체험 실시, 예산의 학급 단위 집중 편성과 자율적 사
   용 보장을 통한 학급 단위 교육과정과 연계한 체험학습 추진

  – '보여주기'식의 학예회 지양 : 유치원의 재롱잔치와 같아서는 안 되
   며 초등 수준의 학습 결과물이어야 함.

다. 범교과 영역의 교육

  – 학년별 교육과정과 연계한 교육으로 추진, 별도의 실적을 위한 행사

의 지양, 외부기관 의뢰 교육의 필터링 실시(수업을 저해하는 어떤 외부기관 교육도 불허하며, 필요시 교사들의 협의를 통해 결정)

라. 특색 및 역점 사업에 대해

- 관행처럼 해야만 한다는 강박관념에서 벗어나 과감하게 생략하자.
- 특색과 역점 사업에 묶여 있으면 학급에서의 재구성이 자유롭지 못하다.
- 후진 교육 시스템일수록 상급기관의 지침이 많다.

※ 현재 진행하고 계획된 사업의 1/3수준으로 업무와 행사를 축소하여 교사들이 수업 준비와 진행, 평가에 집중하게 하며, 창의적 체험활동 시간을 보장하여 학급 특색을 최대한 살릴 수 있도록 하자.

학교철학을 기반으로 교육과정을 놓고 하나씩 하나씩 덜어내는 과정을 거쳤다. 사업과 행사 하나씩 놓고 학교철학에 부합하는지, 교육과정 운영상 꼭 필요한 것인지 면밀하게 검토했다. 이를 통해 입학식과 졸업식을 제외하고 학교 단위로 이루어지는 거의 모든 행사를 폐지했다. 또한, 범교과 영역의 교육을 모두 교육과정 재구성을 통한 교과시수로 반영하여 학급의 특색을 살린 창의적 체험활동을 계획하고 추진할 수 있게 되었다. 대신 갑작스러운 학교 변화에 적응하는 시간으로 계절학교를 연 2회 운영하기로 했다. 그리고 담임교사들의 부담을 덜기 위해서 모든 행정업무를 업무전담팀에서 맡기로 합의했다.

혁신학교로 한 학기를 보낸 지금, 가장 성공적이고 중요한 부분이 바

구분	내용	처리 결과	비고
교과 관련 행사	체육대회(1회)	폐지	스포츠클럽과 연계한 신체 활동 증가
	과학의 달 행사 및 대회 참가(2회)	학급 교육과 정과 연계 추진	학급 자체적으로 추진(대회 참가 희망학생이 있으면 담당교사 지도)
	진단평가, 중간고사, 기말고사 등(5회)	폐지	학급별 서술형 평가로 대체
	야영활동(1회)	폐지	
순수 행사	현장 체험학습(2회)	폐지	교과 재구성과 연계하여 학급단위로 추진
	친한 친구의 날 행사 (2회)	폐지	수업과 교육과정 운영 속에서 협력교육을 통해 생활교육 추진
	대외 위탁 각종 백일장 대회 참가(연 3~4회)	폐지	희망학생이 있을 때 지도 추진, 성과를 위한 대회 참가 금지
학교장 공약 사항	영어 급수제 추진(월별)	폐지	
	한자 급수제 추진(월별)	폐지	
	독서 마일리지 행사	폐지	

로 교육과정 덜어내기를 통한 업무경감 작업이 아닐까 싶다. 실질적으로 업무전담팀의 일도 이러한 행사를 덜어냄으로써 대폭 줄었다. 행사의 폐지는 단순하게 업무 하나가 줄어드는 것이 아니다. 예를 들어, 영어 급수제 하나를 폐지하면, 최소한 다음 6가지의 업무가 줄어든다.

첫째, 매주, 매월 실시하는 아이들의 수준을 평가하지 않아도 되며

둘째, 이들을 시상하기 위해 명단을 작성하고 결재를 받지 않아도 되며

셋째, 시상을 위해 상장을 출력하지 않아도 되고

넷째, 상품 구매를 위해 품의하는 일을 하지 않아도 되며

다섯째, 매월 상품을 구매할 때 '무엇을 살 것인가' 고민하지 않아도 되며

여섯째, 상을 받는 일부를 위해서 대다수 아이를 동원하지 않아도 된다.

선생님들은 수업 준비와 수업, 평가에 집중하지 못하고 영어 급수를 측정해야 하고, 한자를 지도해야 하며, 책을 얼마나 읽었는지, 독후감은 베껴 쓰지 않았는지를 매일 체크해야 했다. 누구를 위하고, 무엇을 위한 업무인지 도무지 알 수가 없는 행사가 정말 많았다.

표에 제시된 행사의 횟수를 모두 종합하면, 총 43가지 정도의 행사를 추진하게 되는데 하나의 행사에 6번 정도의 업무를 한다고 할 때 어림잡아도 240건이 넘는 업무를 처리한다는 계산이 나온다. 이를 다시 수업일수와 비교하면, 매일 한 건 이상의 업무를 처리한다. 거기에 상급기관에서 하달하는 업무를 더한다면 어느 정도의 업무 홍수 속에서 시달려야 하는지, 그로 인해 수업과 교육과정이라는 교육의 본질에서 얼마나 멀어질 수밖에 없으며 교사들의 수고로움이 얼마나 가중되는지 확인할 수 있다.

교육과정에 대한 논의가 활발하게 진행되면서 의도하지는 않았지만, 자연스럽게 교육과정과 수업, 학생자치 그리고 인사 문제까지 논의의 범위가 확대되었다. 논의된 내용을 간략하게 소개하면 다음과 같다.

수업에 집중하기 위해 무엇을 변화시켜야 할까?

선생님들은 수업 연구와 평가의 시간이 필요하다고 했다. 업무의 압

박에서 벗어나서 수업을 위해 고민하고 아이들의 성장을 보고 싶다고 했다. 이를 위해서는 시간을 확보해야 한다. 2014년 8월 현재, 우리 학교는 오후 2시 30분에 모든 수업이 끝난다. 그리고 4시 30분 퇴근 시간까지 시간을 보장해준다. 그 시간에 교사들끼리 모여서 담화를 하건, 잠을 자건, 모여서 운동을 하건 일절 간섭하지 않는다. 학교에서는 전체 직원협의를 월 1회 정도 개최하는데, 이도 30분을 넘지 않고 특정 안건이 있을 때만 한다.

방과 후에 교사들은 어김없이 아이들을 위한 서술형 평가를 하고, 수업 준비를 위해 책과 모니터에 노란색 포스트잇을 붙여가며 열심히 메모한다. 그리고 자발적으로 교무실에 모여 수업과 프로젝트를 협의한다. 업무 결재를 받기 위해 교장실 앞에서 기다리는 일도 없고 업무를 잘하지 못한다고 혼나거나 속상해하는 일도 보기 어렵다.

기초학력 보충 문제는 어떻게 할까?

교사들에게 가장 어려운 과제가 부진아의 지도가 아닐까 싶다. 오자와 마키코는 『심리학은 아이들 편인가?』라는 책에서 지능검사와 각종 심리검사의 문제점과 허점을 지적하면서 아이들의 다양한 재능과 발달 속도를 획일적인 틀에 고정하여 선별하고 구분 짓는 행태를 비판하며, 이와 함께 학교에서 심리검사를 맹신하는 풍토를 비판한다.

서근원 교수의 『해석주의 교육사회학 탐구』에 소개된 '교수부진 학교'라는 개념을 접하고 우리 교사들은 무언가에 얻어맞은 기분이었다. 학습부진의 모든 원인을 아이들 탓으로만 여겼는데 진정한 문제는 교사들과 학교에 있다는 관점은 많은 반성과 토론거리를 제공했다.

이 과정을 통해 우리는 학교의 철학인 '즐거운 배움으로 삶의 힘을 키우는 학교'를 구현하기 위해 구분 짓는 행위를 배제하기로 했다. 구분 짓는 것은 아이들을 줄 세우는 것이고, 이는 낙인효과로 나타나 아이들의 자존감을 떨어뜨리며, 궁극적으로 삶의 힘을 키우는 데 좋지 않은 영향을 미친다는 데에 의견을 모았다. 이에 대한 대안으로 생각한 것이 학습 관련 도서를 구입하여 각 학급에 비치하는 것이었다. 아이들이 같은 책을 보면서 서로 묻고 답하는 과정을 통해서 협력교육을 하고, 수업시간에는 재구성을 통해 아이들이 흥미와 관심을 가지고 수업에 참여하여 학습의욕을 높이는 방법으로 학력의 문제를 해결하자는 데 의견을 모았다.

스포츠클럽은 어떻게 운영할까?

스포츠클럽 운영은 교육부의 정책 추진으로 생긴 모호한 분야의 교육활동이다. 정규 교과에 넣어서 추진하기도 애매하고, 창의적 체험활동 시간에만 반영하기도 어중간하고, 방과 후 교육활동에 포함하기에는 교육과정의 범주를 벗어난다. 교사들도 형식적인 스포츠클럽 운영을 지속해야 할 것인가를 놓고 의견 대립이 있었다. 실제로 스포츠클럽을 운영하는 것도 교사들의 업무가 되어버린 경향이 있었다. 그래서 업무적 성격을 포함한 스포츠클럽 운영에 교사들의 부담은 줄이고 아이들의 즐거움은 더 커지게 하는 방법을 생각하게 되었다. 주 2회 운영하던 스포츠클럽을 주1회로 하고 체육교과 시간과 연계하여 운영하기로 했다.

업무경감은 어떻게 할 것인가?

업무경감과 연계한 업무분장의 문제는 아래와 같은 원칙을 세우고 현실적인 대안을 따르기로 했다.

1. 최대한 자체 행사나 업무를 줄이고 팀을 구성하여 함께 문제를 해결한다.
2. 특수성, 전문성을 요하는 업무는 팀별로 해결하며, 단순보고 및 통계, 구분이 모호한 모든 업무는 전담팀에서 한다.
3. 전담교사의 부담을 덜어주기 위해 수업 시수를 줄여준다.

우리 학교는 교장 공모제 학교였다. 교장 선생님이 부임하실 때 영어 급수제, 한자 급수제, 독서교육 활성화, 글쓰기 교육 활성화, 음악교육 활성화를 공약으로 하셨다. 교사들은 각종 급수제를 평가하고 시상하느라 눈코 뜰 새가 없이 바빴다. 그 와중에 글쓰기 교육이 창의적 체험활동 시간을 점령해버렸다. 25시간을 글쓰기 교육에 써버린 학급은 자율적인 활동을 할 수 없었고, 글쓰기 강사로 인해 학교의 운영이 좌우되는 일도 심심찮게 일어났다.

예를 들어, 지역 축제에 아이들을 대단위로 참가시키는 바람에 어쩔수 없이 현장학습을 가야만 했고, 여기서 입상한 학생들을 위해 시상식을 따로 해야 하는 경우도 있었다. 그러다 보니 글쓰기 교육 시간은

구분	이름	팀	교육업무	교육지원업무	담당
교장	최○○	통할	총괄		
교감	은○○	업무전담	교내 장학, 인사관리 전반 (인사, 포상, 인사기록)		
1학년	최○○	연구팀	교육과정 재구성 학급별 수업 학생평가 활동 학생상담 활동 학부모 상담활동 학급별 체험활동 독서토론 활동 수업협의 활동 기타 교육활동	교육과정 기획, 교원능력개발평가 글쓰기교육, 영어교육	체육실
2학년	오○○				영어실
3학년	김○○	과학 도서팀		과학업무 전반, 환경교육	과학실
4학년	박○○	생활 체육팀		생활업무 전반	텃밭
5학년	이○○	과학 도서팀		교과서, 도서교육	도서관
6학년	신○○	생활 체육팀		체육 전반, 스포츠클럽, 각종 대회, 졸업준비	강당
사랑반 (특수)	이○○	교무팀		특수교육, 학습준비물, 학교방송, 학습부진아 시청각 기자재 운영, 정보관련 업무, 연수	사랑반
교과 전담 (음악)	오○○			혁신교육, 교무업무 일반, 학교행 사, 학부모회, 학생자치 운영, 방과 후 학교, 교무업무 시스템, 체험학 습, 다문화교육, 사서 도우미 관리	상담실
보건	이○○	보건		학생보건 관리 및 교육, 건강기록 부, 성교육, 흡연교육, 양성평등 교육	보건실
영양	이○○	영양		학교급식, 우유급식 전반	
교무 실무	김○○	업무 전달		교무행정 및 교육활동 보조 및 지원, 사진관리 (앨범), 홍보게시	
업무 도우미	이○○			도서관 관리, 혁신업무 보조, 방과 후 코디, 통 계 및 취합 등	도서관

위의 업무분장표를 보면 교육업무와 교육지원업무로 구분한 것을 알 수 있다. 교사 본연의 임무인 아이들을 지도하고 수업하는 것을 부각시키기 위해서 별도의 공통 업무로 수업과 평가, 상담 등을 명시했으며 이외의 업무는 교육지원업무로 구분했다. 교육지원업무는 공문 편철 정도를 담당했고 단순 보고나 통계 공문은 업무전담팀과 교무팀에서 90% 이상 처리했다.

대회에 나가서 상을 받아오기 위한 수업으로 변질될 수밖에 없었다. 교사들은 이렇게 본질에서 어긋나는 글쓰기 교육에 여러 차례 문제를 제기했고 결국 수업의 방향을 수정하는 선에서 조정했다.

학생자치 활동은 어떻게 운영할까?

아이들의 자치활동에 대해서는 이견이 많았다. 아이들을 믿어야 한다는 교사와 어느 정도 길잡이가 필요하다는 교사, 어느 정도 훈련이 된 뒤에 하자는 교사 등 다양했다. 결국, 아이들을 믿고 시간을 부여하기로 했다. 다만, 어느 정도 자리가 잡힐 때까지 교무담당 교사가 길잡이를 해주기로 했다. 이에 따라 매주 수요일 4교시를 학생자치 시간으로 정했고 격주로 운영하기로 했다. 자치활동이 이뤄지지 않는 날에는 전교생이 함께하는 동요교실을 진행하여 교사들이 수업 대화와 수업 연구 활동, 독서토론 활동을 하도록 제도적으로 시간을 보장했다.

2일 차에 진행한 '교육과정 덜어내기'에서는 학교 전반의 업무경감과 수업의 변화, 창의적 체험활동에 이르기까지 광범위하게 다루었다. 늦게까지 이어졌지만, 선생님들의 의지는 대단했다.

이 학교 사례처럼 학교운영의 철학을 합의하고, 이에 따라 학교 교육과정 운영 전반을 검토하는 과정을 거치게 되면 학교 교육과정에서 '뺄 것'과 '덜어낼 것'이 분명해진다. 혁신학교는 바로 이 '빼기'와 '덜어내기'를 전체 구성원이 합의하는 것으로부터 출발하는 것이다.

교육과정, 수업과 평가 바꾸기
본질에 집중하자

수업은 학교 교육의 본질이다

● 학교 교육의 가장 중요한 부분이 수업이라는 데에 이의를 제기할 사람은 없을 것이다. 아이들은 수업을 통해 얼마든지 달라진다. 다음 글은 한 교사의 작은 실천만으로도 아이들이 어떻게 달라질 수 있는지를 잘 보여준다.

한 아이가 교과서를 가져오지 않아서 빈 책상으로 머쓱하게 앉아 있는데, 옆 짝은 개의치 않고 자기 교과서를 보면서 혼자 열심히 수업을 들었다. 짝이 책도 없이 빈 책상으로 있어도 교과서를 같이 보지 않는다. 교과서를 안 가져온 아이도 같이 보자고 하지 않는다.

학년 초 수학 시간에 이런 상황이 자주 벌어졌다. 교사가 이론적인 부분을 설명한 후 개인별로 문제를 풀어보는 활동을 할 때 아이들은 자기 책을 손으로 가리며 풀었다. 처음엔 선생님의 눈에 혹여 틀린 답이라도 보일까 봐 그런가 보다 했다. 그런데 조금 있다가 한 아이가 나에게 말했다.

"선생님, 애가 제 답을 봐요."

손으로 가린 건 교사인 나 때문이 아니라 옆 짝이 보지 못하도록 하기 위한 것이었다. 순간 혼자만의 착각에 당황한 나는 "괜찮아, 모르면 서로 알려주고 그러는 거야"라고 말했다. 시험도 아닌데 행여 친구가 볼까 봐 책을 가리는 모습이 쉬는 시간에 서로 얽혀 놀던 아이들의 모습과 너무 달라 서로 다른 아이들인 것처럼 느껴졌다.

그 뒤로 나는 수학 시간에 되도록 4인 1조 모둠을 만들어 수업했다. 그리고 전체 설명 후 개인별 문제풀이 시간을 넉넉히 주면서 항상 아이들에게 말했다.

"모르는 문제는 먼저 짝에게 물어보세요. 짝도 못 풀었으면 모둠원 중에서 문제를 푼 친구에게 물어보고 설명을 들으세요. 그리고 문제를 푼 사람들은 못 풀고 있는 친구를 찾아서 자세히 설명해주세요. 그리고도 못 푸는 문제는 선생님께 질문하세요."

나는 아이들이 그렇게 할 줄 알았다. 그런데 의외의 상황이 벌어졌다. 푸는 방법을 몰라도 옆 친구에게 묻지를 않는 것이었다. 그리고 교사만 멀뚱멀뚱 바라보았다. 어떤 아이는 "이거 어떻게 하지?"라는 옆 짝에게 해야 할 말을 혼잣말처럼 교사인 나를 바라보며 하고 있었다. 그래서 모르면 옆 짝에게 물어보라고 했더니 그제야 아주 쑥스러워하면서 작은 목소리로 "이거 뭐야?"하고 묻는 것이었다.

그런데 질문을 받은, 문제를 이미 푼 아이도 설명해주는 데 쑥스러워하긴 마찬가지였다. 평소 스스럼없이 어울려 놀던, 3년째 같은 반 생활을 하는 아이들인데 수업시간에 서로 묻고 답하는 활동에서는 선뜻 가까워지지 못했다. 공부하는 모습과 생활 모습이 판이했다.

그 뒤로 일 년간 항상 수학 시간에는 서로 묻고 답하게 했다. 처음에는 친구끼리 물어보고 알려주라는 것을 자꾸 잊어버리고 무조건 "선생님!"을 외쳤다. 그럴 때마다 나는 "옆 짝에게 물어봤어?" "다른 모둠원 친구 중에 해결한 친구 찾아봐"라고 인식시켜 주었다. 그럼 아이들은 "아! 맞다!"하면서 옆 친구에게 물어보았다. 이제는 수학 시간에 모르는 것을 묻는 것이 아주 자연스러워졌고, 짝이 자기 답을 본다고 말하는 아이도 없어졌다. 그리고 처음에는 설명하는 게 어색해서 더듬더듬 말하던 아이들이 이제는 아주 자신감 있는 목소리로 "봐봐! 이건 이런 거야"하고 설명해준다.

어떤 멋진 학습 이론을 적용한 것도 아니고 거창한 수업 활동도 아니지만, 이렇게 변화된 아이들의 모습을 보면서 마음이 따뜻해진다.

수업은 학교 교육의 본질이자 시작과 끝이다. 지식교육도 인성교육도 기본적으로 수업시간을 통해 이루어진다. 교육과정－수업－평가로 이어지는 일련의 과정은 학교문화와 운영 체제와 더불어 학교 교육을 떠받치는 두 개의 큰 기둥 중 하나다.

전북의 혁신학교가 추구하는 목표는 4가지다. 이 목표 중 가장 궁극적이면서도 중요하게 여긴 두 가지 목표가 바로 교육과정과 수업의 혁신이다. 민주적이고 개방적인 학교문화가 중요한 이유도, 교육활동 중심의 학교운영 체제 마련이나 업무경감의 필요성을 강조한 이유도 따지고 보면 교사들이 학교 교육의 본질인 수업에 집중할 수 있도록 하자는 것이었다. 그렇다고 해서 수업혁신만 중요하다는 말은 아니다. 수업혁신이 가장 먼저 이루어져야 할 목표로 추구되는 것도 현실적으로는 바람직하지 않다. 왜냐하면, 수업의 변화를 위해 선결되어야 하는 수많은 문제가 있기 때문이다.

수업혁신의 첫걸음으로 삼았던 것은 동료성에 기초한 '일상 수업'의 공개였다. 기획된 수업, 의도된 수업, 철저히 준비된 수업을 공개하는 것은 일회성으로 끝나는 경우가 대부분이고, 그저 보여준다는 것 말고는 별 의미가 없다. 지도안부터 7~8쪽 이상 준비해야 하고, 교사의 티칭 스킬을 보여주어야 하는 수업공개는 수업자에게는 엄청난 부담만 안겨줄 뿐이다. 오죽하면 교사들이 수업공개를 장기기증에 비유할까? 외부 전문가들이 참관하는 연구수업이나 수업공개는 해야 하니까 어쩔 수 없이 하는 이벤트일 뿐, 그것으로 수업이 달라지지 않는다는 것을 교사들이라면 누구나 안다. 그래서 수업혁신의 첫걸음은 학교 안에서나 학년 안에서 다 같이 '일상 수업'을 공개하고 그 일상 수업을 중심으로 동료 교사와 대화를 나누는 일이었다.

창조적 허물기

●   수업혁신을 위해서는 교육과정의 재구성을 연동해서 고민하지 않으면 안 된다. 기존의 형식적인 시수나 진도 중심의 교과 교육과정을 넘어서는 새로운 교육과정을 만들어내야 한다. 우리는 새로운 교육과정을 만들어내기 위한 이런 시도를 일컬어 '창조적 허물기'라고도 했고 '교육과정의 재구성'이라고도 했다. 일상 수업의 공유를 통한 수업혁신을 위해서는 같은 학년 교사들이 학기 전이나 학년 초에 중지를 모아 먼저 교육과정을 재구성할 필요가 있다.

평가의 방향과 방법을 바꾸는 일도 고민해야 한다. 평가가 바뀌지 않고는 수업혁신도 금세 한계에 부딪힌다. 중등의 경우 대학입시와 고교입시가 학교의 평가를 근본적으로 규정한다. 학교가 평가 체제를 바꾸고 싶어도 뜻대로 할 수 없거나 한계에 부딪히는 이유가 여기에 있다. 전북에서는 2017학년도부터 고교 입학 연합고사를 폐지하고 고교 입학 완전내신제로 전환하기로 했다. 만시지탄이고 여러 가지 현실적인 어려움도 따르겠지만, 중학교 교육과정의 정상화를 위해 반가운 일이 아닐 수 없다.

교육과정과 수업과 평가가 달라지기 위해서는 우선 입시로부터 자유로워야 한다. 나아가 충분한 교사 정원이 확보되고 적정한 규모의 학급당 학생 수가 유지되어야 한다. 전북은 중학교의 경우 교사 법정 정원 확보율이 73% 정도에 그치고 있고, 대도시의 경우에는 학급당 학생 수가 40명에 이르는 등 상황이 매우 열악하다. 그래서 중학교 교사들이 가장 힘들어한다. 그러니 이런 입시제도와 교육환경으로 보면 수업혁신은 꿈같은 얘기로 들릴지 모른다.

그러나 이와 같은 악조건에도 우리는 변화를 꿈꾸어왔고 혁신학교를 필두로 이 불가능해 보이는 일에 도전해왔다. 그리고 이제는 상당히 의미 있는 변화가 나타나고 있다. 초등학교의 경우에는 대부분의 학교가 교육과정 재구성과 수업혁신을 상당 부분 어뤄냈고, 평가까지 바꾸는 데 일정 정도 성공했다. 중등의 경우에는 입시체제와의 연관 때문에 깊숙한 변화를 만들어내는 데에는 다소 어려움이 있지만, 교육과정과 수업의 혁신에서는 상당한 정도의 의미 있는 변화를 만들어내고 있다.

전주의 어려운 지역의 한 학교에서는 교사들의 노력으로 수업을 협력적이고 활동적으로 바꾸었다. 그러자 수업에 참여하지 않고 늘 학교폭력 문제를 일으켰던 학생이 수업에 스스로 참여하고, 더 이상 문제를 일으키지 않게 되었을 뿐 아니라 교사와 아이들과 좋은 관계를 만들어가는 학생으로 변화하여 졸업하게 되는 감동적인 사례가 있었다. 이와 유사한 사례를 이젠 어렵지 않게 접하게 된다.

전라북도가 꿈꾼 혁신학교의 상은 '함께 만들어가는 상식적인 학교', '일상적인 교육활동에 충실한 학교', '구성원들이 배움의 공동체를 형성하는 학교', '어려움을 극복하고 점진적으로 성장하는 학교'다. 결국, 혁신학교란 가장 상식적으로 학교의 본질인 교육활동에 충실한 학교를 함께 회복하고 만들어가자는 의미에 다름 아니다. 그런 의미에서 교육활동의 가장 본질적인 부분인 수업혁신을 중요한 목표로 삼았던 것이고, 교육과정과 평가의 변화를 함께 추구했던 것이다.

또 하나 강조하고 싶은 것은, 다양한 수업 모델에 대한 연수는 끊임없이 제공하면서도 특정 모델을 강요하거나 가르치려 하지 않았다는 점이다. 우리는 단지 수업혁신의 큰 원칙과 방향을 제시했다. 서근원 교수의 '아이 눈으로 수업보기' 방식이든, 사토 마나부의 '배움의 공동체' 수업 방식이든, 토론 협력식 수업 방식이든, 교과통합 프로젝트 수업 방식이든 교사들의 합의 수준이나 공부의 정도, 실천 의지에 따라 자신들에게 맞는 방식을 찾아 실행해보고, 스스로 평가하고 피드백하면서 성장해갈 것이라고 여겼다. 이 과정에서 자연스럽게 학교가 수업을 중심으로 재편되고 교사들도 고민을 나누면서 학습하고 성장하는 학습공동체를 형성할 것으로 기대했다.

나 홀로 실천이나 소수 몇 사람만의 실천을 넘어서, 같은 학년 교사들이 힘을 모으고 교과의 벽을 넘어서 수업을 공유하는 것, 수업 속에서 경쟁이 아닌 협력의 가치를 함께 만들어내는 것, 이런 과정을 통해 교육과정에 담아낸 학교 철학을 공동으로 구현하는 것을 꿈꾸었다. 그래서 아이들이 수업을 통해 학교 공동체가 합의하고 추구하는 가치를 몸으로 배우고, 자기 주도적으로 배우고, 협력하며 배우며 성장하기를 바랐다. 궁극적으로는 교사들이 어떤 수업이 좋은 수업인지를 끊임없이 함께 고민하고 토론하는 가운데 공부를 아이들의 삶으로 연결 짓고, 지적인 성장과 인격적인 성장을 동시에 이룰 수 있게 도와주는 수업을 실천하는 것을 수업혁신의 큰 원칙과 방향으로 삼았다.

수업혁신을 지원하기 위해서는 수업컨설팅의 방향과 방법 또한 수

정해야 했다. 기존의 수업컨설팅은 수업 내내 교사를 바라보면서 교사의 수업 기술을 체크하고 평가하는 방식이었다. 그런데 이런 방식으로는 누구라도 수업을 열기가 부담스러울 수밖에 없다. 그래서 일반적인 컨설팅 장학의 주요 도구였던 수업컨설팅용 체크리스트를 버리고 새로운 방법을 모색했다.

국가수준 교육과정과 교과서, 교과별 시수와 진도, 학습목표와 목표 도달 과정을 기술한 교사용 지도서, 수업평가 체크리스트를 통한 컨설팅 장학 등은 그동안 교사의 수업을 양적으로 평가하게 했다. 어디서부터 시작되었고, 누가 어떤 근거로 그러한 컨설팅 장학을 도입했는지는 모르겠으나, 그 결과로 대한민국 모든 학교, 모든 교사의 수업은 마치 자동 공정으로 생산되는 상품과 같이 표준화되어 버렸다.

이런 수업의 표준화는 배우는 아이들과 교실의 상황이나 맥락을 떠나 모든 교사에게 수업을 획일적으로 '하게' 만들고 획일적으로 '보게' 만듦으로써 교사의 수업 전문성을 약화시키거나 수업 전문성의 성장을 저해했다. 지식을 효과적으로 전달하고 수업목표의 도달 여부를 양적으로 평가하는 과학주의적이고 공학주의적인 관점과 그에 따른 수업의 표준화는 교사로 하여금 가르치는 행위에 천착하게 만든 대신 아이들 하나하나의 배움의 속도 차이나 배움이 일어나는 과정에 대해서는 무관심하게 만들었다.

아이들 중심의 수업으로

●　　우리가 꿈꾼 수업혁신은 그동안 신화처럼 신봉했던 '교사의 가르침 중심의 수업'을 '아이들의 공부를 중심에 둔 수업'으로, 기획되고 의도된 수업을 일상의 수업으로, 외부 전문가 대신 동료 교사의 눈으로, 교사의 눈이 아닌 아이들의 눈으로 수업을 보고 수업 대화를 나누는 것으로 바꾸자는 것이었다. 나아가 수업을 중심으로 동료성을 회복하고, 수업을 중심으로 학습공동체를 만들어나가자는 것이었다.

학교의 모든 구성원이 합의한 학교철학과 가치를 교육과정에 반영하고 그 가치를 수업에서 공동으로 구현해봐야 한다. 그동안 수업에서 소외되었던 아이들이 수업의 중심으로 회복되어야 한다. 그런데 간단해 보이는 이 일이 실제로는 너무나도 어렵고 벽이 높음을 실감했다. 교사들이 수업을 기꺼이 열고 나누기까지는 상당한 노력과 공부가 필요하다. 누군가의 솔선수범이 요구되기도 한다. 자발성과 동료성을 이끌어내기까지 기다리는 것도 필요하다. 수업을 열고 수업을 나누는 것으로 시작하는 혁신학교의 핵심 과업은 그래서 혼자만의 힘으로나 몇몇 사람만의 제한적인 참여로는 이루기가 참 어렵다. 학교가 이러한 본질 가치에 집중하기 위해서는 교사들의 자각과 공부가 없이는 불가능하다. 그래서 연수원이나 지역 교육청과 협력하여 독서토론 연수를 지속해서 지원하도록 했다.

평가를 바꾸는 일도 결코 쉬운 일이 아니다. 학교 구성원 간에도 이견이 있고, 학부모들을 설득하는 일도 여간 어려운 일이 아니다. 그래서 평가를 바꾸는 작업 역시 수업혁신 못지않게 많은 학교가 갈등과 어려움을 겪었고, 지금도 여전히 좌충우돌하면서 진행 중인 학교도 있다. 상당수의 학교가 아직 평가혁신의 단계에는 도달하지 못한 것으로 보인다. 학교가 추구하는 철학과 가치를 교육과정에 담아 재구성하고, 수업에서 공동의 가치를 구현하는 일을 어느 정도 합의하고 실천하는 단계라면 이제 평가로까지 이어지도록 하는 일이 남은 것이다. 평가혁신은 수업혁신과 연계하여 고민해야 하고, 여기까지 구성원들이 합의했다면 이제 학교를 이루는 큰 기둥을 완성한 것이다. 학교혁신에서 평가혁신 작업이 바로 화룡점정이 아닐까.

한 초등학교의 사례를 통해 수업과 평가를 변화시키기 위해 어떤 노력을 했는지, 이 과정을 통해 아이들이 어떻게 느끼고 배우는지, 교사들은 어떤 생각을 했는지, 느낀 것이 무엇인지 들여다보자.

교육과정 재구성과 프로젝트 학습에 관하여

교사들이 왜 바쁠까요? 항상 똑같은 일을 반복하는데 왜 바쁠까요? 학기 초에는 수업하느라 바쁩니다. 학기 중에는 진도 나가느라 바쁘고요. 학기 말에는 다 못한 진도 빼느라 바쁘지요. 이렇게 교사들은 일 년을 보냅니다. 항상 수업과 진도에 쫓겨서 보냅니다. 정작 중요한 것을 잊은 채 일 년을 보냅니다.

작년에 혁신학교로 선정되고 겨울방학 때 '주제 중심 교과통합 프로젝트 수업' 연수를 다녀왔습니다. 전북의 1.2.3기 혁신학교들과 신규 혁신학교 교사들이 연수를 받았습니다.

다른 학교와 함께 6학년 교육과정을 주제 중심으로 재구성하는 노하우를 배우고 학교로 돌아와 우리 학교 선생님들과 머리를 맞대고 고민하면서 '우리 집에 놀러 와' 프로젝트를 완성했습니다.

아이들과 사전 협의를 통해 진행사항을 꼼꼼히 살펴보고 5월에 프로젝트를 진행했습니다. 이 프로젝트는 외국인을 집으로 초대하여 식사를 대접해본다는 가정으로 국어, 사회, 실과, 음악, 창체를 통합하여 총 28차시로 진행했습니다.

주제 중심 프로젝트 수업을 진행하니 교과 간의 중복된 내용을 줄이고 꼭 필요한 내용을 배울 수 있어 효과적이었습니다.

첫째, 중복된 내용을 줄이니 수업시간이 확보되어 여유가 생겼습니다. 여유가 생기니 교과 간의 관련성이 파악되어 아이들을 지도하는 데 편리하고 교육 내용의 위계가 서게 되었습니다.

둘째, 그동안 교과서 위주의 수업은 현실과의 연관성이 적어 아이들이 흥미와 관심이 떨어지는 것에 반해 주제 중심 프로젝트는 활동 중심 교육으로써 학습 동기와 의욕이 매우 높아졌습니다. 학습 동기가 높다 보니 배우는 데 집중도 잘되고 자신이 맡은 과제에 대한 책임감이 커져 모든 아이가 최선을 다해 노력하는 모습을 보였습니다.

셋째, 아이들이 학습의 의미를 생활과 연관 지어 생각하게 됩니다. 아이들이 '음식을 어떻게 준비할까?'에 대해 회의를 하는데 불쑥 "우리 마을에 다문화 가정이 있는데 그분은 필리핀에서 왔어"라고 하더니 "그분을 초대한다고 생각하고 할까?"라며 자연스럽게 삶과 연관 지어 생각하고 말하게 되었습니다.

프로젝트 수업이 끝나고 아이들과 소감을 나누었습니다. "주제를 묶어서 수업을 하니 흥미로웠어요", "공부한 내용이 많이 기억나요", "실제 외국인을 집으로 초대할 수 있겠어요", "친구들과 함께해서 즐거웠어요" 등 다양한 반응이 나왔습니다.

공부란 무엇일까요? 참된 공부는 학습한 내용을 실생활에 적용하고 연관 지어 행동으로 실천하는 그런 것이 아닐까요? 두꺼운 문제집을 풀고, 중요한 문장을 외우고, 반복을 통해 지식을 얻는 것이 단순한 공부라면, 이번에 '우리 집에 놀러 와' 프로젝트 수업을 통해 아이들이 스스로 탐구하고, 남을 배려하고 협력하면서 살아 있는 지식을 알게 된 것이야말로 진짜 공부가 아닐까요?

평가의 전환이 가져다준 기쁨

그동안 우리 학교는 학기당 두 번 실시한 매우 형식적이고 아이들 줄세우기에 급급한 정기고사(중간고사, 기말고사)와 나이스NEIS에 성적을 입력하기 위해 방학을 앞두고 거의 한꺼번에 몰아서 하는 과목별 수행평가를 해왔습니다.

정기고사! 교사인 제게는 그랬습니다. 배움의 깊이도, 배움의 즐거움도 없이 일정 기간에 일정 진도를 나간 후, 문제 은행에서 괜찮다 싶은 문항을 몇 개 골라 예쁘게 편집하고, 아이들이 풀면 맞췄나 틀렸나만 O, X로 표시하여 100점 만점으로 점수를 환산하여 일등부터 꼴등까지 석차를 쭉 뽑아 고득점 학생에게 상장을 주면 그만이었습니다.

'우리 반 OO는 이 문제를 왜 틀렸을까? 어느 부분이 어려웠던 거지?

어디까지 어느 수준으로 이해하고 있는 걸까? 내가 어떻게 OO를 도울 수 있을까?'라는 평가의 환류는 별로 하고 싶지 않은 의미 없는 행정업무쯤으로 여겼습니다.

우리 아이들에게는 어떤 의미였을까요?

'잘 외우고 답을 잘 골라내는 것이 가장 중요해! 공부는 평소에 하는 것이 아니라 시험기간에만 바짝 해도 충분해! 내 짝꿍보다 잘하면 돼! 아, 나는 멍청한가 봐. 반에서 OO등이네? 맞추고 틀린 걸 확인하는 것이 뭐가 중요해 이미 끝난 시험. 이번에 나는 평균 OO점!'

이런 생각을 빚어내어 평소 학습과 생활 습관, 자아 존중감에 부정적 영향을 미쳐온 것이 사실이었습니다.

수행평가는 어땠을까요? 정기고사와 별반 다르지 않았습니다. 교사인 제게는 남들이 하니까 나도 하는 형식적인 평가, 말로만 수행평가지 그 내용을 들여다보면 정기고사와 비슷하게 단편적인 지식만 확인하고 상·중·하로 점수 주고 끝나는 환류 없는 평가였습니다. 아이들에게는 방학 직전에 몰아치는 귀찮은 학습지 태풍쯤으로 여겨졌을 겁니다.

학부모님께는 어떤 의미였을까요? 저는 평가의 궁극적인 목적은 '환류를 통한 끊임없는 자기 성찰, 자기 성장'에 있다고 생각합니다. 그런 섬에서 올해부터 시행한 서술형 평가로의 전환은 단순히 '효과가 있다!'라는 말보다는 '매우 가치 있다!'라고 말하고 싶습니다.

저에게 1학기 동안의 서술형 평가는 '실존적 만남을 통한 성장'이었습니다. 교사인 저와 저 자신과의 만남이었고, 학생인 우리 아이들과 자기 자신과의 만남이었으며, 교사와 아이 한 명 한 명, 교사와 학부모 한 분 한 분, 우리 아이와 우리 부모님과의 만남이었습니다. 참으로 따뜻하고 소중한 만남이었습니다.

그 만남 속에는 항상 준비된 모습으로 아이들 앞에 서려는 교사의 열정이 있었고(서술형 평가 환류를 통해 더 즐겁고 효과적인 교수학습 방법 지속적 연구), 학생의 배우고자 하는 노력과 내일은 조금 더 잘 해보려는 의지, 과정에 대한 자기만족, 자신을 향한 격려와 다음 배움을 기대하는 동기가 있었습니다.

또 아이 한 명 한 명을 그때그때 챙겨가며 함께 가려는 교사의 사랑이, 그리고 그 사랑을 감사히 여기며 교사를 따르는 아이의 존경도 있었습니다. 아이의 성장을 위해 함께 노력해보자는 학부모님의 무한한 신뢰도, 아이의 작은 성장에도 크게 기뻐하며 힘껏 응원해주시는 부모님의 따뜻한 사랑도 있었습니다. 이렇게 교육의 세 주체(교사, 학생, 학부모)가 서술형 평가의 환류를 통해 날마다 성장하고 있습니다.

우리 5학년은 1학기 동안 주요 과목의 단원이 끝날 때마다 서술형 평가를 했습니다. 단원별 주요 학습 원리를 추출하여 종합적으로 사고하여 배움을 자신의 언어로 분명하게 설명할 수 있는지, 친구들과 협력하여 아이디어를 공유하고 발전시켜 창의적인 산출물을 만들어낼 수 있는지, 자신의 하루를 소중히 여겨 계획하고 노력하는 삶을 살고 있는지 등을 평가했습니다.

시간이 흘러 1학기가 마무리되는 오늘, 아이들에게 자기 생각을 정리하여 글로 풀어내는 표현력과 친구와 함께 더불어 공부하는 기쁨, 나의 하루를 관리하는 습관이 형성되고 있음을 느낄 수 있어 행복합니다.

2학기에는 교육과정을 면밀히 분석하고 재구성하여 주제별 프로젝트가 끝날 때마다 서술형 평가를 해보고 싶습니다. 그래서 삶과 밀접한 주제를 통해 우리 아이들이 더 깊게 학습 원리에 접근하고 끊임없이 생각하여 문제의 해결방법을 찾아내는 힘을 길렀으면 합니다. 날마다 자라서 2학기가 더 기대되는 우리 아이들과 함께할 수 있는 저는 참 행복한 교사입니다.

자율과 자치
학생 인권 존중의 학교문화

'우리가 결정하고, 우리가 실행한다'

● 　　2013년에 혁신학교로 지정된 A 초등학교는 아이들의 자치 역량을 키워주기 위해서 지난 2월에 학생자치회를 구성하여 4월부터 활동을 시작했다. 학생회에서 아이들 스스로 협의를 통해 하고 싶은 활동을 결정하고 내용과 방식도 스스로 결정한다. 몇 번의 경험이 생기자 캠페인을 하나 하더라도 어떤 활동을 할 것인지, 어디에서 할 것인지, 누가 참여할 것인지, 어떤 방법으로 할 것인지, 어떤 문구를 사용할 것인지 등을 스스로 정하고 역할분담을 통해 자율적으로 해나간다.

6월에는 교사와 학부모, 학생들을 대상으로 한 설문조사 결과를 바탕으로 생활규정 제정에 착수했는데, 이 과정에서 교사들은 아이들의 생각을 먼저 물었다. 교내에서의 스마트폰 사용과 같이 아이들이 가장 관심이 있는 항목 10가지를 선정해서 등교 시간에 교문에서 스티커 투표를 하는 방식으로 아이들의 관심과 참여를 높이는 방법을 쓰기도 했다. 이런 과정을 거쳐 7월에는 아이들이 주체적으로 참여한 새로운 학교생활규정이 만들어졌다.

2012년에 혁신학교로 지정된 B 초등학교는 지난 2년간 전교생 다모임을 진행하면서 학급자치의 중요성을 깨달았다. 그래서 학급자치의 능력도 키우고 전교생 다모임과 학급자치의 연계성을 높이기 위해서 올해부터는 전교생 다모임에 앞서 학급자치에 더 많은 관심을 두고 운영하기로 했다.

올해 교사와 학생들이 가장 관심 있게 진행한 것 중 하나가 '놀이터 프로젝트'인데, 학교 구석구석에 쓸모없이 버려진 자투리 공간을 놀이터로 만들자는 계획이다. 먼저 교사 TF팀을 꾸렸고 몇 가지 안을 만들었다. 그러고 나서 먼저 학년별로 학급회의를 통해 아이들의 의견을 최대한 모았다. 이를 토대로 전교생 다모임에서 다시 전체 토론을 거친 후에 구체적인 내용을 결정했다. 이렇게 학급에서부터 전교생 전체 토론까지 거치면서 아이들은 학교 곳곳에 자신들의 의견과 상상력이 담긴 작은 놀이터를 갖게 되었다.

2011년 1기 혁신학교로 지정되어 혁신학교 4년 차가 된 C 초등학교는 매주 월요일 1교시마다 학급별로 자치회를 진행한다. 저학년은 프레네 학교에서 진행하는 꾸아드네프 방식으로 주말에 가정에서 있었던 일에 대해 돌아가며 말하기를 하고, 고학년은 스스로 자치회의 시간을 가진다. 이제는 4년 차가 되다 보니 아이들의 자치회의와 활동 역량이 제법 커져서 교사의 개입을 원치 않을 정도다. 학급별 자치회의에서 요구된 안건으로 전교어린이회를 개최한다. 전교어린이회는 자체적으로 활동계획을 세우고 리더십 캠프를 진행하기도 한다. 자치회의 활동 결과는 항상 학생용 게시판을 통해 전교생에게 알린다.

이 학교는 아침 시간에 교사나 학부모가 아이들에게 책 읽어주기를 몇 년째 진행하고 있는데, 한 가지 특이한 점은 고학년 학생들이 저학년 학생들에게 책 읽어주기 봉사를 한다는 점이다. 고학년의 책 읽어주기가 자리 잡게 된 것은 전교어린이회에서 저학년에게 책 읽어주기 안건을 협의하여 결정한 후, 고학년을 대상으로 자원봉사자를 모집하고 계획을 실행에 옮긴 덕이다. '우리가 결정하면 실행된다'는 자신감과 경험이 점차 쌓이면서 아이들의 자치회에 대한 관심과 참여의 수준도 부쩍 높아졌다. 아이들은 스스로 정한 규칙을 스스로 지킨다는 자부심 속에서 민주 시민의 자치 역량을 스스로 성숙시켜가고 있다.

전북 대부분의 혁신중학교는 학생 대표들이 학교운영위원회에 참여한다. 학교운영위원회에 학생대표가 결합하는 정도는 학교마다 조금씩 차이가 있다. 학생대표가 의사결정에 직접 참여하는 학교도 있고, 학생 관련 사안을 다룰 때만 참여하거나 그냥 참관만 하는 학교도 있다. 학생자치 수준 역시 다모임과 자치법정을 하는 학교부터 매월 또는 분기마다 정기적으로 학교장이 학생대표단으로부터 학교의 중요 사안에 대하여 의견을 청취하는 수준까지 다양하다. 하지만 이 모든 학교가 중요하게 여기는 공통점은 학교 행사를 하기 전에 먼저 학생들에게 의견을 묻는다는 것이다.

의견을 묻고 들어라

● 　　수준이야 어떻든 학생자치는 학생들의 의견을 묻고 듣는 것에서 출발해야 한다. 그럼으로써 학생들에게 자신들이 존중받고 있고, 모든 일을 스스로 참여하여 결정할 수 있다는 사실을 확인시켜주어야 한다. 그리고 그러한 절차와 과정을 통해 학생들이 민주주의를 그저 언어나 지식으로가 아니라, 삶의 양식으로 체득하고 받아들이게 하는 것이야말로 학생자치의 목표여야 한다.

　D 중학교는 2011년에 지정된 혁신학교로 학생 수가 1,000명에 가까운 큰 학교다. 그럼에도 학기에 한번은 꼭 다모임을 한다. 작년까진 전체 학생이 모여서 진행했지만, 올해부터는 학년별로 강당에 모여서 학생들이 제기한 중요 사안을 토론한다. 이런 학년별 다모임을 학기당 한 번씩, 연 2회 진행한다. 다모임 전에 학급별로 먼저 토론 주제를 다룬다. 학급에서 모아진 의견을 가지고 학년 전체 다모임에서 종합토론을 진행한다. 다모임 외에도 매월 1회 학생대표로 구성된 자치회의를 열고 연간 활동계획을 세우고 집행한다. 예컨대, 점심시간을 이용한 축구 리그남학생와 터치볼 리그여학생를 자체적으로 결정하여 운영한다든지 하는 식이다. 학생 사안이 생기면 모의법정을 통해 해결하기

도 한다.

혁신학교 2년 차인 E 중학교 역시 자치회의를 통해 모든 행사를 결정한다. 입학식과 졸업식은 물론 축제도 학생회가 주관한다. 예컨대, 입학식이나 졸업식 등에 학교장 축사나 인사말 대신 미니 공연을 하거나 감동적인 영상을 스스로 제작·상영하여 학생과 학부모의 뜨거운 호응을 얻기도 한다. 입학식과 졸업식 문화를 아이들 자신의 힘으로 바꾼 것이다. 이전에 존재했던 불미스런 광경이나 소극적인 참여 대신 교사, 학생, 학부모 모두가 감동하고 눈물을 흘리는 행사로 바뀌었다.

축제 또한 기획 단계에서부터 사전 오디션, 본 행사의 진행, 평가에 이르기까지 스스로의 힘으로 해낸다. 참여자들의 의견을 들어 축제의 내용도 개선하고, 그럼으로써 학생 참여율도 높이는 데에 성공했다. 학기 중에는 3학년부터 2학년, 1학년 순으로 축구 리그를 진행하는데, 대진표 작성부터 운동장 관리, 심판진 구성과 경기 운영까지 학생회가 주관한다.

혁신학교 4년 차인 F 중학교는 학생자치 시스템이 더 잘 갖추어져 있다. 매년 초 학생회 주관 캠프 때 깊이 있는 토론을 통해 연간 활동 계획을 확정한다. 학생회 주관 활동은 입학식 행사부터 시작된다. 선배들은 편지쓰기와 허그 등으로 후배들을 맞이하는데, 이 모든 것을 스스로 준비하고 교사는 지원만 한다. 작년부터는 아이들이 빈 교실을 활용하여 카페를 운영하는데, 운영에 따른 아이디어도 모집하고 카페 운영에 필요한 규칙도 스스로 정한다.

이 학교 선생님들이 가진 분명한 원칙이 하나 있다. 그것은 어떤 행사든 아이들에게 먼저 묻는다는 것이다. 아이들에게 아이디어를 구하는 것으로부터 모든 학교 행사가 시작된다. 점심시간마다 열리는 알뜰장터도 시간과 장소, 홍보, 물건 모으기, 물건 구매에 이르기까지 모든 것을 아이들이 정하고 운영한다. 판매 수익금은 작지만, 기금을 만들어 연말에 의미 있게 쓰기로 했다. 처음엔 학부모들이 불안해하며 도와주려 했지만, 도움을 줄 틈이 없어서 구경만 하다가 결국 안심하고 돌아갔다고 한다. 물론 맨 처음에는 교사들의 도움이 컸다. 하지만 점차 발전하여 나중에는 아이들이 스스로 의제를 발굴하고 모든 것을 스스로 회의에서 토론하여 결정하는 수준 높은 자치의 단계에 이르게 되었다.

이 학교는 전주시의 외곽 공단 주변 저소득층이 밀집한 지역에 있다. 당연히 배려 대상 학생 비율이 높다. 위치상 통학도 어려운데다 그동안 정책적 배려와 하드웨어에 대한 지원도 부족해서 그 지역에서는 모두가 기피하는 학교였다. 그래서 학급수도 급격하게 줄었다. 그러나 교사들과 학생들의 열정과 헌신적인 노력으로 이제는 자부심을 느끼는 학교로 변했다. 학교폭력도 거의 발생하지 않는다. 비록 아이들에게 문제가 많고 부족하다고 느끼더라도 아이들의 의견을 먼저 묻고 끝까지 아이들을 믿고 지도해준 교사들 덕에 이제 아이들의 민주주의와 자치 역량이 시스템으로 정착되고 있다. 아이들을 존중하고 교육활동의 중심에 둠으로써 교사들도 아이들도 모두 행복해졌고, 아이들은 스스로 토론하고 결정하고 참여하는 과정을 통해 폭력보다는 서로에 대한 존중과 자부심으로 답을 했다. 학생 인권 존중은 거창하고 현학적인 문구를 사용하는 조례나 규칙으로 구현되는 것이 아니다. 학교 안에서 아이들의 의견을 묻고 아이들의 결정을 존중하고 지원해주는 것으로 실현된다. 선언이 아니라 행동이고 실천이다.

학교폭력에 대한 해답도 바로 여기, 학생자치와 자율성의 확보에 있다고 믿는다. 학교폭력 문제에 답하지 못한다면, 진짜 혁신학교라고 할 수 없다. 학교폭력의 해법은 상벌점제나 처벌, 생활기록부 기재 등의 사후처리에 있는 것이 아니라는 것쯤은 안다. 학교폭력이 이미 발생했더라도 일벌백계가 아닌 회복적 관점에서 사후처리를 하는 것도 매우 중요하다.

그러나 무엇보다 중요한 것은 사전 예방이다. 학교문화가 따뜻하지 않고 상처받은 아이들을 방치하는 학교, 아이들의 배움과 성장이 뒷전인 학교, 성적 경쟁과 일방적인 주입식 수업이 일상화된 학교에서는 법대로 학교폭력예방교육을 몇 시간 한다고 해도 학교폭력을 막을 수 없다. 상처받은 아이들이 학교 안에서 따뜻하게 존중받고, 모든 수업에서 다른 사람들의 의견을 경청하고 협력하는 관계를 배우면서 타인 존중이 몸에 배야 상처도 치유되고 학교폭력도 일으키지 않게 된다. 결국, 해법은 따뜻한 학교문화와 수업에 있다. 학교폭력은 학교가 따뜻한 배움과 돌봄의 공동체를 실현하는 것 말고는 특별한 해결책이나 대책이 있을 수 없다.

4월 어느 날, 아이들이 제게 이렇게 물었습니다.
"선생님! 강당에서 마음껏 놀고 싶은데, 공 보관함 열쇠가 없어서 못

놀 때가 많아요. 문을 좀 열어주세요."

놀고 싶은 마음이 간절한 눈빛이었습니다. 저는 이렇게 말했습니다.

"보관함과 창고 열쇠를 복사해줄 테니 어떻게 사용하고 쓸 것인지 너희가 계획을 세워서 올래?"

다음날 아이들이 교무실에 찾아왔습니다.

"선생님, 저희가 열쇠 관리 잘하고요. 공 정리를 안 하거나 어지럽히는 아이들은 일주일 동안 강당을 쓰지 못하게 하겠습니다."

그 말을 듣고 많이 슬펐습니다. 학교와 어른들이 사고하는 방식과 문제를 풀어나가는 방식을 아이들이 그대로 답습한다는 생각에 많이 미안했습니다. 통제와 엄격한 규칙 그리고 이를 지키지 않았을 때 주어지는 벌칙과 체벌의 문화에 이미 익숙해져 있다는 생각에 가슴이 아팠습니다. 지금까지 우리의 학생자치는 이랬습니다. 형식적인 학급회의와 전교회의는 있지만, 아이들의 의견이 반영되지 못했고 아이들 스스로 무엇을 하지도 못했습니다.

올해 들어 우리 학교 아이들은 스스로 문제를 해결하고 있습니다. 학급 규칙을 정하는 것부터 시작해서 불편 사항이나 희망 사항 등을 건의하고 협조해나가고 있습니다.

학교를 깨끗이 하자는 의견을 제시하고, 자율적으로 봉사활동을 하여 학교가 몰라보게 깨끗해졌습니다. 사신들의 안전을 지키기 위해서 스스로 캠페인을 벌이고, 스스로 동아리를 만들어서 취미생활을 합니다. 자신과 다른 이야기를 하더라도 비난하거나 비웃지 않고 끝까지 의견을 듣고 생각을 교환합니다.

그리고 오늘, 밖에서는 아이들 스스로 준비한 '학생자치의 날' 행사를 진행하고 있습니다. 계획부터 실행까지 아이들이 스스로 합니다. 잘하고 못하고는 중요하지 않습니다. 중요한 것은 아이들 스스로 생각하고 규칙을 만들고, 그 속에서 자존감을 키우고 공감하는 능력이 조금씩 생겨간다는 것입니다.

그동안 전교생 다모임 활동을 통해서 우리 아이들은 자신 있게 의견을 발표하는 토대를 만들어왔습니다. 학년과 성별에 관계없이 마이크에 대고 당당하게 의견을 이야기해 왔습니다. 학기 초 마이크를 잡고 1분 이상 망설이던 아이들이 이제는 지체 없이 말합니다. 같은 이야기를 반복해도 아이들의 얼굴에 피어나는 미소와 뿌듯한 자신감은 그 자체로도 매우 아름답습니다.

2학기가 되면 학생자치회를 구성할 예정입니다. 물론, 아이들 스스로 만들어가는 것이지요. 학교에서는 교사와 학부모, 학생들이 함께 만드는 교육공동체 생활협약을 만들 것입니다. 학교 규칙도 아이들이 참여해서 만들고, 교육과정과 수업도 아이들이 참여해서 함께 구상할 것입니다.

이를 통해서 아이들 스스로 정한 규칙과 학칙에 따라 행동하고 그것을 지켜나가는 능력을 기르게 될 것입니다. 자율적 판단에 기초한 민주적 학교문화를 지식과 이론이 아닌 몸으로 배워나갈 것입니다. 나와 다른 생각을 하는 친구가 많다는 것을 이해하고 소통하며 협력하는 것을 배워나갈 것입니다. 다양한 아이들과 더불어 조화롭게 살아가며 문제를 해결해나가는 소중한 배움을 만들어갈 것입니다.

우리 아이들의 삶의 힘을 키우는 첫걸음이자 기초가 되는 것은 아이들 스스로 자신의 문제를 해결해나가는 학생자치의 문화를 만드는 데 있습니다. 그 첫걸음을 뚜벅뚜벅 걷고 있는 아이들의 발걸음에서 희망찬 미래가 보이는 이유입니다.

교사의 성장을 위한 학습공동체
교육과정운영평가회와 독서토론

교사의 자각과 성장이 먼저다

    ● 혁신학교를 움직이는 가장 근원적이고 핵심적인 동력은 교사 그룹이다. 교사가 먼저 자각하지 않으면 학교는 변하지 않는다. 교사들이 집단지성을 발휘할 수 있는 민주적인 절차나 형식을 마련하는 일도 중요하고, 소통하고 협력하는 문화와 운영 체제도 중요하다. 하지만 어떻게 생각을 공유하고 성장할 것인지에 대한 고민이 없으면, 그런 문화나 체제조차 그저 공허한 빈 그릇에 지나지 않는다.

  무엇으로 새로운 그릇을 채울 것인가? 바로 여기가 중요한 지점인데, 혁신학교는 그동안 교육부나 교육청이 제시한 정책 사업과 과다한 업무를 덜어내고 가지치기로 생긴 여유 공간을 무엇으로 채울지 고민해야 한다. 그 자리는 두말할 것 없이 수업과 아이들에 대한 고민과 실천으로 채워져야 한다. 그리고 고민과 실천의 깊이와 방향은 학습으로 결정된다. 학습 없이 성장이 있을 수 없고, 성장 없이 학교의 변화나 수업의 변화를 이룰 수 없다.

혼자 학습하면 혼자 아는 것으로만 끝나지만, 공동으로 학습하면 학급과 학교, 내 수업과 아이들의 모습으로 연결 짓고 토론하는 단계로 나아가는 것이 가능하고 경험과 사례를 나누면서 해결책을 찾는 일까지 가능해진다. 가령, 학습부진에 대해 함께 책을 읽고 토론하면서 수업시간에 나를 힘들게 하는 아이와 연결 지어 다른 교과 선생님이나 담임교사와 함께 그 아이에 대한 고민을 나눈다. 그러다 보면 그 아이가 어떤 유형의 학습부진을 겪고 있고, 어떻게 도와줘야 하는지, 학교가 이 아이를 위해 더 관심을 가져야 할 것은 무엇인지, 교장 선생님에게 도움을 요청할 것은 혹시 있는지 등 현실적인 해결책까지 이야기하게 되는 경우가 많다. 공동으로 독서를 하는 동안 관점의 변화가 생기고, 잘 몰라서 실천할 수 없었던 것도 자연스럽게 알게 된다. 학교나 학생의 문제를 해결해나가는 단초를 얻게 된다.

이처럼 독서토론과 함께하는 학습공동체의 시작은 동료성을 구축하는 관계 만들기로부터 출발해야 한다. 누군가의 사각으로부터 시작하여 교육에 대한 새로운 관점을 받아들이고 그것을 먼저 실천에 옮기려는 노력이 반드시 필요하다. 교사들이 먼저 변화하고 성장하지 않으면 수업은 바뀔 수 없다. 수업이 바뀌지 않으면 학교는 바뀔 수 없고, 학교가 바뀌지 않으면 학생이 바뀔 수 없고, 그렇게 되면 교사도 행복할 수 없다. 그러니 교사의 자각, 성장과 변화가 먼저다.

교사 그룹의 지속적인 성장을 담보하는 가장 유효한 방법은 교육과정운영평가회와 독서토론이라는 것이 전북 혁신학교 운영과정에서 확인되었다.

교육과정운영평가회의 의미

● 　우선 교육과정운영평가회가 갖는 의미부터 새겨보자. 정기적인 교육과정운영평가회는 실제 교육과정 운영을 함께 계획하고 실행하면서 잘된 점과 부족한 점을 서로 나누면서 교사가 함께 성장하는 과정이다. 이것이 실제로 혁신학교 전입교사에게 어떤 의미로 다가왔고, 성장하는 데에 어떻게 도움이 되었는지 사례를 살펴보자.

그래서 우리 학교는 나에게 처음부터 '혁신학교'였다. 근무 첫해였던 작년 봄, 선생님들이 모두 모여 교육과정 운영에 대한 생각의 공유와 토론, 협의를 위해 '푸른 솔 자율토론회'라는 협의체를 만들었다. 한 달에 한 번씩 모여 그달에 운영한 교육과정에 대한 피드백과 다음 달의 교육과정 운영에 대한 협의를 위한 모임이었다. 작고 낮아서 엉덩이가 아픈 아이들 의자에 교장, 교감 선생님까지 모여 앉아 학교운영에 관한 모든 것을 허심탄회하게 협의했다. 처음에 나는 기존에 보아왔던 '교무실 회의'를 예상했다. 업무담당 선생님의 간단한 설명과 앞으로의 진행 사항 등에 관한 협조 부탁 정도, 그리고 차례로 얘기가 다 끝나고 나면 교감, 교장 선생님의 정리 말씀 후 끝!

그런데 내 예상은 보란 듯이 빗나갔다. 처음부터 끝까지 모든 선생님이 의견을 제시하는 것에서 시작해서 토론을 거쳐 마지막 결론에 이르기까지 한 가지 사안에 한 시간이 넘게 걸렸다. 여러 선생님의 다양한 아이디어 제시와 협의 과정에서 교감, 교장 선생님은 별다른 말씀 없이 고개를 끄덕끄덕하시며 조용히 듣고 계셨다. 한마디 말도 못 꺼낸 사람은 얼른 끝나기만을 기다리던 나 하나 뿐이었다. 모든 선생님이 다양한 아이디어를 내며 함께 머리를 맞대고 자유롭게 자기 생각을 말했다. 한마디도 못하는 내가 슬슬 부끄러워지고 있었다.

나도 더 이상 듣지만 말고 적극적으로 말해보자고 마음먹고 선생님들의 의견을 두 눈 부릅뜨고 열심히 들었다. 그러나 학교 특성과 상황을 잘 모르니 딱히 할 말이 없었다. 대신 선생님들의 의견을 들으면서 몇 달에 걸쳐 여러 번의 시행착오를 겪어야 알 것 같았던, 우리 학교에 관한 많은 것을 그날 다 배울 수 있었다.

아마 누가 시켜서 억지로 하는 토론회였다면 이런 분위기가 이뤄지지 못했을 거라는 생각이 들었다. 공부도 자신이 하고자 하는 마음으로 열심히 하는 아이가 높은 성취도를 보이듯이 말이다.

이게 작년 일이다. 그 후로도 처음 시작처럼 그렇게 늦은 시간까지는 아니었지만 '푸른 솔 자율토론회'는 매달 열렸다. 그러는 동안 차츰차츰 내 생각도 같이 자랐다. '그른 집안에서는 옳은 사람도 그른 사람이 되고, 옳은 집안에서는 그른 사람도 옳은 사람이 된다'라는 글귀를 책에서 본 적이 있다. 이 글귀의 뜻을 실감하며 보낸 2년이었다.

토론회의 목표는 하나였다. 아이들에게 어떻게 하면 좀 더 교육적으로 좋은 것을 줄 수 있을까? 이 목표를 위해 자발적으로 열심히 자신의 역량을 기르고, 모든 일을 함께 협의하는 동안 어느새 나도 같이 성장하고 있었다. 같이 행동하면서 나의 생각이 바뀌고, 생각이 바뀌니 행동이 바뀌고, 바뀐 행동은 다시 나를 바꾸었다.

올해에는 토론회에 학생 대표들도 오고, 학부모 대표들도 온다. 교사들과 함께하는 토론장을 어려워할 거라는 예상과는 달리 아이들도 자신들의 얘기를 또박또박 잘한다. 부모님들 생각은 교사들의 생각과 합쳐져 한 층 더 발전된 아이디어로 탄생한다.

참 놀라운 광경이었다. 내 교직 생활에서 처음 겪는 경험이었고, 처음 느껴보는 감정이 생겨났다. 그 자리에서 이야기한 것이 내일이면 우리 학교 학생 전체를 위한 살아 있는 교육활동이 될 거라는 생각이 들자, 여기 앉아 있는 나를 포함한 모든 이가 엄청나게 중요한 주체들이라는 사실이 실감 났다. 그리고 뭔가 내가 대단한 일을 하는 듯한 뿌듯함을 느꼈다. 그렇게 우리는 교육을 위한 여러 가지 학교 활동을 완성해나갔다.

아이들과 열심히 생활해 온 올해도 이제 마무리를 해야 할 때가 다가온다. 우리 학교에서 2년째, 혁신학교 교사로서도 2년째. 나에게는 참 많은 변화가 있었다. 생각이 변했고, 행동이 변했고, 생활이 달라졌다. 지난 2년을 한마디로 말한다면, 초임 발령 이후 '내 인생 제2의 성장기'라고 할 수 있다. 선생님들, 아이들, 학부모님들과 함께 생각하고, 이야기하고, 교육하면서 지금도 열심히 성장하고 있다.

이 글에서 알 수 있는 것처럼 정기적인 교육과정운영평가회는 교사 개개인의 성장을 위해서도 효과적일 뿐 아니라 학교 구성원들의 성장을 위해서도 매우 유용하다. 특히 교장, 교감 선생님이 참여하여 모두 돌아가며 말하기 방식으로 진행하는 학교들의 교육과정 운영 만족도는 매우 높다. 이 자리에서 결정한 일은 진행에서도 실수를 줄일 뿐 아니라 일에도 탄력이 붙고, 경력이 짧은 교사들도 두려움 없이 참여하여 함께해나갈 수 있다. 경험적으로도 교장, 교감이 참석하지 않는 학교에 비해 만족도가 훨씬 높다는 점도 말해두고 싶다. 하물며 이 학교 사례처럼 학부모 대표나 학생 대표가 참석한다면 금상첨화다. 모든 학교가 이런 수준으로 교육과정운영평가회를 발전시키기를 바란다.

독서토론이 교사를 성장시킨다

● 나아가 독서토론은 교사들을 건강한 학습공동체로 강고하게 결속한다. 그리고 학교가 무엇을 어떻게 실천할 것인지에 대한 대안도 함께 만들어내기에 매우 유용하다.

가령, 아이들의 생활지도에 대한 고민이 많은 학교에서는 『인권, 교문을 넘다』나 『교실 속 인권 나무』 같은 책을 함께 읽고 학생 인권에 대하여 깊이 있게 토론해보고, 학교의 생활규정 속에 들어있는 반인권적인 요소는 무엇인지 검토하기도 하고, 아이들의 의견을 물어 생활규정을 개정하는 일로 연결짓기도 한다. 학교폭력 문제에 대해서도 기존의 지침이나 처리 관행과는 달리 '회복적 정의'나 '비폭력 대화', '평화샘 프로젝트', '생활협약' 같은 대안을 도입하기도 한다. 아이들과 관계 맺기 어려운 선생님들이 『청소년 감정코칭』같은 책을 읽고 토론하다가 감정코칭 전문가들을 연결해서 학교 단위로 연수를 받고 나서, 실제 적용해보고 아이와 함께 교사도 성장했다는 보고 사례는 얼마든지 있다.

수업에 고민이 많은 학교에서는 『교사는 수업으로 성장한다』나 『교사, 수업에서 나를 만나다』, 『교사의 도전』, 『수업을 왜 하지』, 『수업 어떻게 볼까』 등의 도서를 함께 읽고 토론하면서 우리 학교의 수업, 우리 학년의 수업, 나의 수업을 어떻게 바꿀지 고민하고 실천한다. 그러다가 한계에 부딪히면 전문가를 찾아 집단으로 연수를 받기도 하고, 자기 수업을 기꺼이 공개하면서 함께 연구하기도 한다.

혁신학교의 경험을 담은 책을 읽으면서 우리 학교의 변화를 꿈을 꾸기도 하고 학교철학을 만들기도 한다. 우리 교육에 깊숙하게 뿌리내린 경쟁의 요소를 제거하고 협력의 가치를 세우기 위해 책을 읽고 현재 우리 학교, 우리 아이들, 우리 자신의 문제로 연결해 개선책을 토론하고, 그것을 공동의 실천으로 이어간다. 그 과정에서 교사 스스로 성장하면서 행복감을 느끼고, 교사의 자존감이 높아지고 전문가로서의 노하우를 쌓아가는 기쁨도 맛본다.

학교 교육과 관련된 교사들의 고민과 실천이 혼자만의 것이 아니라 여러 사람의 것이 될 때 그 기쁨은 말로 표현할 수 없이 크다. 학교 단위로 이루어지는 교사 학습공동체로서의 독서토론은 교사들의 지적 욕구를 충족할 뿐만 아니라 교사들을 공동체로 끈끈하게 연결한다. 나아가 교사들의 고민을 실제 우리 학교의 문제로 연결 지어 인식하고 해결책을 고민하게 하고 그것을 해결해나가려는 집단적인 노력과 실천으로 이끈다. 그런 의미에서 학교에서의 독서토론은 독서 그 자체가 갖는 힘을 훨씬 더 뛰어넘는 효과와 위력이 있다.

혁신학교를 준비하는 과정에서도 독서토론은 엄청난 힘이 된다. 전주에서도 가장 큰 학교에 속하고 학생 수도 1,000명이 넘는 중학교가 혁신학교에 도전했을 때 솔직한 심정으로 그 학교가 혁신학교로 지정되기에는 다소 버거워 보였다. 교사들이 오륙십 명인데 그 많은 교사가 한데 마음을 모을 수 있을까 의구심이 들기도 했다. 왜냐면 전북의 혁신학교 선정 심사의 가장 중요한 요소가 교사들의 자발적 의지와 열정이었기 때문이고, 교사 집단이 크면 클수록 학교 변화에 대한 뜻을 한데 모으기 어렵다는 한계가 있기 때문이었다. 그런데 예상을 깨고 그 학교가 혁신학교로 지정받게 된 것은 순전히 10명의 교사로 시작한 독서토론의 힘이었다. 독서토론을 통해 혁신학교를 이끌어갈 동력, 즉 '앞바퀴 교사' 그룹이 생겼기 때문이다. 혁신학교로 지정된 이후에는 독서토론에 참여하는 교사가 20명을 넘어섰고 지금도 독서토론을 통해 성장의 노력을 계속 이어가고 있다.

혁신학교를 운영하는 과정에서도 독서토론은 매우 유용하다. 대개

혁신학교로 일 년 정도를 지나고 나면 많은 교사가 지치고 힘들어한다. 초기의 높은 열정으로 많은 일을 하기도 하고, 관점을 바꿔 학교 체제를 근본적으로 다시 세우기 위해 노력하다 보면 에너지가 고갈되고 피로감이 생기는 자연스러운 현상이거나, 본질 집중을 위한 덜어내기와 가지치기를 제대로 하지 못하고 자꾸 업무를 만들어냈기 때문에 생기는 현상이다. 소수 활동가에게 일이 집중된 학교는 더욱 그렇다. 결국, 학교를 떠나고 싶어 하거나 쉬고 싶다고 말하는 중심 교사들은 공통적으로 "보람은 있지만 힘들다"고 하소연한다. 이 경우 소위 '앞바퀴' 교사들뿐 아니라 '뒷바퀴' 교사들까지도 학교에 대한 만족도가 떨어지는 경우가 대부분이다. 한쪽은 소진되어 힘들고 한쪽은 방관자로 남기 때문에 행복하지 않은 것이다.

이를 예방하거나 치유할 근본적인 방법은 여럿이 함께 어려움을 나누고 함께 토론하고 실천하는 것뿐이다. 이때 가장 유용한 방법이 바로 독서토론이다. 함께 알아가는 기쁨, 함께 나누는 기쁨, 함께 실천하는 기쁨, 함께 성과를 공유하는 기쁨을 느낄 때 비로소 행복한 학교가 만들어진다.

올해 OO초가 혁신학교여서 여기에 왔는데 생각보다 좋은 선생님이 많았다. 1학기 때는 모두 미소를 지으며 나름 여유를 가지고 학급 경영을 했는데 2학기에 축제를 준비하면서 마음이 조금씩 바빠졌고, 처리할 일이 많아지면서 나 자신부터가 미소가 줄고 조급한 마음이 많이 들었다.

학교는 학교대로 바쁜 행사가 연이어 있어서 혁신학교를 주도적으로 이끌어갈 상황이 아니었다. 그래서 모두 약간은 지친 상태였는데 축제와 학부모 공개수업을 마치고 '독서모임' 형식으로 지난주부터 선생님들이 책 나눔과 더불어 삶을 나누고 혁신학교의 본질을 찾아가는 활발한 토론의 시간을 갖게 되었다.

오늘 선생님들과 함께 토론했던 시간, 정말 행복했다. 나도 우리 반에서 어려운 아이 두 명을 지도하면서 힘들었던 점을 동료 교사와 함께 나누면서 많은 위로와 힘을 얻어서 정말 좋았다.

다음은 한 고등학교 교사들이 지원청의 도움을 받아 김현수의 『공부상처』와 김태현의 『교사, 수업에서 나를 만나다』라는 두 권의 책을 5주 동안 매주 1회 3시간씩 모두 15시간의 독서토론을 진행한 후 밝힌 참석자들의 소감 글이다. 혁신학교 지정 첫해 몹시 힘들었던 학교였지만, 몇몇 구성원이 바뀌면서 새로운 전기를 맞고 있다. 지원청의 노력과 선생님들의 노력이 맞물리면서 이제 새로운 도약을 꿈꾸고 있다. 교사들의 소감에서 학교의 미래가 보인다.

아이들의 배움과 성장을 위한 교사의 내면 성찰

박OO 고립에서 구출된 듯한 느낌을 받았다. 나만의 문제라고 느끼며 힘들었던 일들이 함께 모여 이야기하면서 동료 교사가 내 옆에 아주 가까이 있다는 사실을 알았다. 힘들고 외롭지 않다는 것을 느끼며 무엇이든지 할 수 있는 새로운 힘을 얻었다. 옆에 있는 동료 선생님이 내게 너무 큰 힘이고 위안이라는 것을 알았기 때문이다.

김OO 그동안 겪었던 수업에 대한 그리고 아이들과의 관계에 대한 수많은 걱정과 고민, 그리고 내가 갖고 있는 두려움을 이번에 구체적으로 무엇이 문제인지를 알게 되었고 다른 선생님들과의 나눔을 통해 해결 방안을 향해 한걸음 나아가게 되었다. 단시간에 학교가 변할 수는 없겠지만, 이번 독서토론 같은 노력이 모이고 쌓여 언젠가는 큰 변화를 가져올 수 있을 거라 믿는다.

이OO 매일 출근하며 만나고, 오고가며 인사하는 선생님들이었지만, 이번 독서토론을 통해 더욱 가까워질 수 있었다. 서로 고민을 들어주고, 위로하고, 토론하며 배우는 시간은 배움이 있는 값진 시간이었다. 앞으로의 교직 생활을 밝혀줄 등불이 되고 든든한 재산이 될 의미 있는 시간이었다.

정OO 매주 바쁜 일상 속에서 독서토론을 한다는 것이 힘들었지만, 힘든 만큼 나를 성찰하는 시간이 되었다. 특히 선생님들의 고민이 나와 비슷하다는 것을 알게 되었다. 특히 신규 선생님들을 보며 선배교사로서 많이 도와주지 못해서 미안함이 앞섰다. 함께한 독서동아리 선생님들과 업무 관계가 아닌 인간적인 관계로 만날 수 있는 시간이었다.

김OO 연수를 통해 그동안 나와 다르다고 느꼈던 선생님들이 사실은 나와 비슷한 고민을 하고 있는 동료라는 사실을 새삼 깨달으면서 따뜻한 위로를 받았다. 그리고 이렇게 같은 문제에 대해 서로 허심탄회하게 의견을 나눌 수 있는 시간이 얼마나 중요한지도 알게 되었다. 이

전까지는 내가 바뀔 수 없는 이유를 학교나 사회 분위기 같은 환경으로 돌려왔다. 그래서 무기력했고 좌절했다. 하지만 이제는 '그럼에도 불구하고' 내가 할 수 있는 일을 찾아 실천해나가야 한다고 생각했다. 내가 변하면, 결국 나를 둘러싼 환경도 변하지 않을까? 그리고 처음부터 완벽하게 잘해야 한다는 강박관념은 버리고 하나씩 하나씩 바꿔볼 것이다. 누구의 눈치를 보기보다 내 소신껏, 진짜 교사답게…….

안OO 독서토론을 통해 수업과 학생에 대한 고민과 안타까움이 나만의 것이 아니라 모든 교사의 공통 관심사이고 공통의 아픔임을 알게 되었다. 이런 관심과 안타까움, 아픔을 서로 진심으로 나누고 함께하는 것만으로도 위로, 힘, 격려가 되었다. 이런 진실한 마음을 나누는 토론을 통해 교사간의 유대관계가 형성, 발전되고 교재연구를 통해 최신 이론을 수용하는 계기가 되었다.

강OO 교사의 역할과 내 수업에 대해 생각해보는 계기가 되었다. 학생의 관점에서 하는 수업과 학생들에게 의미 있는 수업이 무엇인가를 계속 생각해야겠다.

정OO 학급과 교과를 담당하는 공통점을 가진 선생님들과의 독서토론을 통해 수업 경험을 나누어보고 피드백을 통하여 교사로서의 자신의 모습과 역할을 점검해 봄으로써 학생들과 나 자신 그리고 동료 교사들이 함께 성장하는 모습을 바라며 기대하게 하는 소중한 기회였다.

임OO 선생님들과 수업 성찰을 하는 의미 있는 시간이었고, 앞으로도 교내 독서동아리를 통해 이러한 내면 성찰이 계속될 수 있기를 희망하며 아이들에게 삶의 진실을 알려주는 시간이 되고자 노력해야겠다.

일단 시작하라

● 독서토론을 처음부터 전체 교사가 함께할 수 없는 형편이라면, 일부라도 먼저 시작하면 된다. 그리고 차차 사람들을 끌어들이면 된다. 다만, 의무로 참여하게 하는 방법은 좋지 않다. 선택하고 배제하는 식으로 그룹을 만들어서도 안 된다. 배타적인 모임이 되지 않도록 최대한 신경을 써야 한다. 누구라도 원하면 참여할 수 있게 열려 있어야 하고, 따뜻한 관계를 소중하게 키워가야 한다. 함께 모여서 책 읽고 토론하고, 때론 밥도 먹고, 차도 마시며 학교 일과 아이들 문제를 유쾌하게 나누면서 즐겁고 돈독한 유대관계를 맺다 보면 자연스럽게 참여하지 않는 사람들로부터 관심과 부러움을 사게 되고, 그러면 관심을 보이는 교사부터 하나씩 포함시켜서 점차 인원을 늘려가는 것이 무난하다.

사실 어찌 보면 전체 교사가 함께할 필요도 없다. 처음부터 원치 않는 교사들까지 의무적으로 참여하게 하면 여러모로 서로 힘을 빼는 결과를 가져오거나 진행 과정에서 흐지부지되는 경우가 많다. 학교 문제를 나누고 토론하고 실천할 동력이 생기는 정도의 숫자만으로도 독서토론은 충분히 의미가 있다. 그러니 조급하지 않아도 된다.

한꺼번에 한 권의 책을 다 읽지 말고 한 부분씩 읽고, 한 권을 전체적으로 이야기하려 하지 말고 각자 중요하게 생각하는 부분만 집중해서 이야기하고, 현실 문제와 연결 지어 토론하는 것이 좋다.

소규모 학교가 많은 작은 지역의 경우에는 지역의 교사들이 함께 모여 진행하는 것도 좋다. 이 경우에는 지원청의 역할이 매우 중요하다. 부안의 한 장학사가 '변산 바람꽃'이라는 지역 교사들의 독서토론 모임을 지원한 사례는 매우 높이 평가할 만하다. 단위 학교 차원을 넘어서는 지역 단위의 독서토론을 통해서 각기 다른 학교에 근무하는 교사들이 함께 성장하는 기쁨을 맛보고, 나아가 지역 내 교사들의 네트워크를 만들어서 학교 간 사례를 나누면서 공동실천을 모색했던 의미 있는 과정이었다.

지역 단위의 독서토론을 진행한 후에 교사들이 느낀 점을 정리한 글을 들여다보면 참고할 만한 점이 있으리라 생각한다. 참고로 여기 참여한 학교 중 한 학교만 혁신학교라는 점을 밝혀둔다.

- 지난번 모임에서 나온 이야기를 실천했던 사례를 이야기한 후 『학교란 무엇인가?』 책을 중심으로 주제를 잡아 이야기를 진행했습니다.
- 먼저 독서교육의 중요성에 대한 공감과 책 읽어주기의 중요성에 대한 이야기 속에서 교실에서 실천하며 나온 경험담을 나누었습니다. 독서교육의 중요성을 이해하고 이를 계기로 독서교육에 대해 더 깊이 고민하는 선생님들의 모습을 보았습니다.
- 학력에 대한 이야기를 시작했습니다. 진정한 학력은 무엇일까? 각자의 학력이나 책을 통해 알게 된 학력에 관한 이야기를 나누며 생각을 공유했습니다.
- 사교육이 일반화되고 공교육과 맞먹는 역할을 차지하고 있는 현실에 관해 이야기했습니다. 사교육은 스스로 공부하는 힘을 잃게 한

다, 목표의식이 없는 아이로 만든다, 자기주도성을 잃게 한다, 공부 방법 또한 의존적으로 만들어 스스로 공부하는 의지의 싹이 자랄 수 없게 한다, 등등에 대해 인식하면서도 사교육을 하지 않을 때 생기는 불안한 분위기에 관해서도 이야기 나눴습니다.

• 미래사회를 살아갈 우리 아이들의 경쟁력을 키우고 성장시키는 방법은 경쟁 위주의 교육과 삶의 방식이 아닌 협력의 교육과 삶의 방식에 있다는 사실을 공유했습니다. 우리 학교와 수업에서 경쟁이 담긴 부분은 무엇이고 이것을 빼내는 작업은 무엇인지 고민하는 과정이 변화이고 혁신이라는 이야기도 나누었습니다.

• 국가수준 학업성취도평가 준비를 하면서 학습부진아를 줄이기 위한 노력 속에 남긴 많은 교사의 애환을 이야기했습니다. 진도를 빨리 끝내고 문제풀이식 수업이 되는 경우도 있는데, 과연 이게 진정한 수업이며 교육 경쟁력을 키우는 작업인지 생각도 해보았습니다. 그러면서 평가에 대한 이야기를 해보았습니다. 자연스럽게 서술형 평가에 대해 이런저런 이야기를 나누게 되었습니다. 다양한 체험학습, 토론형 수업, 현장학습과 그 시기에 적절한 수업이 존재하려면 획일적인 평가는 지양되고 변화하는 수업에 따라 평가도 변하는 것이 당연하다고 입을 모아 이야기했습니다. 서술형 평가에서 꼭 점수화해야 하는지에 대한 의문도 나왔습니다. 우리 교육감님은 처음부터 초등학교에서는 평가(일제평가)를 하지 않아도 되지 않느냐는 말씀을 하셨다는 이야기도 나왔습니다. 중간과 기말 평가에 대한 고민을 한 번 더 해봐야겠습니다.

- 학력은 기초 지식이다, 창의력이다, 창의력은 요구가 아니라 허락하는 것이다, 자기가 원하는 삶을 살아가는 데 필요한 능력이다, 문제 해결력이다, 자기주도적 학습력이다, 더불어 살아가는 능력이다, 배우는 힘이다, 리더십이다, 소통하고 조정하는 능력이다, 관심 분야에 집중하는 힘이다, 자기 색깔을 표현하는 능력이다, 등의 이야기를 더 나누었습니다.

- 우리는 생각하는 대로 사는 게 아니라 사는 대로 생각한다는 말도 나왔습니다. 이것을 바꾸는 게 모여서 토론하는 것인데, 그중에 독서토론이 정말 힘이 있고 우리에게 변화를 줄 수 있다는 이야기를 했습니다. 내 안의 나를 바꾸려는 노력, 나 자신의 변화를 가져오려는 노력 속에 자신의 자존감을 찾고 삶의 기쁨과 행복을 찾을 수 있다는 이야기도 나왔습니다.

- 책을 읽지 않으면 대화의 질이 떨어진다는 이야기를 하면서 우리 자신의 변화, 학교의 변화를 위해 독서토론이 중요하다는 데 의견을 모았습니다. 특히 혁신학교 컨설팅에서 제일 강조하는 게 독서토론이라고도 했습니다.

- 책을 읽고 토론하며 주변 동료와 이야기의 실마리를 만들고 우리는 어떻게 생각하고 행동할지, 나는 어떻게 생각하고 행동할지 고민했습니다.

업무경감을 위한 노력
교육활동 중심의 학교를 만들자

행정업무 제로화

왜 학교는 아이들과 관계 맺고 가르치는 일에 집중하지 못할까? 어떤 통계를 보면 일 년에 처리해야 하는 공문이 수천 건에 달한다는데, 왜 아이들을 가르치는 일 외에 그토록 많은 일이 생기는 것일까? 그 많은 공문은 대체 어디서 어떻게 생겨나는 것일까?

사실 따지고 보면 학교가 업무 중심 구조를 갖게 된 근본적인 이유는 교육부나 교육청이 주도하는 정책 사업이 많기 때문이다. 정책 사업은 통상적으로 매뉴얼과 예산을 주고 일정한 시기 동안 성과를 낼 것을 요구한다. 그리고 교육부나 교육청은 지도하고 점검하는 일을 한다. 학교는 예산을 받았으니 적어도 이런 저런 성과를 내야 하고, 문서로나마 실적을 남겨야 하기 때문에 상당한 업무가 생긴다.

왜 업무경감이 중요한가? 그리고 왜 학교는 업무가 아니라 교육활동 중심의 운영 체제로 재구조해야 하는가? 이 물음에 대한 답은 긴말이 필요 없을 듯하다. 한 사람이 쓸 수 있는 시간과 에너지는 한계가 있기 마련이다. 교사들이 일과 중 업무에 너무 많은 시간과 에너지를 쓰느라 수업 준비에 소홀할 수밖에 없다는 하소연을 쏟아낸 것이 어제오늘 일이 아니다. 업무 처리에 많은 시간을 보내다 보면 수업 연구를할 시간도 부족하고, 무엇보다 아이들과 관계 맺고 소통할 시간이 부족해진다. 하물며 수업시간조차 할애하여 업무를 처리해야 하는 주요보직을 맡은 중견교사들은 어떻겠는가?

그래서 혁신학교를 통해 달성하고자 했던 중요 목표 중 하나가 바로업무경감, 즉 '행정업무 제로화'다. 그러기 위해서는 먼저 학교 안에서불요불급한 행사나 자체적으로 발생하는 업무를 덜어내는 일부터 해야 했다. 그것을 일컬어 우리는 '빼기' 또는 '덜어내기'라고 했다. 혁신학교는 어떤 일을 더하는 학교가 아니라 빼내고 덜어내는 일부터 시작하는 학교라는 뜻이다. 혁신학교는 일하는 학교, 예산이 많아서 업무가 늘어나는 학교라는 오해가 많았던 것도 이 때문이다.

업무분담 체제도 대폭 바꿀 것을 제안했다. 혁신학교를 통해 무인가더 많은 일을 하는 것이 아니라 본질에 집중하기 위해서 많은 비본질적인 일을 빼내고 덜어내야 한다는 점을 강조했다. 그럼에도 불구하고해마다 혁신학교 컨설팅이나 만족도 조사에서 느껴지는 업무경감에 대한 체감도는 다른 분야에 비해 늘 낮게 나타났다.

업무경감 문제는 먼저 업무에 대한 분석에서부터 접근해야 한다. 학교 업무는 교육활동과 직접적인 연관이 있는 것도 있지만 그렇지 않은 것도 있다. 통지표 작성이나 생활지도, 현장학습 계획 등과 같은 교육과정을 실현하기 위한 업무가 있고, 청소용품 구매나 정보 관련 업무, 비정규직 인력의 채용과 인건비 관리 업무, 교육청에서 내려오는 잡다한 공문서 처리 등 교육활동과 직접적인 연관이 없는 업무가 있다. 학교에 따라서는 업무를 이렇게 성격에 따라 둘로 나눈 다음, 교육활동과 직접적인 연관이 없는 업무는 교감과 교무부장, 교무실무사를 중심으로 처리하게 한다. 물론, 이 경우에도 구성원들의 집단지성을 발휘해야 한다. 업무경감도 교육과정의 재구성과 같이 새 학년이 시작되기 이전에 함께 토론하는 과정에서부터 의견을 모으고 학교를 재구조하는 노력 속에서 이루어질 수 있다.

교육활동과 직접 관련이 있는 업무도 우선 정리하고 불필요한 곁가지를 쳐내야 한다. 행사로 인한 업무가 많으므로 불필요한 행사는 과감하게 잘라내야 한다.

혁신학교 1년 차를 보내고 있는 다음 학교의 사례를 보면 도움이 될 것이다.

업무지원 체제 조직을 통한 학교혁신

우리 학교는 2014학년도에 혁신학교로 출범하면서 "학생, 수업이 기본이 되는 학교다운 학교 만들기"를 기본 운영 방향으로 정하여 추진하고 있다. 특색 있는 교육과정으로 관심받는 학교보다는 교사가 학생과 수업에 집중할 수 있는 학교로 조직을 개편하는 것이 우선이었다.

기존에는 부장 중심의 교무부, 연구부, 생활부, 방과후부의 4개 부서로 나누어 각 부서에 교사를 배정하여 업무를 처리했다. 부장 중심으로 업무를 처리했지만, 그래도 크고 작은 업무 처리로 담임교사들은 적지 않은 부담이 있었다.

그래서 교실에서 학생들과 수업에 집중할 수 있도록 우선 담임교사에게는 업무를 주지 않았다. 먼저 교사의 임무와 업무를 구분했다. 교사의 임무는 수업, 생활지도, 상담활동, 평가 등 교사만이 할 수 있는 기본적 교수활동이고, 업무는 공문처리, 행사기획, 물품구입 품의, 외부 강사 관리 등 교사가 아닌 직원도 할 수 있는 일이다.

우리는 교수학습팀, 업무지원팀, 행정지원팀으로 3개의 팀을 만들었다. 교수학습팀은 교사만 할 수 있는 임무를 수행하고, 업무지원팀은 누구나 할 수 있는 업무를 수행하고, 행정지원팀은 행정실에서 교육활동을 지원하는 업무를 맡는다.

교수학습팀은 12개의 학급 담임교사로 편성했고, 소그룹으로 학년군 단위 협의체를 구성했다. 교수학습팀에서는 기본적으로 학급 담임의 임무를 수행한다. 운영의 효율화를 위하여 학생들의 학습과 생활을 지원하는 학습부장과 생활부장을 두었다.

업무지원팀에는 교무부장을 포함한 전담교사, 보건교사, 특수교사, 교무실무사, 혁신학교 업무 도우미 등으로 구성하여 공문처리, 행사 기획, 기초통계 등의 업무를 한다.

이런 시스템에서 업무지원팀의 역할이 정말 중요했고 혁신학교 추진의 성패를 좌우할 수 있었다. 일부 구성원의 우려와 걱정이 없지 않았다. 새 학기가 시작되기 전인 2월부터 나름 많은 준비를 했지만 3월이 되면서 걱정은 현실이 되었고, 업무지원팀 교직원은 저녁과 주말에도 시간을 투자해야 할 정도였다. 3월 말 교직원 다모임에서는 업무지원팀이 너무 힘들어 다시 예전의 조직으로 돌아가자는 의견까지 나왔다. 하지만 수업을 위해서 감수해야 할 과정이라고 생각하여 좀 더 힘을 내보자고 합의를 보았다. 실제로 시간이 흘러갈수록 팀원들의 업무 파악과 팀원 간의 역할분담, 팀원 간 협력 등으로 체계가 잡히고 점차 안정되어 여유가 생겼다.

업무지원팀에서의 어려움과 달리 교수학습팀은 빠르게 적응했고, 3월 학생들이 학교생활에 적응하고 생활하는 데 어려움 없이 안정되었다. 학기 초 학생들 상담활동을 통한 생활지도가 내실 있게 운영되었고, 방과 후 수업 준비와 학급활동 준비에 집중할 수 있었다. 담임교사들은 그동안 업무에 투자한 시간을 학급과 학생에게 투자할 수 있어서 만족스럽고 더 책임감을 느낀다고 했다.

학급운영이 안정되면서 수업의 질이 높아지고, 평가에도 내실을 기하게 되었다. 7월에 복직한 교사의 말에 따르면 전에는 업무에 투자할 시간이 많아 수업 준비가 어려웠는데, 요즘은 충실히 준비할 수 있어서 수업하는 것이 즐겁다고 한다.

현재 우리 학교에서는 업무지원팀을 중심으로 학교운영을 하면서 학생과 수업에 집중할 수 있는 학교로 한 걸음, 한 걸음 나아가고 있다.

앞으로의 과제는 현 시스템을 현재의 조직원만이 아니라 누구나 할
수 있게 하기 위한 기본적인 틀을 만드는 것이다.

업무지원팀 운영이 아직은 어렵고 풀어야 할 숙제가 많지만 그래도
한번 시도해볼 만한 가치가 있고, 학교가 이렇게 되어야 한다는 신념
을 가지고 추진하고 있다.

전담 인력이 필요하다

● 　이처럼 학교가 스스로 행정업무를 줄이고 업무경감을 위한
조직 체계도 재구조하기 위해 노력해야 한다. 하지만 사실 이것만으로
는 한계가 있다. 그래서 혁신학교 초기에 업무경감을 지원하는 업무보
조인력 채용을 적극적으로 권장한 바 있다. 혁신학교 지원 예산 중 학
교마다 연간 2천만 원 이내에서 업무 도우미를 한시적으로 채용하도
록 했다. 교무실무사처럼 교무업무 도우미를 채용한 학교도 있지만,
학습 도우미나 사서 도우미, 상담 도우미 등 필요에 따라 구성원들이
합의해서 재량껏 보조인력을 채용하는 학교도 있었다. 지금은 이마저
도 무기계약직 전환 문제와 공무원 정원관리 문제로 인한 어려움을 겪
고 있지만 이를 통해 학교에서 교사들이 얼마나 큰 도움을 받았는지
다음 사례를 보면 알 수 있을 것이다.

- 저학년1, 2학년 학습 도우미 : 주당 15시간 미만으로 오전 수업시간에만 채용하고 선생님의 수업을 돕는 역할에서부터 각종 제출물 관리, 수업이 시작되었는데도 교실에 들어오지 않는 학생 관리 등 교사가 수업에 집중할 수 있도록 돕는 역할로 채용했는데, 선생님들이 이구동성으로 효과가 있었다고 한다.

  엄마 역할이 필요한 아이들을 돌봐 주어서 좋았다. 즉 화가 난 상태로 학교에 온 아이도 다독이고, 학교에 오는 길에 문방구에 눈이 팔려서 오지 않는 학생을 찾아 데려오고, 무엇보다도 수업을 할 수 없을 정도로 태도 형성이 안 된 아이들 옆에 앉아 하나하나 챙겨줄 수 있어서 좋았다.

- 도서관 사서 도우미 : 도서관에서 대출과 반납 업무만 하는 것이 아니라 도서관이 놀이터가 될 수 있게 하여 아이들이 수시로 드나들 수 있도록 했다. 그 밖에도 책 읽어주기, 독서캠프 진행 등 책과 관련된 일을 교사들과 협의하여 같이 진행했다.

경기도나 서울의 경우에는 모든 학교에 두세 명 정도의 교무실무사를 두고 있다고 한다. 전북의 경우에는 대부분의 학교에 교무실무사 한 명을 두고 있고, 2013년에야 30학급 이상의 학교에만 교무실무사 한 명을 더 배치하는 데에 그치고 있다.

사실 현실적으로 판단하건대, 현재의 관료제적 시스템에서 학교가 행정의 말단 기구처럼 기능하는 구조적인 문제를 해결하지 않는 한 교사들이 행정업무로부터 자유로울 수는 없을 것이다. 그럼에도 불구하고 학교가 가르치고 배우는 교육적 기능을 최대화하는 방법은 학교 내의 업무분담 체제를 전면 재구조하거나 업무 전담 인력을 증원 배치하는 길뿐이다. 전자는 학교의 노력으로 어느 정도 가능하지만, 후자는 교육청이나 자치단체의 지원 없이는 불가능하다.

혁신학교 만족도 조사나 학교 효과성 측정에서 대부분의 학교가 업무경감에 대한 체감이 낮고 만족도가 떨어지는 이유를 좀 더 깊게 통찰할 필요가 있다고 생각한다. 나아가 이 문제의 해결에 대해서도 더 많은 사람이 머리를 맞대고 폭넓게 고민할 필요가 있다.

학부모와 함께 가기
진정한 파트너로 인정하자

학부모에게 학교를 열어라

●   전라북도 혁신학교 학부모들은 매우 조직적이고 건강하다. 현재 '전라북도혁신학교학부모협의회이하 학부모회'가 4년째 운영 중이다. 시군별 조직이 있고, 이 시군 조직의 대표들이 모여 학부모회의 운영위원회를 구성하고, 여기서 모든 의사결정을 한다. 도 단위에는 회장과 부회장을 보좌하는 사무국장과 조직국, 교육국 등의 집행부가 구성되어 일상적인 사업을 협의하고 집행한다. 매해 5~6월경에 총회를 소집하고 여기서 2년마다 회장을 선출한다. 현재 2대 회장이 2년 차 임기를 헌신적으로 보내고 있다.

매년 가을에는 학부모들이 주관하는 혁신학교 사례 발표회를 열고 지역별, 급별로 혁신학교 운영과 학부모 참여 사례를 나눈다. 방학 중에는 200명 이상이 참여하는 대규모 리더십 연수와 워크숍 등을 진행한다. 이미 서울, 경기, 전남 등 여러 시·도에서 전북의 혁신학교 학부모회를 벤치마킹했을 정도이고, 지금은 전국 혁신학교 학부모 네트워크가 만들어져 여기에도 주도적으로 참여하고 있다.

포털 사이트 다음DAUM에 '혁신학교! 아이들의 미래다'라는 카페도 운영 중인데, 회원 수가 670명에 이른다. 여기서 각종 연수나 회의 관련 정보를 공유하기도 하고, 각 지역과 학교의 행사 일정이나 내용, 성과도 공유하는 등 매우 활발하게 활동하고 있다. 스마트폰을 활용한 모임도 매우 활발하다. 160여 명에 이르는 도 단위 밴드 모임뿐만 아니라 각 시군 지역에서도 별도로 모임을 만들어 정보를 공유하고 활발하게 소통하고 있다. 이러한 과정을 통해 학부모회 조직이 건강성을 유지하면서 구성원들이 엄청나게 빠른 속도로 성장하고 있다.

학부모회는 어려움 속에서 출발하여 지금은 그 토대가 매우 굳건하다. 2010년 하반기에 도의회 교육상임위원회에서 혁신학교 예산을 삭감하자, 그해 처음 지정되어 2011년 운영 예정인 20개 혁신학교의 학부모 대표들이 도의회로 모여들어 대책을 논의하고 함께 행동한 것이 계기가 되었다. 예산을 요구하고 확보하기 위해 적극적으로 활동하면서 조직을 만들고 키운 것이다. 아이러니한 일이었다. 당시 교육위원회가 혁신학교 정책에 협조적이었더라면 혁신학교 학부모 협의회는 아예 생기지 않았을 수도 있고, 생겼더라도 일정 정도의 시간이 필요했을 것이다. 말하자면 위기가 기회를 만든 것이다.

지금은 각 시군 지역까지 자체적인 학부모회 활동도 매우 활발하다. 늘 모여서 협의하고 문제가 생기면 함께 대처한다. 지역의 특색에 맞는 사업도 벌이는데, 예컨대 지역 축제와 결합하여 홍보부스를 운영한다거나 지역사회와 함께 유학센터 등을 만들어 학생 유치를 위한 노력을 기울인다거나 지역 교육청과 함께 '학교혁신추진단'이나 '컨설팅단' 활동에 참여하기도 한다.

올해는 더욱 발전하여 혁신학교 학부모들이 주축이 되어 지역 교육신문을 발행하기도 하고, 교육협동조합을 만들어 지역 내 아이들을 위해 방과 후 학교를 '마을학교' 형태로 운영하기도 한다. 이런 협동조합 활동은 지역에서도 점점 더 활동의 폭과 깊이를 더해갈 뿐 아니라 다른 지역으로의 확산 가능성을 타진하고 있기도 하다. 학부모회의 이런 수준 높은 교육활동이 학교를 본질에 더욱 집중할 수 있게 해주는 동시에 학부모가 교육의 주체로, 지역의 마을 교육공동체를 함께 발전시켜 나가는 중심으로 우뚝 서고 있다.

진정한 파트너십

● 각 학교에서 이루어지는 학부모 활동 역시 정도의 차이는 있지만, 매우 의미 있는 교육활동으로 나타나고 있다. 그 비결은 학교가 먼저 학부모를 교육의 진정한 파트너로 인정하고 학교를 개방적으로

운영하는 데 있다고 생각한다. 학교가 열리기만 하면 학부모들은 매우 주체적으로 활동한다. 규모가 작은 학교에서는 학부모 다모임을 통해 학교의 중요한 활동에 의견을 제시하고 의사결정에 참여한다.

진안의 한 초등학교는 학부모들이 해마다 축제나 야영, 체육대회와 같은 행사를 스스로 기획하고 실행하고 평가한다. 이런 행사를 준비하고 정리하는 데 필요한 많은 시간과 업무를 학부모들이 기꺼이 분담함으로써 교사들이 교육과정과 수업에 집중할 시간과 에너지를 아낄 수 있게 해준다. 규모에 따라 참여 형태는 다를지라도 전북 대부분의 혁신학교는 이처럼 학부모가 학교운영의 주체로 참여하고 있다.

지금까지는 학교가 필요로 할 때만 매우 부분적이고 제한적으로 학부모에게 역할을 요구했다. 그리고 입시 중심의 왜곡된 교육환경이 '내 아이'만을 위하도록 학부모의 이기심을 자극했던 것도 부인할 수 없는 사실이다. 그러나 이젠 달라졌다. 혁신학교가 추구하는 학교운영 시스템에는 학부모를 교육의 당당한 주체로 인정하고 학부모들에게 학교를 기꺼이 개방하는 내용이 포함되어 있다. 더 나아가 지역사회와도 진정한 동반관계를 만들어나가고, 협력과 협치를 위해 한 걸음 더 나갈 것을 주문하고 있다.

학교가 학부모를 교육의 진정한 파트너로 인정하면 어떤 멋진 일이 생기는지 다음 사례를 보자.

방과 후 보육 문제를 해결하기 위해서 여러 번에 걸쳐 학부모 회의를 했습니다. 여러 가지 의견이 수렴되고, 이를 토대로 주산·암산과 가야금, 난타가 방과 후 프로그램 후보로 선정되었습니다. 혁신학교의 예산을 방과 후 프로그램에 쓰기는 싫었습니다. 아니 본질에서 어긋난다고 생각해서 되도록 학부모님들의 참여를 유도하는 방향으로 이끌어보기로 했습니다. 그래서 저는 3가지 방책을 제시했습니다.

첫째는 하책下策으로, 학교 본예산과 혁신학교 예산을 방과 후 프로그램에 몰아넣는 것. 둘째는 중책中策으로, 학교 예산으로 두 개의 프로그램을 운영하고, 학부모들의 봉사를 통해 한 개의 프로그램을 운영하는 것. 셋째는 상책上策으로, 학교 예산으로 한 개의 프로그램을 운영하고, 학부모들의 봉사활동으로 한 가지 프로그램 운영하고, 도교육청에서 실시하는 주민자치 예산제도를 추진하여 이를 통해서 학교와 학부모의 성장을 꾀해보자고 제안을 했습니다.

부족한 식견으로 상세한 설명을 마친 후 자리를 떴습니다. 한 시간 반이 다 되도록 학부모들은 자리를 뜨지 않고 열심히 토의를 하더군요. 점심 후, 학부모들에게 들은 내용은 충격적이었습니다. 학부모들한테서 나온 대책은, 상책도 중책도 하책도 아닌 최선책이었습니다. 모든 프로그램을 학부모님들의 봉사활동으로 하겠다는 것이었습니다.

프로그램이 필요한 요일이 수, 목, 금요일인데, 수요일과 금요일은 엄마들이 학교에 나와서 책 읽기와 보드게임 등으로 아이들을 돌봐주신다고 합니다. 목요일은 아빠들이 학교에 나와서 축구, 피구, 자전거 타기, 인라인 타기 등 운동을 함께 해주신다고 했습니다.

제 귀를 의심하지 않을 수 없었습니다. 움직일 것 같지 않던 학부모들이 드디어 움직인다는 생각에 정말 기쁜 마음과 함께 이런 과정에서 지금까지 학교가 범했던 오류와 실수에 대해서 많이 반성했습니다. 그동안 학부모들을 수단으로 대하고, 목적이 다 하면 찾지 않는 모습에서 많은 자괴감을 느껴왔음을 들을 수 있었고, 이런 불만을 모두 쏟아내고 나니 학교를 더 믿고 적극적으로 임할 수 있을 것 같다고 합니다. 지금 이 순간처럼 행복한 날은 없을 것 같습니다.

건강한 동반관계의 형성

● 이처럼 학교가 학부모를 믿고 학교운영의 주체로 받아들이기만 하면 학부모들은 집단지성을 발휘하고 교육 재능을 기부하기도 하고 교육활동에 참여하면서 교사들과 건강한 동반관계를 형성한다. 전북에서 이러한 경험은 이제 흔한 것이 되었다.

예컨대, 순창의 한 초등학교는 1기 혁신학교로 지금까지 4년 동안 학부모 대표들이 '행복학교추진단' 활동을 하고 있다. 교사와 학부모 동수로 구성된 이 TF팀은 정기적으로 만나 학교운영 방향을 협의하고 결정한다. 물론, 아이들의 행복한 배움과 성장이 늘 중심 주제인 것은 말할 것도 없다. 당연히 이 학교 학부모들의 교육 참여 활동은 매우 주체적이고 활발하다. 해마다 손수 감잎차를 만들어 아침 활동 시간에 아이들에게 차를 내려주거나, 아침마다 아이들에게 책을 읽어주거나 도서관을 활용한 수업을 하기도 하고, 방과 후 교육활동에도 활발하게 참여한다.

남원의 한 초등학교는 학부모들이 '학부모 서포터'로 활동한다. 저학년 학생들의 학습 결손 누적을 막기 위해 수업보조 교사로 무려 20명이 넘게 참여하고 있다. 농촌의 일손부족과 반복되는 바쁜 농사철 상황을 생각해보면 거의 불가능해 보이는 일인데도, 매년 '학부모 서포터' 활동을 이어가고 있다.

전주의 신흥 아파트 단지에 들어선 한 중학교는 엄마들이 중심이 되어 직접 '스쿨 폴리스'를 운영한다. '학교 한 바퀴'라는 프로그램으로 학교가 아파트에 둘러싸여 있고 담장이 없어 교사들의 힘만으로는 생활지도가 어렵다는 점을 고려한 활동이다. '엄마의 마음'으로 점심시간 무단 외출 학생을 지도하고, 학교 주변의 흡연이나 폭력 등의 문제를 예방하는 역할을 톡톡히 해왔다. 학부모가 '우리 모두의 아이'를 위해 스스로 '스쿨 폴리스'를 자처하고 나선 것이다.

배려 대상 아이들의 비율이 높은 한 중학교에서는 정기적으로 '주먹밥 데이' 행사를 펼쳤다. 아침을 먹지 못하는 학생이 많다는 사실을 알게 된 학부모들이 매월 한 번씩 자발적으로 모여 주먹밥을 만들어 교문에서 전교생에게 나눠준다. 엄마의 마음으로 모든 아이에게 "얘들아, 아침은 먹었니?"라고 속 깊은 정을 주는 행사다. 비단 배려 대상 아이들뿐만 아니라 원하는 모든 아이에게 주먹밥을 나눠준다.

아버지들은 학교에 결손 가정 아이가 많다는 점에 착안하여 매주 토요일 스포츠데이 활동으로 아빠가 없는 아이들과 함께 축구를 하기도 했다. 처음에 쑥스러워하던 남자아이들이 함께 뛰고 땀 흘리는 친구의 아버지를 '아빠'라 부르며 따르게 되었다는 후일담을 듣고 가슴이 먹먹했던 적이 있다.

　교사에게도, 학생들이나 학부모에게도 기피 대상 학교였던 이 학교 아이들은 졸업할 때 유난히 많이 운다. 그리고 '우리 학교', '우리 선생님', '우리 학교는 혁신학교'라는 자부심이 대단하다. 교사들은 매년 여름방학이나 겨울방학 때 사나흘씩 아이들을 데리고 독서캠프를 진행하는 전통을 만들어왔는데, 매번 졸업생들이 자원봉사자로 또는 후배들의 멘토로 참여하는 모습만 봐도 아이들의 학교에 대한 사랑과 자부심이 얼마나 대단한지를 알 수 있다. 그것도 전주에서 어렵고 힘든 아이가 가장 많은 학교인데도 말이다.

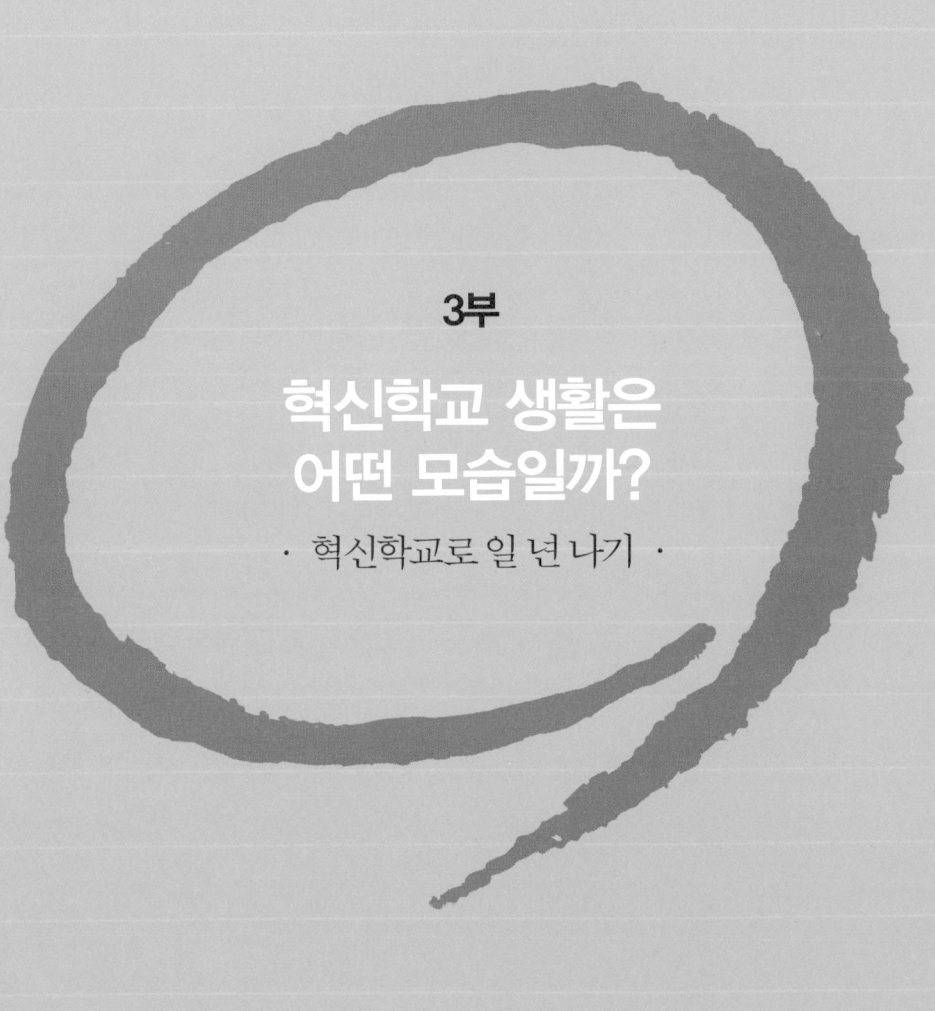

3부

혁신학교 생활은
어떤 모습일까?

· 혁신학교로 일 년 나기 ·

두 학교 이야기

앞에서 밝혔듯이 나는 혁신학교의 성과를 자랑하려고 이 책을 쓴 것이 아니다. 혁신학교를 통해 학교혁신을 꿈꾸는 교사들과 학교들을 위해 먼저 해본 경험을 가감 없이 나누고 싶어서 이 책을 썼다. 2부에서 혁신학교의 사례를 주제나 영역에 따라 부분적으로 제시했다. 3부에서는 혁신학교를 준비하는 과정부터 지정받은 이후 일 년 동안 학교가 어떤 모습이었고, 어떻게 성장하며 행복해지는지 생생하게 보여주고자 한다. 그래서 초등학교와 중학교 각 한 곳씩, 모두 두 학교의 사례를 소개한다.

먼저 소개할 학교는 구도심 재개발 예정 지역에 있는 어려운 여건의 초등학교다. 두 번째 소개할 학교는 시 외곽 저소득층 밀집지역의 기피 대상 1호였던 중학교다. 물론, 학교마다 상황이 다르고 여건도 모두 다르다. 그러니 이대로 따라 하기를 바라는 것은 절대 아니다. 다만, 가장 열악한 환경과 여건의 학교라도 이렇게 변화할 수 있다는 희망을 말하고 싶을 뿐이다. 그래서 누구나 처음 가보는 혁신학교의 길을 나서면서 겪었을, 또는 앞으로 겪게 될 일을 한 번쯤 들여다보게 하고 싶은 것이다.

그래서 이 두 학교의 이야기, 예컨대 처음 시작할 때의 두려움과 준비 부족, 혁신학교로 지정되고 난 후에 경험하게 되는 갈등과 상처 그리고 아픔을 극복하면서 깊어지는 새로운 교육과정과 학교문화, 구성원들의 성장과 변화, 뿌듯함과 보람에 이르기까지의 이야기를 통해 시행착오도 줄이고 학교를 더 잘 바꿀 지혜를 얻었으면 하는 마음이다. 교육청에서 일한 사람의 설명보다는 혁신학교 교사의 입장에서 보고 듣고 느끼고 실천하고 경험한 그대로를 보여주는 것이 좋겠다고 생각했다. 다만, 학교명과 필자는 밝히지 않기로 했다.

혁신학교는 설렘과 기대도 있고, 뿌듯함과 보람도 있다. 하지만 차이와 다름에서 오는 갈등과 상처, 시행착오도 분명히 존재한다. 나는 이것도 보여주고 싶다. 그래서 3부는 이 책의 가장 중요한 부분이기도 하다. 혁신학교를 준비하거나 궁금해하는 분들에게 도움이 되기를 바란다. 막연한 환상을 가지고 접근하기보다는 학교혁신을 위한 고된 작업에 필연적으로 따르는 어려움도 있을 수 있음을 간과하지 않기를 바라며, 그 뒤에 오는 교사들의 지극한 자존감과 행복감도 놓치지 않고 읽어내기를 바라는 간절한 염원도 들어 있다.

전라북도 혁신학교의 성장 과정을 들여다보며 얻은 결론이 하나 있다. 학교혁신의 길에 필연적으로 드러나는 생각의 차이, 갈등과 상처를 회피하거나 두려워할 필요가 없다는 것이다. 오히려 그걸 예상하고 자연스럽게 받아들일 필요가 있다는 점을 3부를 통해 말하고 싶었다. 그리고 그것을 인정하고 넘어서기 위한 노력의 과정이 우리를 성숙하게 만든다는 확신을 가져도 좋다고 자신 있게 말하고 싶다.

어떤 일은 상당한 시간과 노력이 필요하기도 하고, 어떤 사람은 활동가를 힘들고 지치게 하기도 한다. 하지만 이 과정 없이는 학교가 성장할 수도, 성숙해질 수도 없다. 차이와 갈등과 상처는 드러나야 하고, 그것을 치유하려는 노력 속에서 함께 성장하고 함께 손잡고 나아갈 때 비로소 가치 있고 의미 있는 '모든 사람을 위한' 혁신학교가 만들어질 수 있다. 그런 상처와 고통스러운 인내와 치유의 과정 없이 만들어지는 혁신학교는 사상누각이고 무늬만 혁신학교일 뿐, 결코 진정으로 행복한 혁신학교가 될 수 없다.

학교혁신의 길은 1~2년 안에 특정한 성과를 내고 완성되는 그런 '단기완성코스'가 아니다. 혁신학교를 시작한다는 것은 교육이 교육다워지고 학교가 학교다워지는 공교육 혁신의 장도長道에 나서는 일이다. 많은 인내심과 지구력과 에너지가 필요한 일이다. 그러니 신발 끈을 단단히 동여매고 나서야 한다. 여기 두 학교의 사례가 신발 끈을 동여매고 있는 후발 주자들에게 작으나마 도움이 되길 바란다.

환경이 열악한 학교의 눈부신 성장
한 초등학교의 이야기

진보 교육감의 탄생

●　벌써 4년 전이니 기억이 가물가물하다. 진보 교육감이 당선 되었다는 소식을 아침에 일어나 TV를 통해 알았고, 약간의 설렘과 흥분을 안고 출근했던 기억이 있다. 그런데 그걸로 끝이었다. 나와 그다지 큰 연관이 있어 보이지도 않았고 그때만 해도 나는 교육감보다는 아이들과 함께 책을 읽고 이야기 나누는 동화와 글쓰기에 관심이 있었다. 나는 아주 평범한 교사일 뿐이었다. 그렇게 7월이 갔다.

8월은 그랬다. 뜨거운 태양이 달구는 도심의 열기만큼이나 개혁에 대한 기대가 커지고 혁신학교라는 말도 심심찮게 들려왔다. 확실하지는 않으나 아마도 좋은 학교, 그동안 내가 좌충우돌하면서 만들고자 했던 그런 학교가 아닐까 하는 생각이 어렴풋이 들었다.

여기저기서 혁신학교에 대한 강연회와 토론회가 열렸다. 경기도가 혁신학교를 먼저 시작한 터라 자연스레 그곳에서 강사들이 내려왔다. 그중 나는 안승문 선생님 강연에 간 적이 있었는데 강연장을 꽉 메운 선생님들 때문에 에어컨이 무색했던 기억이 난다. 강연의 내용은 하나도 기억나지 않지만, 질문하던 선생님들의 진지한 표정은 지금도 선명하다.

진보 교육감의 탄생은 내게 그런 것이었다. 아무 생각 없던 내게 '그래도 무언가를 해볼까'하는 엄두를 내보도록 만들었고 왠지 무언가를 해야만 할 것 같은, 가만히 있으면 안 될 것만 같은 그런 중압감을 주는 정도의 의미였다. 그러나 그때까지도 혁신학교는 내가 해야 할 일이 아니었다. 아이들을 위해 좋을 것 같기는 하나, 그걸 덥석 물기에는 겁이 났다. 내가 아니더라도 누군가 나설 것이라는 생각이 더 컸다.

혁신학교, 한번 해보지 뭐!

● 9월이 끝나가는 어느 날 후배 교사가 찾아왔다. 우리도 혁신학교를 해봐야 하는 거 아니냐고, 그거 당연히 해야 하는 거 아니냐고 했다. 고민스러웠고 우리에게도 올 것이 왔구나 싶었다.

평소에 아끼는 후배였고, 같이 근무하고 싶어서 다른 학교에서 잘 지내고 있던 사람을 끌어온 죄가 있으니 못하겠다는 소리를 차마 할 수가 없었다. 그게 무엇인지 잘 알지도 못하는 상태에서 어떻게 준비해야 할지 막막했다. 그래도 혼자가 아니라 둘이라는 생각에 조금은 안심이 되었다.

혁신학교를 준비하기로 마음을 먹고 우리는 먼저 학년을 돌면서 선생님들을 만났다. 서너 명씩 학년 단위로 선생님들을 모아 놓고 혁신학교가 무엇인지 설명했다. 지금 생각하면 참 우습다. 나도 혁신학교가 무엇인지 잘 모르면서 확신에 찬 어조로 해보자고 선생님들을 졸라 댔으니 말이다.

아이들이 행복하고 업무보다는 수업이 우선인 학교, 무엇보다도 우리가 함께 의논해서 좋은 학교를 만들어보자고 했다. 교장 선생님이 시켜서 하는 거 이제 그만하고 아이들이 좋아하는 학교를 우리 손으로 함께 만들어보자고 했다. 그런데 사실 대부분의 선생님은 긍정도 부정도 하지 않은 채 속마음을 표현하지 않았다. 그래도 노골적으로 반대하지 않으니 고마웠다.

그 무렵 도교육청에서 혁신학교 공모를 앞두고 개최한 설명회에 교장 선생님과 함께 참석했다. 돌아오는 차 안에서 교장 선생님과 이야기를 나누었는데 꼭 혁신학교를 하면 좋겠다고 하셨다. 그런데 구체적인 이야기를 나누다 보니 우리가 생각하는 혁신학교와 교장 선생님이 생각하는 혁신학교가 많이 다르다는 것을 느꼈다. 어떻게 바꾸어야 할지 말씀하시는 걸 들으며 교장 선생님과의 관계를 어떻게 풀어가야 할지 고민이 되기 시작했다.

회의 방식 하나 바꾸기가 그렇게 어렵더라

● 　　설명회 다음 날 전체 직원회의를 열었다. 일주일에 한 번씩 열리는 통상적인 회의였다. 각 부에서 전달 사항을 이야기하고 나면 교감 선생님 말씀을 듣고, 교장 선생님 말씀을 듣는 그런 회의였다.

혁신학교를 해보자고 했으니 회의 방식부터 바꾸어야 한다고 생각했다. 그래서 그날은 전달하기보다는 선생님들에게 의견을 물었다. 행사에 관한 것이 주제였던 거 같다. 어떻게 하면 좋겠냐고 물었는데 아무도 대답하지 않았다. 회의를 진행하는 나는 등에서 진땀이 났다. 정적을 견디기 힘들 무렵, 왕언니로 통하던 선배 교사가 그런 거 뭣 하러 묻느냐고 했다. 계획대로 하면 된다고 결론을 내려버렸다. 그러고 나니 교감 선생님이 말씀을 하셨고, 이어서 교장 선생님이 말씀을 이어나갔다. 길고 긴 말 속에서 선생님들은 고개를 숙였고 회의를 진행하는 나는 속이 터졌다.

그날 집에 돌아가 곰곰이 생각했다. 그랬다. 그동안 협의라는 것을 해본 적이 없는 선생님에게 어느 날 갑자기 협의를 한다고 의견을 물으니 불편했을 것이고, 공식적인 자리에서 자신의 의견을 내본 적이 없는데 갑자기 그게 될까 싶었다. 그리고 선생님들이 의견을 내도 끝에 가서 교장 선생님이 결론을 내리는데, 무엇 때문에 협의를 하겠는가 하는 생각이 들었다.

그래서 그다음 회의에는 교장 선생님께서 먼저 하고 싶은 말을 하도록 했다. 그리고 교감 선생님이 말을 받았고, 그런 다음 안건을 던졌다. 하지만 결과는 마찬가지였다. 누구도 입을 열지 않았고, 지난번에 발언을 주도했던 선생님 한 분이 또 결론을 내려버렸다.

그날 나는 몇몇 친한 선생님을 모아 이야기를 나누었다. 왜 회의 시간에 의견을 이야기하지 않느냐고 물었다. 자기 생각을 말하기가 그렇게 어려우냐고도 물었다. 그동안 엄숙한 분위기에서 진행되는 전달 회의만 했는데, 말하기가 그리 쉬운 줄 아냐는 대답이 돌아왔다. 어떤 선생님은 자기는 새가슴이라며 회의할 때 말할 것은 막 생각이 나는데 가슴이 뛰어서 못 하겠더라고도 했다. 어차피 교장 선생님의 뜻대로 갈 텐데 굳이 말할 필요가 있느냐고도 했다.

딱딱한 회의 형식이 선생님들의 말을 가로막았을 것이고, 경험이 없기 때문에 그럴 수밖에 없었을 것이라는 결론을 내렸다.

회의는 소규모로 나누어서

● 　　　몇 번 더 시도해봤지만, 결과는 마찬가지였다. 교실에서 소규모로 모여서 이야기를 나눌 때는 잘만 말하던 선생님들이 교무실에 모이기만 하면 입을 열지 않았다. 선생님들의 전체 의견을 반영한 혁신학교 계획서를 만들어야 하는데 전체 회의에서는 불가능해 보였다. 그래서 각 학년 부장과 일반 부장 선생님들, 연령대별 선생님들을 모아 혁신 TF팀을 꾸리고 계획서에 담을 내용을 협의해나갔다.

혁신학교에 대해 대체로 동의하기는 했으나 여전히 반대하는 선생님들이 있었다. 드러내놓고 반대하지 않았지만, 회의 때마다 무거운 마음을 털어놓았다. 한꺼번에 무엇을 요구하지 말라고도 했고, 갑자기 혁신학교를 하려니 스트레스가 쌓인다며 하소연하기도 했다. 그래도 다행이었던 것은 '나는 혁신학교를 반대한다'라고 말하는 사람이 한 명도 없었다는 점이다. 아마도 계획서를 짜기 위해 함께 이야기를 나누면서 쌓인 인간적인 유대감이 작용하지 않았을까 싶다. 누군가 혼자서 계획서를 쓰고 통보했다면, 이런 암묵적인 동의를 얻어내는 것조차 불가능했을 것이다.

세 번에 걸친 회의 결과, 도심 속 열악한 지역에 위치한 우리 학교 아이들에게 가장 우선적으로 필요한 것은 돌봄과 배움이라는 점을 확인했다. 돌봄과 배움이라는 학교철학을 모토로 해서 혁신학교 운영계획서를 완성했고, 다른 선생님들과 공유하며 동의를 얻어 확정했다.

대규모 회의를 소규모로 나누어 둘러앉아 진행하니 그나마 회의다운 회의를 할 수 있었다.

혁신학교로 지정받다

● 　　혁신학교는 교사들만의 학교가 아니다. 혁신학교가 추구하는 중요한 가치 중의 하나는 학교를 학부모와 지역사회에 열고 함께 교육을 고민하고 실행하는 것이다.

혁신학교가 어떤 학교인지 운영위원들을 모아서 연수를 진행하고,

학부모 연수와 간담회를 열었다. 운영위원들과 학부모들은 예산이 들어오고, 아이들을 위해 교사들이 무언가를 한다고 하니 무조건 좋다는 반응을 보였다. 아무것도 따지지 않았다. 우리는 그렇게 혁신학교를 준비했다. 지나고 보니 아이들에게도 충분히 설명하고 의견을 물어 반영했다면 더 좋았겠다는 생각을 해본다. 혁신학교는 아이들과 교사들, 학부모와 지역사회의 요구와 이해가 함께 어우러지는 학교라는 것을 나중에서야 깨달았다.

2010년 11월 9일 오후, 선정 심사단이 학교에 왔다. 교장 선생님과 교감 선생님, 교사 3명, 운영위원장과 학부모 3명이 심층면담에 참여했다. 심사단은 왜 혁신학교를 하려고 하느냐고 물었고, 학교 상황에 대해서도 물었다. 여러 이야기가 오갔는데, 당시 연구부장이었던 5학년 부장 선생님이 했던 말을 생각하면 지금도 울컥하다. "우리 학교는 집보다 학교를 더 좋아하는 아이가 많다. 환경도 그렇고, 돌봄도 그렇다. 이렇게 힘든 아이들을 위해 해줄 수 있는 것이 무엇인지 고민했고, 그런 것을 혁신학교에 담아 열심히 해보고 싶다"라고 했다.

시작은 그랬다. 혁신학교가 구체적으로 무엇인지도 몰랐고, 무엇을 어떻게 해야 하는지도 몰랐다. 그저 우리 아이들을 위해 무엇인가를 해야 한다고 생각했다. 교육감이 바뀌면서 아이들이 행복한 학교, 가고 싶은 학교를 만든다고 하니 우리도 해보고 싶다는 생각이 간절했던 것 같다. 그런 진심이 통했던 걸까. 마침내 혁신학교로 지정을 받았고 교문과 학교 옆 사거리에 혁신학교 지정을 자축하는 플래카드를 걸 수 있었다.

여기서 부딪치고 저기서 부딪치고

●   혁신학교로 지정만 받으면 모든 게 순조롭게 진행될 줄 알았다. 민주적인 협의 문화도, 수업혁신도, 아이들의 생활도 변할 줄 알았다. 그런데 한 달이 채 지나기도 전에 환상이 깨졌다.

교장 선생님도, 교감 선생님도, 선생님들도 각기 다른 생각을 하고 있었다. 교장, 교감 선생님은 혁신학교로 지정받으면 프로그램을 운영하는 다른 사업처럼 뭔가를 새롭게 만들어 열심히 할 줄 알았는데 그렇지 않다고 선생님들을 비난했다. 선생님들은 성과를 재촉하는 모습의 관리자들을 못 견뎌 하며 좌절했다. 선생님들을 향한 불만을 토로하는 교장 선생님과 교장 선생님 때문에 혁신학교를 못 하겠다는 선생님들 사이에서 나는 늘 머리가 아팠다.

비난과 질책, 불평불만으로 3월 한 달이 지나갔다. 혁신학교를 하지 않았더라면 서로 상처받는 일 없이 관리자의 뜻대로 조용히 지나갔을지도 모른다. 그러나 혁신학교를 이제 막 시작한 우리 학교 구성원 모두는 여기저기서 부딪치고 깨지고 상처 나고 있었다.

게다가 문제는 교장 선생님과의 불통에만 있지 않았다. 어느 날 후배 교사 몇몇과 저녁 식사를 하는 자리에서 나에게도 그리고 선생님들 간에도 문제가 있음을 알게 되었다. 관리자와 교사들의 불통에 문제가 있다고 생각하고 어떻게든 해결해보려고 했던 나도, 선생님들끼리도 소통이 되지 않았다.

생각해보면 당연했다. 언제 한 번이라도 우리가 우리끼리 자발적으로 학교 안에서 교육을 고민한 적이 있었던가? 아이들을 중심에 놓고 진지한 협의와 토론을 해본 적이 있었던가? 스스로 협의해서 결정하고 실행해본 적이 있었던가? 위에서 하라는 대로, 지시하는 대로 학년과 업무를 배정받아서 열심히만 하면 되었는데 그게 아니라니 다들 혼란스러웠다.

소통의 돌파구, 교육과정운영평가회

● 돌파구가 필요했다. 관리자는 관리자대로, 교사들은 교사들대로 기대가 높았으나 기대가 높은 만큼 실망과 갈등도 많았다. 바쁜 3월의 문제를 해결하지도, 선생님들의 의견을 제대로 반영하지도, 관리자들이 원하는 학교를 만들지도 못했다.

도대체 문제가 무엇인지 진단을 위한 평가회가 필요하다는 의견이 있어 4월 첫 주에 3월 한 달을 평가해보는 교육과정운영평가회를 열기로 했다. 교장, 교감 선생님을 비롯하여 전체 교직원 30여 명이 모두 한자리에 모였다. 주로 학교 체계가 제대로 잡혀 있지 않고, 회의가 너무 많으며, 중구난방으로 학교가 운영되고 있다는 의견이 쏟아졌다. 선생님들의 이런 이야기를 모두 듣고 마지막에 교감 선생님과 교장 선생님이 이야기를 마무리했다.

모든 교사가 처음으로 모여서 협의회다운 협의회를 진행했다고 생각했는데, 그 자리에서 여러 차례 의견을 내놓았던 한 선생님은 주말

내내 마음이 불편했다고 했다. 그럴 필요 없다고 말은 했지만, 그 마음이 이해가 갔다. 그때까지만 해도 교사들이 자신의 의견을 표현하려면 특별한 용기가 필요했다.

다음 월요일에 회의록을 작성하여 교장실로 들고 갔다. 교장, 교감 선생님께 선생님들의 요구 사항을 다시 말씀드리고 학년 협의체 회의 시간 확보에 관해 의견을 나누었다. 우리는 4월을 그렇게 보냈다. 여전히 좌충우돌했지만, 더 이상 지시와 전달에 의한 행사나 교육과정을 운영하지는 않게 되었다.

갈등의 폭발, 5월 체육주간 행사

●   5월 체육주간 행사를 앞두고 거의 매주 회의를 했다. 맨 처음에 우리는 학부모 의견 수렴을 위해 학년 대표 학부모들을 모셨다. 평소와 달리 많은 엄마가 모였는데 대체 혁신학교에서 무엇을 하는지 무척 궁금했던 모양이다. 아이들이 앉아서 기다리지 않고 모두가 즐겁게 참여하는 행사를 하자는 데 의견을 모았고 엄마들은 흡족해하며 돌아갔다. 구체적인 행사 내용은 교사들한테 맡기기로 했다.

그 이후로 내용을 채우기 위한 회의가 학년마다 열렸고, 학년부장들끼리 모여서도 협의해나갔다. 결정된 내용은 이랬다. 체육주간 한 주 동안 학년별로 체육행사를 운영하되, 토요일 하루그때만 해도 모든 토요일을 쉬는 것은 아니었다를 정해서 강당과 운동장에서 체육 수업하듯이 진행하자. 즉 1~3학년은 강당에서 4~6학년은 운동장에서 한 시간씩 체육을 하고 나머지 시간에는 교실에서 각자 정한 활동을 하자고 의견을 모았다. 전체가 모여서 행사를 하려면 천막도 치고, 준비도 해야 하는데 차라리 그 에너지를 모아서 아이들에게 집중하자고 했다. 또 운동장이나 강당에서 구경하면서 기다리는 아이들이 없도록 해당된 시간만 강당과 운동장에서 진행하고 나머지는 교실에서 하자고 했다.

그런데 열띤 토론과 협의를 거친 이 기획안은 뜻하지 않게 교감 선생님한테서 제동이 걸렸다. 체육행사라면 달리기도 하고 모든 학생이 운동장에서 좋은 날을 맘껏 느끼고 신 나게 웃는 하루가 되어야 한다고, 이런 행사는 할 수 없다고 했다. 결정한 내용을 수정해야 하는 상황이 벌어졌다. 첫 회의부터 관리자와 함께 했더라면 이런 상황이 발생하지 않았을 텐데 하는 아쉬움이 많았다.

결국, 다시 회의가 열렸다. 교감 선생님의 참석을 부탁드렸지만 받아들여지지 않아 교사들끼리만 이야기를 나누었다. 중요한 원칙과 틀은 그대로였고, 한 시간을 제외한 나머지 시간을 어떻게 운영할지만 더 이야기를 나누었다. 미니 올림픽을 진행하겠다는 학년도 있었고, 모악산 자락에 있는 미술관을 관람하겠다는 학년도 있었다.

우여곡절 끝에 행사 안이 완성되었다. 물론 교장, 교감 선생님을 만족시키지는 못했다. 학부모들에게 설명하고 협조를 요청했는데, 교사들의 기획안에 모두 흡족해했다. 위에서 내려오는 행사가 아닌 협의를 통한 행사를 처음으로 기획한 선생님들의 얼굴엔 생기가 돌았다.

드디어 체육주간이 돌아왔다. 월요일부터 학교 구석구석이 들썩였다. 학년별 대항으로 긴 줄넘기를 하고, 달리기도 하고, 축구나 피구 같은 경기를 진행하는 등 운동장은 아이들의 함성으로 가득 찼다. 아이들의 행복한 함성을 들으며 나도 덩달아 즐겁고 행복했다.

체육주간 마지막 날은 강당과 운동장에서 행사를 진행했는데 4학년은 따로 모악산 자락에 있는 도립미술관으로 체험활동을 갔다. 해마다 하는 행사와는 달라도 너무 달랐다. 전체가 모여서 하는 행사가 없었고, 천막이나 개회식도 없었다. 학년별로 진행되는 행사장을 둘러보니 따로 노는 아이들, 소외된 아이들 없이 모두 함께 그 시간을 즐겼다. 협의에 의한 행사가 주는 의미가 이런 것이구나 싶었다.

그런데 아침부터 교감 선생님의 표정이 심상치 않았다. 행사 마지막 날이라는데 누구 하나 와서 설명하는 사람도 없고, 뭔가를 하기는 하는 것 같은데 도대체 어떻게 돌아가는지 모르겠다고 하셨다. 아차 싶었다. 부랴부랴 교감 선생님과 함께 교장실로 찾아갔다. 교장 선생님도 화가 나 있기는 마찬가지였다. 행사를 준비하고 진행하는 동안 끊임없이 갈등이 있었고, 겨우 기획안을 결재받아 진행하다 보니 교사들의 결정만 중요했고 교사들의 의견을 들어주지 않는 교장 선생님과 교감 선생님은 안중에 없었다는 생각이 들었다.

그날 아이들은 정말 행복했고, 학부모도 만족했다. 그러나 선생님들은 행사에 지친 얼굴로 수고했다는 말도 듣지 못한 채 교실로 들어갔고, 관리자는 선생님들한테 서운하고 화가 나서 마음의 문을 꽁꽁 닫아버렸다.

불통 해결의 열쇠, 돌아가며 말하기

● 　　체육주간 행사가 끝나자마자 4월 교육과정운영평가회를 열었다. 회의장에 들어서는 선생님들과 관리자 두 분의 얼굴이 모두 굳어 있었다.

과학의 달 행사, 보건의 날, 세금 교실 운영, 독서주간, 장애이해주간, 교통안전 교육 등 행사가 많았는데, 이러다 보니 정상적인 교육과정을 운영할 수가 없고 깊이도 없다는 이야기가 나왔다.

기타 행사에 관한 이야기는 말하고 싶은 사람이 하게 했으나, 체육주간 행사에 관해서는 전체가 돌아가며 말하기로 했다. 누구에게나 한 번의 발언 기회가 주어졌다. 교장, 교감 선생님도 마찬가지였다. 차례가 되어야만 말할 수 있었고, 차례가 지나가면 발언권이 없었다. 지난 회의에서 발언을 많이 했던 선생님의 스트레스 이야기를 들으며 고심 끝에 방법을 바꾼 것이다.

체육주간 행사에 대한 평가가 시작되자 선생님들은 행복했던 한 주간의 이야기를 쏟아냈다. 줄넘기를 하며 아이들이 어떻게 즐거워했는지, 친구들끼리 어떻게 협력했는지, 교사는 무엇을 했고, 어떤 점이 어려웠으며, 교사로서 어떤 보람을 느꼈는지 등등 교실과 학교 곳곳에서 있었던 일을 가감 없이 말했다.

퇴직을 2년 앞둔 1학년 선생님은 평생 이런 경험을 처음 해본다고, 아이들에게 흙장난이나 모래 던지기 등을 하지 말라는 말을 안 해서 좋았다고 했다. 그러면서 아쉬운 점도 이야기했다. 전체가 모여서 하는 기념행사와 간단한 준비운동도 필요하다고 말씀하시자 다른 선생님이 말을 받았다. 교장 선생님과 교감 선생님에 대한 배려가 부족했고, 학부모들을 구경만 하게 했는데 내년에는 함께하는 프로그램도 있으면 좋겠다고 했다.

교장 선생님과 교감 선생님도 서운했던 것을 단 한 번의 기회를 얻어 말씀하셨다. 그러나 이미 선생님들이 부족한 점을 이야기해서 그랬는지 서운함이 어느 정도 사라진 듯했다.

이 시간을 통해 전체 교사의 마음을 들여다볼 수 있었는데, 그러고 보니 그동안 한 번도 이런 기회가 없었다는 생각이 들었다. 보통의 경우 말하기를 좋아하거나 말하기에 두려움이 없는 선생님 위주로 회의가 진행되었던 것에 비해 전체가 돌아가면서 말을 하는 방식을 도입해 보니 늘 조용하기만 하던 선생님들의 생각도 들어볼 수 있어서 좋았다. 이제 갓 발령을 받은 새내기 선생님들이 얼굴을 붉히며 말할 때는 모두 빙그레 웃으며 그 선생님을 바라보기도 했다. 3시간이 넘는 긴 회의를 마쳤을 때 우리는 이미 불통을 걷어내고 소통의 길로 가고 있다는 것을 느낄 수 있었다.

5월 평가회도, 6월 평가회도, 그 후로도 쭉 이런 방법을 사용했다. 시간이 좀 걸리기는 했으나 서로 소통하는 데 가장 좋은 방법이라는 길 모두가 인정하고 활용하기로 했다.

수업혁신, 그 어려운 과정

● 　 3월 한 달을 정신없이 보내고 4월이 시작되니 뭔가를 해야 할 거 같았다. 회의 구조를 바꾸고 행사를 위한 협의를 진행하는 거 말고 수업에도 변화를 주어야 한다고 생각했다. 그런데 어떻게 해야 할지는 막막하기만 했다.

마침 지난 겨울방학 때 서근원 교수의 '아이 눈으로 수업 보기' 연수를 받은 선생님이 있었다. 그 선생님으로부터 일단 전달 연수를 받았다. 그리고 그걸 바탕으로 교사를 관찰하는 것이 아니라 벼리 아이 하나를 관찰하며 그 아이가 어떻게 배워나가는지 보는 방식으로 수업 공개와 협의를 진행해보기로 했다.

6학년 1반 선생님이 수업을 공개했다. 전체 교사가 참관하러 들어가서 한 아이를 집중적으로 관찰하며 그 아이의 행동을 기록했다. 수업 참관을 마치고 기록을 바탕으로 아이의 배움에 관해 이야기를 나누었다. 선생님들은 그동안 한 번도 경험해보지 못한 수업 연구에 관심과 흥미를 보였고 이야기를 나누는 내내 즐거워했다. 5월에도 이런 수업 연구를 진행하고 '아이 눈으로 수업 보기'를 먼저 진행한 삼우초등학교를 방문하여 같이 논의해보기로 의견을 모았다.

수업 공개를 진행하는 날 교장 선생님은 출장 중이었고, 교감 선생님이 참관을 했다. 내내 굳은 얼굴이었는데, 아마도 예전처럼 아이의 눈이 아닌 교사의 눈으로, 수업을 진행하는 선생님을 관찰했던 것 같고 수업 방식이 마음에 들지 않았던 것 같다. 수업 후 협의 시간에도 시종일관 굳은 표정으로 바라만 보더니 선생님들이 협의를 끝내자 연수를 주관했던 선생님을 붙잡고 긴 시간 이야기를 나누었다.

급기야 공개 수업이 있던 다음 날 시간을 달라고 하더니 수업컨설팅에 대해 한 시간 동안 연수를 진행했다. 그동안 숱하게 듣고 배웠던, 학습목표 진술은 어떻게 할 것이며, 수업을 어떻게 볼 것이며, 판서는 어떻게 할 것인지에 대해 가르쳤고 앞으로 수업 연구는 이렇게 해야 한다는 말을 덧붙였다. 불과 하루 전의 활발했던 분위기는 식어버렸고 교감 선생님의 일방적인 가르침 속에 선생님들은 고개를 숙여야 했다.

그 이후에 우리는 어느 하나를 결정하지 말고 다양한 연수를 받아보기로 했다. 연수원에서 주관하여 학교에 지원해주는 맞춤형 연수를 신청했다. 배움의 공동체 연수도 받았고, 비고츠키에 대한 연수도 받았고, 프레네 교육에 관한 연수도 받았다. 배움의 공동체에서 나온 수업 관찰 양식을 가지고도 수업을 진행했고, 프레네 교육 연수를 공동으로 받고 학급에 적용하기도 했고, 여러 가지를 시도했다.

학교문화나 시스템을 논의할 때와 달리 수업혁신 분야는 선생님마다 생각이 많이 달랐다. 같은 연수를 받아도 받아들이는 정도가 모두 달랐고, 교실에서 실행하는 정도도 달랐다. 비고츠키 연수를 받고 자신의 수업에 대입해보며 감동받는 선생님도 있었지만, 그렇지 않은 선생님도 있었다. 수업에 관한 한 모두가 전문가이고 나름대로 노하우가 있어서 자기 것을 내려놓기가 쉽지 않았던 것 같다.

경력 12년 차 선생님이 혁신학교 이야기를 나누는 프로그램에 출연하여 한 이야기가 의미심장했다. 사회자가 혁신학교에 근무하는 것이 힘드냐고 물었을 때 한 치의 망설임도 없이 그렇다고 했다. 무엇이 힘드냐고 묻자 "혁신학교는 시스템도, 문화도 모두 좋다. 업무도 다른 학교에 비해 많이 줄었고 수업에 전념할 수 있어서 좋다. 그런데 나를 바꿔야 한다. 내가 교사로 12년을 살아오면서 만들어놓은 노하우를 내려놓고 처음부터 새로 시작하는 기분으로 나를 바꾸는 것이 정말 힘들었다"고 했다.

수업이 그랬다. 그래서 선생님들은 선뜻 수업을 남에게 보여주기 힘들어했고, 수업에 관해서 이야기 나누는 것을 어려워했다. 이야기가 나오더라도 내 것을 내려놓지 않으니 남들과 함께 보조를 맞추기가 쉽지 않았다. 그래서 우리는 일 년 동안 다양한 연수를 그룹으로 받았고 그중 우리에게 가장 바람직한 것이 무엇일까 같이 고민하고 논의하자는 것까지만 마음을 맞추었다.

평가혁신, 수업혁신의 전제 조건

● 다양한 연수가 수업으로 이어지고, 수업에서 이루어진 것이 학년에서 논의되면서 선생님들이 공통으로 한 이야기가 평가에 관한 것이었다. 수업을 좀 바꿔보려고 하니 진도를 나가야 하고, 진도를 나가야 시험을 볼 수 있었다.

평가는 교사의 고유권한임에도 불구하고 혁신학교를 시작하던 2011

년도만 하더라도 도교육청에서 일괄적으로 실시하던 도학력평가가 있었다. 물론 그 시험은 보아도 그만, 안 보아도 그만이기는 했다. 강제 사항이 아니었고 선생님들의 편의를 생각해서 시험지를 보내주는 정도였다. 하지만 교육청에서 시험지를 주니 안 볼 수도 없다는 것이 선생님들의 생각이었다.

이렇게 일제히 보는 시험을 위해 정해진 시간 안에 진도를 마쳐야 했고, 교과서에 나온 것을 다 가르쳐야 했다. 부지런한 선생님들은 미리 진도를 마치고 복습에 복습을 하고 요점 정리도 해주고 시험지도 풀어줬으니 이런 상황에서 수업 방법을 바꾸는 것은 너무 어려웠다.

수업을 바꾸려면 평가 방법부터 개선해야 한다는 소리가 자연스럽게 흘러나왔다. 이런 선생님들의 요구를 받아 2학기 기말 평가에 서술형 평가를 도입했다. 학부모들의 반발을 염려해서 도학력평가도 실시했고, 국어와 수학, 예체능 과목에 한해서 서술형 평가를 했다. 서술형 평가를 하는 데 의의를 두고 문항 수나 문제는 학년 담임선생님들의 재량에 맡겼다. 학년별로 문제를 출제하고 같이 모여서 검토했다. 독서교육을 열심히 했던 5학년은 동화책에서 지문을 발췌하기도 했고, 나는 한 학기 미술 수업을 하면서 가장 재미있었던 활동과 이유, 그 활동을 통해 생각한 점, 배운 점 등을 쓰라는 문제를 냈다.

서술형 평가를 논의하면서 중점적으로 이야기했던 건 경쟁과 서열이었다. 시험이 끝나면 아이들은 점수를 알려주지 않아도 누가 1등인지, 누가 10등인지 등수를 매겼다. 등수는 아이들 생활 전체를 지배했고 모든 것이 시험 점수로 판가름이 났다. 그래서 우리는 서술형 평가

점수를 100점으로 맞추지 않고 과목별로 배점을 달리했다. 어떤 과목은 81점이 만점이고 어떤 과목은 35점이 만점이었다. 아예 점수가 없는 과목도 있었다.

시험지 채점은 동그라미와 코멘트만 달았다. 잘 쓴 아이도, 부족한 아이도 담임선생님이 의견을 적은 후 시험지를 나누어주고 아이들과 함께 이야기하는 시간을 가졌다. 그러고 나서 도학력평가 시험지와 서술형 평가 시험지를 묶어 가정으로 보내 학부모 의견을 받았다. 우려와는 달리 학부모 만족도는 매우 높았다. 새로운 시도에 대해 감사해했으며, 독서교육의 중요성에도 공감했다. 아이의 상태에 대한 진단 등 우리의 시도는 부모들로부터 전폭적인 지지를 받았다. 특히 선다형 평가에서 높은 점수를 받았던 아이 중에 서술형 문제를 잘 풀지 못했던 아이가 꽤 있었는데, 그 아이들의 부모들은 평가지를 보고 아이 교육에 대해 더 깊이 고민하게 되었다고 했다.

수업과 더불어 평가 문제는 선생님마다 의견이 많이 달랐다. 선다형 시험을 선호하는 교사도 있었고, 전면적인 서술형 평가를 주장하는 교사도 있었다. 의견이 다른 만큼 치열하게 토론했다. 일단 시도해보자는 선에서 마무리 짓고 일부 과목에서 서술형 평가를 실시했다.

우리 학교는 이런 학교야, 학교 축제를 열다

● 　　축제 이야기를 하려니 다시 가슴이 벅차오른다. 축제의 시작

은 7월부터였다. 1학기를 마무리하며 교육과정 워크숍을 열었는데, 해마다 열리는 학예회를 지역축제 식으로 열어보자는 의견이 나왔다. 그동안의 학교 이미지를 개선하고 우리 학교가 혁신학교라는 것을 지역에 알릴 필요가 있었고 더불어 아이들이 학교에 대한 자부심을 느끼게 하려면 이런 대규모 행사가 필요하다고 생각했다.

9월이 시작되면서 기획안을 짜고 몇 차례의 협의를 거친 끝에 10월 13일부터 3일간 축제를 열기로 했다. 공연 발표만 하던 것을 지역축제 개념으로 지역 사회단체와 함께 진행하면서 학교를 지역의 중심으로 세워보기로 했다.

첫날은 운동장에서 시끌벅적하게 전야제를 하기로 했다. 새로운 것을 준비하지 말고 그동안 교육과정 안에서 한 것을 모아 공연하고 지역주민 공연도 올리기로 했다. 둘째 날은 학생들을 위한 다양한 체험 부스를 운영하고 오후엔 인형극단을 초청해서 인형극을 관람하고, 셋째 날에는 모두가 함께 어울릴 수 있는 체육행사와 학부모들이 운영하는 바자회를 열기로 했다.

축제 첫날, 다행히 날이 맑았다. 각 반에서 만든 사진 플래카드를 학교 곳곳에 걸어 분위기를 띄우고 현관에는 동아리 활동의 결과물을 전시했다. 학교를 방문하는 사람들이 써서 붙일 수 있게 큰 나무판을 포스트잇과 함께 준비했다. 오후에는 사물놀이 동아리가 지역을 돌며 축제를 홍보했다. 아이들이 어깨띠를 두르고 골목을 돌아다녔는데, 이 때문인지 저녁 공연에 지역주민이 많이 모였다. 동사무소와 연결하여 지역주민이 하고 있는 공연도 부르고 아이들이 좋아하는 비보이 공연도 진행했는데, 적극적인 홍보 덕인지 졸업생을 비롯하여 주민들까지 그야말로 대성황을 이루었다.

둘째 날 오전에는 체험부스를 운영하고 오후에는 인형극 공연과 참가 신청을 받아 '가족 골든벨'을 진행했다. 체험부스에는 교직원 전체가 참여하여 각자 가장 잘할 수 있는 것을 운영했는데, 30개의 체험부스 모두 아이들에게 큰 인기를 끌었다. 지역 홍보 차원으로 체험부스를 운동장에서 진행하기로 해서 천막까지 마련했지만, 비가 오는 바람에 운동장 대신 여러 교실을 활용할 수밖에 없었다. 결과적으로는 흙먼지 없이 진행할 수 있어 운동장보다는 교실에서 진행한 것이 더 좋았다는 평가가 나왔다.

셋째 날은 아이들이 운영하는 장터로 문을 열었다. 경제교육 차원에서 어린이 장터를 열고, 파는 아이들과 사는 아이들을 나누었는데 1학년 아이가 팔리지 않는 책을 들고 사달라고 애원하던 눈빛이 아직도 선명하다. 체육행사를 진행하는 한편에서는 엄마들이 준비한 바자회가 열렸다. 물건을 모으고, 음식을 준비해 팔면서 엄마들도 모처럼 마음이 하나가 되어 행복한 경험을 했다.

축제 기간 내내 나는 아이들에게 행복하냐고 물었다. 우리 학교 좋은 학교 맞느냐고 물었다. 아이들은 행복해했고 우리 학교 좋은 학교 맞다고 대답했다. 학부모들도 그동안 느끼지 못한 연대감을 느꼈다면서 교사들에게 한껏 신뢰를 보내주었다. 바자회를 준비하고 진행하면서 학부모들끼리도 돈독한 결속을 만들어낼 수 있었다며 뿌듯해 했다.

학교에 들어온 모든 사람의 능동적인 움직임은 3일 내내 모두의 가슴을 뜨겁게 달구었다. 학교 행사에서 실시간으로 쓰레기가 정리되는 걸 나는 처음 보았다. 아이들이 지나가고 나면 누가 말하지 않아도 쓰레기봉투를 들고 나서는 선생님들과 부모들을 보며 축제의 다른 측면을 보았다. 아이들은 이후에도 내내 축제 이야기를 꺼내면서 '우리 학교는 이런 학교야!'라고 자랑스러워했다.

우리 학교는 지역사회에 낙후된 학교, 변하지 않는 학교라는 낙인이 찍혀 있었고 아이들도 늘 주변의 다른 학교를 부러워했다. 혁신학교는 남에게 보이기 위한 특별한 프로그램을 운영하는 학교가 아니지만, 학교 이미지를 바꾸고, 아이들에게 우리 학교가 좋은 학교라는 생각을 심어주기 위한 이벤트가 필요했다. 프로그램이 너무 많고 인형극은 축제 때 하기에는 적당하지 않았다는 평가가 있긴 했지만, 우리의 축제는 대성공이었고 모든 구성원의 가슴에 깊은 감동을 남겼다.

'돌봄과 배움'에서 '존중과 협력'의 시대로, 학교철학과 가치 세우기

● 　　축제가 끝나고 시간은 참 빠르게도 흘러갔다. 11월로 접어들면서 수업과 평가, 교육과정에 대한 이야기가 흘러나왔다. 아이를 중심에 두고 수업을 진행하려면 어떻게 할 것인지에 대해 삼삼오오 토론이 이루어지고, 서술형 평가 시행에 관해 의견을 나누느라 회의가 자주 열렸다.

이 무렵부터 혁신학교를 시작하며 우리가 내세웠던 '돌봄과 배움'이 우리 학교의 철학이 되기에는 무언가 부족하다는 것을 서서히 인지하기 시작했다. 학교라면 당연히 아이들을 어루만지고 돌봐야 하고 진정한 의미의 공부를 하게 하는 것은 어쩌면 당연하다는 생각이 들었다. 상식과도 같은 이런 가치를 학교철학으로 내세우는 것이 맞지 않겠다는 생각이 들었다. 틈날 때마다 선생님들에게 내 생각을 말했다. 그리고 회의 때마다 우리 학교에 맞는 가치와 철학이 무엇인지에 대해 질문을 던졌다. 몇 차례 토론을 했지만 '이거다!'하고 정하기가 쉽지 않았다.

겨울방학과 짧은 2월을 보내고 봄방학을 시작한 바로 다음 날 우리는 2012년을 준비하는 시간을 가졌다. 이날 나는 집을 나서며 오늘만큼은 반드시 결정해야겠다는 각오를 다졌다. 방학 전에 이미 여러 차례 토론했던 터라 필요성이나 내용에 대해서는 모두 공감하고 있었다. 그것을 그릇에 담기만 하면 되었다.

먼저 혁신학교 1년을 평가했다. 평가를 바탕으로 생각을 모아보고 해야 할 일과 그 일을 뒷받침할 가치가 무엇인지를 찾아보기 위해서였다. 선생님들은 회의가 많아서 힘들었지만, 행복해하는 아이들을 보며 보람을 느낀 한 해였다고 입을 모았다. 새내기 선생님들은 많이 배웠다고 했고, 정년을 앞둔 선생님은 교직 생활 중 가장 보람 있는 한 해였다고, 고맙다는 말로 우리를 감동시켰다.

평가가 끝나고 우리만의 교육적 지향과 철학 만들기에 들어갔다. 아이들에게 꼭 필요한 게 무엇일까에 대해 이야기를 나누었고, 그중에서 우리 아이들에게 부족한 것이 무엇일까 생각을 모았다. 종이를 돌리며 선생님들의 생각을 적고 보태고 나누었다. 소그룹으로 나누어 토론을 진행하고 다시 전체가 모여 협의에 협의를 거듭했다.

오후가 되면서 서서히 윤곽이 나타나기 시작했고 마침내 '존중과 협력으로 함께 자라는 우리'라는 슬로건을 만들었다. 여기에 4가지 교육목표를 정하고, 지표를 찾고 뿌리와 줄기와 잎으로 포장하는 작업을 끝냈다. 그때나 지금이나 우리 학교 구성원이라면 누구에게나 익숙한 '존중과 협력', 이 두 개의 가치를 찾기 위해 오전 9시부터 오후 5시까지 이야기를 나누고 다듬고, 다시 이야기하기를 반복했다. '존중과 협력'은 새로울 것도 없고, 특별할 것도 없는, 삶을 살아가는 데 기본이 되는 아주 평범한 가치이지만, 살짝 스치기만 해도 고슴도치처럼 가시를 세우는 우리 아이들에게는 꼭 필요한 것이었다. 존중과 협력의 가치가 살아 숨 쉬는 학교, 존중과 협력으로 함께 행복하게 생활하는 학급, 그래서 존중과 협력이 몸에 밴 아이들의 삶을 꿈꾸었다.

교장 선생님이나 교감 선생님, 교무부장, 혹은 연구부장 혼자서도 이런 슬로건은 얼마든지 만들 수 있다. 그러나 한두 사람의 생각으로 만든 슬로건은 교육과정 문서의 머리를 장식하긴 하겠지만, 아무런 의미 공유도 없이 그저 책장 속에 처박히거나 공허한 구호로만 남게 된다. 하지만 여러 사람의 토론과 논의로 결정한 가치는 실천으로 옮겨진다.

2012년도 3월이 지나고 교육과정운영평가회를 진행할 때 우리가 정한 '존중과 협력'이라는 교육철학을 교실에서 어떻게 스며들게 했는지 이야기를 나눴다. 수업시간에 존중과 협력에 대해서 직접 가르치기, 학부모 상담 때 이야기 나누기, 모둠 활동을 할 때 서로 배려하고 존중하게 하기 등으로 지도한다는 선생님도 있었지만, 수업의 장면에서 몸으로 익히게 한다는 선생님도 있었다. 교사회의 때처럼 돌아가며 말하는 식으로 수업을 진행하는 선생님도 있었고 감정을 전달하는 대화법을 가르치는 선생님도 있었다.

그중 많은 선생님의 공감을 얻은 것은 5학년 선생님 셋이서 함께 진행한 수업이었다. 5학년 선생님들은 현장학습과 주제학습에 관해 이야기를 나누며 그동안 해온 교육방향에 대해 고민했다. 서로 의견이 다르더라도 함께 이야기를 나누는 것 자체가 협력과 배려의 시작으로 보고 아이들도 이야기를 주고받으며 생각을 확장해나가는 수업 방법을 적용하기로 했다.

한지 박물관으로 현장학습을 가기로 한 후 국어 시간에는 한지에 대한 글을 쓰고, 사회 시간에는 역사적 사건과 연결하고, 미술 시간에는 한지를 가지고 만들기를 하고, 체육 시간에는 한지로 제기를 만들어 차고, 음악 시간에는 한지와 관련된 노랫말로 가사 바꿔 부르기 등을 기획하고 진행했다. 이런 수업을 준비하는 과정에서 선생님들은 생각을 나누며 협력했고, 아이들은 수업과정에서 자연스럽게 존중하고 협력하는 태도를 몸에 익힐 수 있었다.

선생님들은 각자에게 맞는 방법으로 우리가 함께 정한 지향점, 가치, 철학을 교육과정과 수업과 학급의 일상적인 생활에서 실천하고 평가했다. 이 과정에서 선생님과 아이들은 성장의 경험을 맛보았다. 그리고 철학과 가치가 바탕이 된 교육활동이 대한민국의 많은 학교가 겪고 있는 생활지도 문제를 해결하는 열쇠라는 것도 깨달았다.

혁신학교 일 년, 그 후

● 　　이 글을 쓰려고 조각조각 썼던 글을 꺼내 읽어보니 벌써 아주 오래전 일처럼 느껴졌다. 지금은 4년 전에 우리가 겪었던 그런 어려움을 겪는 학교는 거의 없다. 그만큼 전라북도는 학교혁신의 바람이 전체적으로 불었고 변화를 자연스럽게 받아들이는 분위기가 어느 정도 조성되었다.

혁신학교 일 년, 가장 먼저 나는 교장 선생님과 교감 선생님 두 분에 대해 말하고 싶다. 처음엔 정말 어려웠다. 선생님들과 모든 것이 맞지 않아서 힘들었다. 선생님들만 힘들었던 게 아니라 오히려 그분들이 더 힘들었을 거라는 생각이 한 학기가 지나 첫 여름방학을 맞이하고 여유가 좀 생길 무렵에서야 들기 시작했다.

30년이 넘는 교직 생활 동안 학교는 이래야 하고, 교장은 이래야 하고, 교감은 이렇게 해야 한다고 몸에 익혀온 것을 어느 날 갑자기 바꿔야 한다고 하니 그게 누군들 쉬웠을까 싶었다. 그걸 이해하고 나니 마음이 한결 편해졌다. 그래서 그 후엔 한 번 설명해드릴 것을 두 번 말씀드렸고, 함께 협의하는 시간을 늘리기 위해서 노력했다.

이런 과정을 통해 교장 선생님과 교감 선생님도 서서히 변하셨다.

당시 교감 선생님은 혁신학교에서 일 년을 보내고 나서 교장으로 승진 발령이 나셨는데, 새로 부임한 학교에서 일 년 동안 선생님들과 함께 혁신학교를 준비하여 결국 지정을 받았다. 교사들로부터 존경과 사랑을 듬뿍 받고 계시며, 정년을 연장해서라도 계속 근무하게 해달라고 학부모들이 청원하고 있다는 소식을 접하면서 많은 생각이 들었다.

교사는 누구나 좋은 교사가 되기를 꿈꾸며 그 꿈을 자기 방식대로 만들어간다. 교장, 교감 선생님들도 더 좋은 교사의 꿈을 꾸었을 것이고 그것을 나름의 방식으로 실행했을 것이다. 다만 그분들 시대에 교육과 학교의 구조나 시스템이 그랬을 것이고, 함께하기보다는 각기 실행했을 것이고 그게 굳어졌을 것이다. 하지만 결국 교육의 패러다임 전환이라는 시대사적인 변화와 큰 흐름을 보고 그게 맞다는 생각이 드는 순간이 오니 방향을 선회했을 것이다. 사람은 누구나 성장하고 변화할 수 있다는 희망을 그 이후로 놓치지 않고 있다.

2013년도에 전북교육정책연구소에서 혁신학교와 일반 학교 효과성을 비교했는데, 그에 따르면 일반 학교보다 혁신학교 교장의 직무만족도가 매우 높게 나타났다. 같은 혁신학교 안에서도 교사 그룹보다 교장 그룹의 만족도가 높았다. 교장 선생님, 교감 선생님과 함께 가기가 처음에는 무척 힘들었으나 시간이 지나면서 점차 차이를 극복하는 지혜를 얻게 되고, 행복한 학교를 만들어가기 위해 함께 노력한 결과가 아닌가 싶다.

지금 우리 학교의 모습은 이렇다. 교육과정 편성에서부터 실행까지 모든 것이 논의에서 출발한다. 행사를 진행하고 나면 정기적으로 평가회를 하고 다음 계획에 반영한다. 처음엔 말하기를 무척이나 어려워하고 두려워하던 선생님들도 지금은 쉽게 이야기하고 다른 사람의 의견을 듣는다. 교무회의의 이런 풍경은 교실로도 이어진다. 아이들에게 지시하고 가르치기보다는 늘 의견을 묻는다. 언젠가 교육과정운영평가회때 교무회의에서 익힌 민주적인 문화를 교실에 가서 실천하고 있다는 걸 어느 날 문득 깨달았다는 1학년 선생님의 말이 의미심장하다.

5학년에서는 지난 1학기 말에 연극 프로젝트 수업 결과를 발표했다. 이전부터 동아리에서 연극을 해왔는데, 올해는 아예 수업으로 끌어왔다. 2월에 교육과정을 편성하면서 국어과와 미술과 등을 연계하여 교육과정 재구성을 시도했고 연극 프로젝트 수업을 준비했다. 5월 말부터 시작된 프로젝트는 8주 동안 주당 4시간씩 편성하여 대본을 익히고, 소품을 만들고, 초대장을 만들어 소극장에서 공연했다.

학교 밖에서 상처받고 힘들어하는 아이들이 학교 안에서 상처를 치유하고 더불어 살아갈 기운을 얻어가는 그런 학교를 꿈꾸며 우리는 연극 프로젝트 수업을 준비했다. 2년 전, 수업을 거부하다가 교무실에 불려 와 책상에 머리를 찧으며 죽어버릴 거라고 소리 지르던, 겨우 초등학교 3학년 때 그랬던 그 아이가 이제는 무대에서 자신의 감정을 절세하며 쏟아내는 모습을 보며 학교가 아이들에게 어떤 곳이어야 하는가를 다시 돌아보았다. 연극 프로젝트 수업은 2학기에는 6학년에서 진행된다.

여전히 어렵기는 하지만, 수업 협의도 꾸준히 진행하고 있다. 선생님의 수업 기술을 보는 수업 공개에서 벗어나 아이들이 어떻게 배우고 깨치는지에 시선을 맞추고 아이들의 입장에서 수업을 보고, 수업 후 대화를 나눈다.

2011년도에 어설프게 시도했던 서술형 평가는 지금은 학급별, 학년별 평가 계획에 따라 상시평가를 진행한다. 아이들을 규정지으며 수업의 결과로 진행되던 중간고사와 기말고사는 6학년 기말고사를 제외하고 완전히 폐지했으며 담임선생님의 결정에 따라 필요할 때마다 평가를 한다. 평가 결과는 아이에 관해 학부모와 소통하는 수단으로 활용하며, 학부모와 소통한 내용을 다시 수업에 반영한다. 그만큼 아이들에 대한 평가 결과가 수업에 반영되어 수업이 깊어지고 있다.

2008년도에 발령을 받아 왔을 때 우리 학교는 대한민국의 많은 학교가 그렇듯이 아이들은 거칠었고, 학부모들은 늘 교장실에 와서 교사들의 교육활동에 대해 항의하며 소란을 피웠으며, 그 소란이 그대로 담임교사에게 전달되어 어떤 교사든 2년이 지나면 떠나고 싶어 했던 소외지역의 대표적인 기피학교였다.

외국에서 들어온 아이가 반에 섞이지 못해 친구들에게 불려 나가 으슥한 뒷골목에서 맞고 와도 누구 하나 교사에게 이야기해주지 않아 이틀이 지난 후에야 알게 되는 그런 류의 사건이 심심찮게 일어나는 학교였다. 소위 '잘 나간다'는 6학년 아이들이 교실 바닥이나 복도에 껌이나 침을 뱉다가 걸리면 "얘도 그랬어요, 얘도 그랬어요"라며 오히려 당당해하던 그런 아이가 많았던 학교였다.

그런 우리 학교가 지금은 완전히 변했다. 3년간의 학급자치와 학교자치 활동으로 자신을 스스로 돌볼 줄 알게 된 아이들은 자발적으로

꽃밭을 가꾸고 저희끼리 아이디어를 내어 협의하고 지역 사회단체와 함께 노인들을 위한 목욕봉사 활동을 하기도 한다.

혁신학교를 운영하면서 거둔 성과는 바로 이런 것이다. 학교 안에 민주주의가 바로 서고 그 속에서 아이들은 자연스럽게 자율과 책임을 배운다. 스스로 자신의 삶의 주인이 되고 다른 사람과의 차이를 이해하고 존중할 줄 알며 협력해서 함께 공부하고 문제를 해결해나가는 능력을 갖게 되었다.

매주 월요일 1교시는 학급자치 시간이다. 저학년 아이들은 주말에 있었던 이야기를 돌아가며 나누고, 고학년 아이들은 학급생활을 어떻게 할지 회의를 통해 결정한다. 전교어린이 회의에서는 학급에서 올라온 안건을 결정하기도 하지만 평화롭고 안전한 학교, 즐거운 학교생활을 위해 무엇을 할지 기획하고 실행한다. 식생활관에서 캠페인을 벌이기도 하고 예쁜 학교를 만들기 위해 화단을 만들어 꽃을 심기도 한다. 이런 활동을 통해 아이들은 공동체를 배우고 생활을 돌아보며 친구들과 경쟁하기보다는 협력하는 것을 배운다. 친구 간에 문제가 생기면 학급 안에서 어떻게 해결할지 협의하고 결정하는 과정을 통해 서로 관심을 가지게 되며 폭력문제도 자치 활동 안에서 자연스럽게 해결해나간다. 평화롭고 따뜻한 학교를 만드는 열쇠는 학급자치 활동, 나아가 학교자치 활동에서 자연스레 베어 나오는 것이 아닐까 싶다.

물론 지금도 어려움은 있고, 때로는 잘못된 방향으로 가기도 한다. 선생님이 놓친 틈을 타서 학급자치 시간에 뛰는 학생을 제어하는 방법으로 오리걸음을 친구들끼리 시켰다가 나중에서야 그게 잘못되었다는 것을 알기도 하고, 학생들 간에 다툼이 일어나기도 한다. 교사들도 수업과 평가에 대한 견해가 서로 많이 달라서 의견을 하나로 모으기가 힘들기도 하다. 그러나 중요한 것은 그것을 어떤 방식으로 해결해나 가는가이다. 우리 학교는 적어도 교사들도 아이들도 민주적이고 자주 적으로 집단지성을 통해 문제를 솔직하게 드러내고 그 해결책을 찾는 다. 그런 방법이 아이들에게 체화되어 현재의 삶으로 연결되고, 아이 들의 미래의 삶으로까지 이어질 것이라 확신한다.

앞으로도 해결해야 할 것이 많겠지만, 예전처럼 혼자서 끙끙대지 않 고 동료와 함께, 아이들과 함께, 부모와 함께, 지역주민과 함께 고민하 고 길을 찾아 나가는 것, 그것이 바로 우리 학교 선생님들 모두의 가치 이고 철학이다. 혁신학교는 우리에게 여전히 진행형이다.

'기피 대상 1호' 학교의 놀라운 변화
한 중학교의 이야기

혁신학교로 가는 길

●   경력 20년을 훌쩍 넘긴 초등학교 선생님의 하소연을 들은 적이 있다. 전주 시내 소위 잘나가는 아파트 단지에 자리 잡은 그 초등학교에서의 근무가 너무나도 견디기 힘들다는 것이다. 4학년인 반 아이들에게 건강을 위해 저녁 9시에 잠자리에 들라는 숙제를 내고 다음 날 확인했더니, 다들 엄마에게 침대에서 끌려 나와 밤 12시, 1시까지 수학문제에 영어단어 외우는 숙제를 하느라고 혼났다고 하더란다. 학업성취도평가 평균이 95점인 학교, 왜 이렇게 공부를 잘하느냐고 칭찬하면 서슴없이 "학원발이죠"라고 대답하는 아이들, 진도 빨리 빼서 복

습을 많이 해달라고 요구하는 학부모들. 이런 환경에서 아이들을 위해 할 수 있는 일이 아무것도 없는 처지가 괴롭다는 것이었다. 험난한 실습기간을 거쳐 '전문교사'가 되었는데 '무늬만 교사' 노릇을 하라는 것이었다.

이런 학교에 비하면 우리 학교는 펄떡펄떡 살아 움직이는 응급실 같은 곳이다. 날이면 날마다 안타깝고 생생한 현실이 학교를 찾아온다. 어제는 음악 선생님이 방과 후에 아이들을 남게 했다. 수업시간에 까다로운 음정을 이해하지 못한 아이들에게 보충을 해주려고 불렀을 때 한 아이가 집에 가야 한다고 졸랐다. 이유를 묻자 망설이다가 부모가 이혼해서 엄마가 서울로 떠나는데 마지막으로 봐야 한다고 속삭였다. 아이는 소리 없이 울고 선생님은 가슴이 먹먹해졌다.

드라마에나 나올 법한 일이 우리 학교에선 드물지 않다. '응급환자가 생사의 갈림길에서 살아 돌아올 가능성이 있는 최적의 시간'이 골든타임이라고 한다. 주저주저하면서도 마침내 쩍 벌어진 마음의 상처를 내보이는 이 아이들에게 우리는 골든타임을 놓치지 않고 어떤 처방과 치료를 해야 할까? 치유를 위해 정성을 다해도 때로는 그 고질병과 난치병 앞에 무릎을 꿇기도 하고, 고맙다는 말 대신 '당신 때문에' 내 아이를 망쳤다는 학부모의 원망에 마음을 다치기도 한다. 어쩌면 여기서부터 혁신학교로 가는 우리의 길이 시작되었는지도 모른다.

여기에 세 개의 글을 소개한다. 우리 학교 선생님 두 분과 한 학생이 쓴 글이다.

힘겨운 출발

혁신학교에 대한 논의가 시작된 지도 석 달째, 그동안 많은 일이 있었습니다. 여름방학 중이던 8월 중순, 몇몇 선생님이 모악산 유스호스텔에서 있었던 혁신학교 연수에 참가해 교육감님의 말씀을 듣고 혁신학교에 대한 굳은 의지를 확인했습니다. 무엇보다 교육의 본질로 돌아가 군더더기를 덜어내는 일부터 하겠다는 말씀에 공감했고, 초등학교를 중심으로 이미 몇 년 동안 진행해온 교육혁신의 사례를 듣고 감동했습니다. 많은 희생과 헌신이 필요하지 않을까 부담스럽고 불안한 마음이 들면서도 이상에 불과하다고 포기했던 행복한 교육이 어쩌면 실현 가능할지도 모른다는 희망으로 설레었습니다.

개학 후, 봄부터 진행해온 교사 독서모임에서도 혁신학교가 화두가 되었습니다. '도대체 혁신학교가 뭐야?'하는 기본적인 질문에서 시작해서 '우리 학교에서 과연 혁신학교가 가능할까?'까지 다양한 생각이 쏟아졌습니다. 처음엔 너무 거창한 이상이 아닌지, 엄청난 희생과 헌신을 요구하는 것은 아닌지 두려움과 염려가 많았지만, 지금의 학교 현실이 절망적이라는 점에 모두 동감하면서, 새로운 변화의 기회로써 '혁신학교'를 포기할 수 없다는 결론에 이르렀습니다. 격주로 해온 독서모임의 초점을 혁신학교에 집중하여 『우리 학교가 달라졌어요』를 읽고 토론하기로 했습니다.

혁신학교가 실현되기 위해서 또 하나의 중요한 역할을 해야 할 분이 교장 선생님이라고 생각하여 교무 선생님이 대표로 교장 선생님을 찾아가 교사들의 뜻을 전달했습니다. 교장 선생님은 뜻은 좋으나 쉽게 할 수 있는 일이 아니라서 자신이 없다면서 생각할 시간을 달라고 했습니다. 그러나 2주가 지나도록 아무 소식도 없는 중에 '혁신학교를 위한 맞춤형 연수'를 신청하라는 공문이 왔습니다. 더 이상 기다릴 수 없다고 판단하여 선생님들께 혁신학교에 대한 의견을 물었더니 많은 선생님이 우리 학교에 꼭 필요하다고 동조했습니다. 다시 대표 선생님들이 교장 선생님을 찾아갔습니다.

교장 선생님은 중점 사업으로 시행하고 있는 '사교육 없는 학교' 프로그램이 잘 진행되고 학부모들의 호응도 좋은데, 굳이 실천하기 어려운 혁신학교를 신청해서 겨우 기틀을 잡아놓은 학교 분위기를 망칠까 염려스럽다면서 부정적인 견해를 밝혔습니다. 또 연구학교와는 달리 전 교사의 협조 없이는 불가능한 사업이므로 어려울 것이라고 했습니다. 선생님들은 '사교육 없는 학교'가 많은 선생님의 헌신적인 노력으로 비교적 잘 진행되고 있지만, 더 중요한 것은 학교의 기본 교육과정이며 정규 수업의 부실한 내용을 방과 후 수업으로 보충하려는 것은 주객이 전도된 것이므로 혁신학교를 통해 정규 교육과정을 더 충실히 하자고 주장했습니다. 성적 향상을 위해 매진하는 것도 필요하지만, 교실에서 소외되는 성적부진 학생들에 대한 배려가 절실하다는 말도 했습니다. 또한, 혁신학교를 하든 하지 않든 그에 대한 논의를 전 교사가 함께하는 것은 의미 있는 일이라고 설득했습니다. 결국, 교장 선생님은 논의가 필요하다는 것을 인정하고 다음 날 아침 임시 직원회의를 열기로 했습니다.

이런 우여곡절 끝에 드디어 '혁신학교 운영계획'을 제출했습니다. 그동안의 여러 가지 어려움에 '이렇게까지 해서 꼭 혁신학교를 해야 하나?'하는 회의가 생기기도 했습니다. 밤늦게까지 이어지는 연수에 피곤하고 지친 선생님도 많았습니다. 논의 중에 드러난 선생님들의 다양한 입장에 따라 마음이 불편해지기도 했습니다.

하지만 괜찮습니다. 우리에게도 희망이 있기 때문입니다. 나날이 거칠어지며 욕구불만에 시달리는 아이들, 쉴 시간이 없을 정도로 늘어나는 업무, 빗발치는 학부모들의 아우성, 모두가 불행해하는 학교의 우울한 풍경. 이런 것들에서 빨리 벗어나고 싶은 생각뿐이었는데. 이제 우리가 꿈꾸는 학교를 우리 손으로 만들 기회가 열렸기 때문입니다. 방법은 달라도 아이들을 사랑하는 마음은 하나라는 것을 깨닫게 된 것도 마음을 푸근하게 합니다. 앞으로도 시행착오 속에서 의논에 의논을 거듭해야겠지만, 절대 실망하지 않을 것입니다.

학생들은 어떤 마음이었을까?

새로운 희망

집안 사정으로 서울에서 전주로 이사를 왔다. 모든 것이 낯설고, 앞으로 일어날 일이 두렵기만 했다. 이런 혼란스러운 상황에서 내가 다니게 된 학교는 다름 아닌 ○○중학교였다. 문제아가 많다, 학교 규모가 작다, 시설이 좋지 않다는 등 학교에 관한 소문은 좋지 않았다. 그래서 부모님은 다른 학교에 전학을 보내려 하셨지만, 자리가 있는 학교가 없었다.

등교 첫날, 나는 근거 없는 두려움에 가득 차 있었다. 하지만 곧 그 두려움은 그저 망상일 뿐이라는 걸 깨달았다. 처음 만난 친구들은 뜻밖에 호의적이었고, 선생님들도 정말 친절하게 대해주셨다. 나는 학교에 잘 적응할 수 있었고, 지금은 정말 행복한 학교생활을 하고 있다.

우리 학교는 혁신학교다. 혁신학교로 지정되면서 교실마다 전동 스크린에 프로젝터가 설치되는 등 시설이 차근차근 개선되고, 학생 위주의 'ㄷ자형 수업'으로 바뀌고, 무엇보다도 자기계발을 할 수 있는 동아리 활동이 활발해서 좋다.

우리 학교의 단점이자 장점은 학교가 작다는 것이다. 전교생이 300여 명에 불과하다. 학생 수가 적기 때문에 공부할 때 경쟁력이 떨어진다는 주장이 있지만, 작년에도 고등학교에 장학생으로 진학한 선배가 많고, 무엇보다도 경쟁력 없는 학교라고 생각했다면 3학년인 우리가 스스로 밤 9시까지 남아 공부하진 않을 것이다. 공부하고자 하는 의지만큼은 뒤처지지 않는다.

학생 수가 적어서 좋은 점도 많다. 혁신학교로 지정되기 전에도 그랬지만, 우리 학교만큼 선후배 관계가 좋은 학교는 없다. 선배와 후배가 친구 같고 형제 같다. 특히, 올해는 동아리 활동을 통해 더 각별해진 것 같다. 나는 치열한 오디션 끝에 밴드 동아리에 합격했을 때도 기뻤지만, 동아리 활동을 하며 친해진 후배들과 함께 기타를 연주하고 노래하는 시간이 정말 행복하다.

우리 학교의 자랑은 '독서교실'이다. 올 여름방학에도 열한 번째 독서교실이 열렸다. 혁신학교가 되면서 예산을 지원받아 독서교실 프로그램도 한층 더 좋아졌다. 책을 좋아하는 학생이라면 학년에 상관없이 누구든지 참가할 수 있다. 독서 골든벨, 인물 청문회, 독서 UCC 만들기, 작가와의 만남, 영화감상, 독서토론, 주제가 만들기 등 여러 가지 프로그램이 3일에 걸쳐 진행된다. 지도는 선생님들이 하시지만, 진행은 학생이 주도한다. 모둠을 짤 때도 선후배가 섞여서 생각을 자유롭게 공유할 수 있다는 점과 서로 협력해서 공부할 수 있다는 점이 정말 좋다. 그중에서도 가장 흥미진진한 시간은 '독서토론'이다. 토론을 하다 보면 논리력이 대단한 아이가 많다. 그런 후배들을 보면 자랑스럽고, 내가 이런 학교에 다닌다는 것에 자부심을 느낀다.

독서교실을 통해 학생들만 사이가 좋아지는 것은 아니다. 학생들과 선생님의 사이 또한 가까워진다. 물론 규모가 작다 보니 원래부터 학생과 선생님 사이의 정이 깊지만, 독서교실을 통해 더 두터워진다. 선생님들이 우리를 아들, 딸처럼 생각해주시고 좋은 것 하나라도 더 해주시려고 최선을 다하는 모습이 감동적이다. 우리가 이렇게 선생님들과 절친처럼 지내는 것도 우리 학교의 장점이다.

내가 서울에서 이 학교로 전학을 오게 된 것은 우연이었지만, 지나고 보니 엄청난 행운이었다. 비록 강당 하나 없는 작은 학교지만, 서울보다 훨씬 좋다. 그동안 학교에서 만들어온 추억이 더 소중하게 느껴지고, 친구들과 후배, 졸업하신 선배들 그리고 존경하는 신생님들께 고맙고 감사하다. 지금의 선배들처럼 나도 학교를 졸업하고 어른이 되었을 때 우리 학교가 계속 발전할 수 있도록 후원하고 싶다. 언제까지나 잊지 않고 찾아오고 싶은 학교, 그만큼 우리 학교는 나에게 특별하다.

앞의 학생의 글에도 나왔지만, 독서교실은 우리 학교의 자랑이다. 독서교실에 참여한 선생님의 이야기를 들어보자.

독서교실의 전설

우리 학교 독서교실이 다른 학교와 확연히 구별되는 또 다른 시스템은 독서교실이 진행되면서 점점 졸업생들이 결합하여 도우미로 활동한다는 것이다. 제8회 독서교실2009 겨울 독서교실부터 시작된 졸업생들의 결합은 아주 작은 데서 비롯되었다.

"선생님, 요구르트 배달도 좋으니까, 독서교실에 계속 참여하게 해주시면 안 될까요?"

여름 독서교실을 끝으로 더 이상 독서교실에 참여할 수 없게 된 3학년 학생이 툭 던진 이 한 마디가 도화선이 되었다.

"그래? 그거 좋겠는데?"

이듬해 겨울 독서교실부터 2명이 결합하고, 5명이 결합하고, 종국엔 서로 도우미를 자청하는 바람에 교사들은 행복한 고민에 휩싸이게 되었다. 이 많은 아이 중 누구를 독서교실 도우미로 간택한단 말인가? 우리는 졸업생 참가자를 8명으로 한정했다. 당해 졸업예정학생 4명3학년, 직전 졸업생고1 2명, 그전 졸업생고2 2명으로 한정하여 6명이 각 모둠에 배치되어 도우미로 활동하고, 2명은 전체 진행에 도우미로 참여한다.

2012년 여름 독서캠프! 그동안 도우미로 활동해온 졸업생들은 교사들을 대신하여 각 꼭지를 맡아 직접 독서교실을 진행했다. 사전 모임을 통해 주제를 정하고, 그것을 국어과 교사들과 협의하고, 자료를 수집하여 독서교실 주관 선생님께 보내 편집을 의뢰하고, 당일 진행까지 모든 과정을 졸업생들이 맡아서 한다. 교사들은 옆에서 지켜보고, 학생을 모집하고, 예산을 집행하고, 격려하는 몇 마디면 충분하다.

제11회 독서교실 때는 우리 학교 독서교실의 역사를 되짚어보는 시간을 갖기도 하였다. 1기부터 6기까지 그간 독서교실을 거쳐 간 선배들과 선생님들도 초청하여 그동안의 독서교실을 자축했다.

아이들의 독서교실에 대한 열정은 여전히 뜨겁고, 교사들의 만족도는 하늘을 찌를 듯하다. 전혀 힘들지 않다면 거짓말이다. 하지만 우리 아이들이 성장해나가는, 그것도 억지로 시켜서 하는 것이 아니라, 단지 판을 깔아주었을 뿐인데 진화, 발전해나가는 모습을 바라보는 마음은 그 어떤 기쁨에도 견줄 바가 아니다.

일상이 된 풍경, 수업공개와 협의회

● 　　한동안 EBS의 〈학교란 무엇인가?〉라는 다큐멘터리 프로그램이 화제였다. 좋은 내용으로 '한국방송대상'에서 대상까지 받았다고 한다. 2년 동안 국내외 교육현상을 밀착 취재하여 10부작을 완성한 정성욱 PD는 인터뷰에서 처음 취재를 나갔을 때 사회 분위기가 '학교가 도대체 뭘 할 수 있겠어?'하는 싸늘한 냉소와 불신뿐이었다고 말했다. 학교 현장은 생각보다 훨씬 심각했고 단순한 홍보가 아닌 이상 카메라

를 들고 교실에 들어가기조차 쉽지 않았다고 한다. 그럼에도 불구하고 취재를 끝냈을 때 학교에서 희망을 발견했다고 한다. 그 희망은 교실을 열고 수업을 공개한 교사들에게 있었다.

아무리 교권이 무너지고 교실이 붕괴되었다고 해도 학교는 대다수 아이에게 소중한 배움의 공간이다. 특히 전교생의 70%가 급식지원을 받아야 할 정도로 형편이 어려운 아이가 많은 우리 학교의 경우, 학교는 따뜻한 엄마 품과 같은 보살핌이 절실하게 필요한 곳이기도 하다. 그러나 그 어떤 보살핌이 제공될지라도 배움의 즐거움을 일깨워줄 수 없다면, 학교가 존재해야 할 이유도 없을 것이다.

이러한 고민을 해결하기 위해 선생님들은 그동안 많은 연수를 받았고 사토 마나부 교수가 주창한 '배움의 공동체' 교육철학에 깊이 공감하게 되었다. 학교는 모든 아이의 배울 권리를 보장하고 질 높은 수준의 배움에 도전하도록 해야 한다는 것이다. 어떤 아이도 배움에서 뒤처지지 않고, 소외되지 않고, 도주하지 않는 학교! 바로 우리 모두가 꿈꾸는 교육의 목표가 아니겠는가!

갈릴레오는 말했다. "당신은 그 어떤 것도 다른 사람에게 가르칠 수 없다. 단지 그 사람 스스로 찾아내고 배우도록 도와줄 수 있을 뿐이다." 배움의 공동체 수업에서는 교사의 '가르치는 기술'이 아니라 아이들의 '배움'에 초점을 맞춘다. 진정한 배움이 일어나려면, 우선 학생들이 잘 듣고 서로 돕고 마음껏 표현할 수 있도록 충분한 기회를 주고 학생들의 마음까지 읽을 수 있어야 한다. 조용하고 사려 깊은 태도로 아이들 하나하나를 따뜻하게 보살피며 아이들이 서로 존중하며 함께 배우기 위해 노력하는 분위기를 만드는 것도 중요하다.

그러나 이 일은 교사 개인의 힘으로는 할 수 없다. 아이들의 실상을 함께 관찰하고 반성하며 배우려면 수업공개가 필요하다. 하지만 공개 수업은 모든 교사가 피하고 싶어 하는 큰 부담이다. 보여주기 위해 준비하는 지도안, 극도의 긴장 속에서 진행되는 수업, 형식적인 협의회 모두 교사에게는 무거운 업무일 뿐이기 때문이다.

그래서 우리 학교는 준비된 수업이 아니라 일상의 수업을 공개하고 모든 교사가 아이들 모둠에 들어가 아이들과 같은 자세로 배우면서, 아이들이 무엇을 어떻게 배우는지, 무엇을 어려워하는지 함께 느끼려고 노력한다. 수업이 끝나면 수업에서 보고 배운 점과 아이들의 모습을 솔직하게 이야기하면서 감동을 나눈다. 동료 교사의 잘못을 지적하는 말은 없다. 좋은 점을 찾아 구체적으로 배우고 아이들의 활동과 표정을 통해 수업의 의미를 찾아가는 일이 훨씬 재미있고 보람 있기 때문이다. 수업을 진행한 교사는 수업을 촬영한 동영상을 보면서 다시한 번 자기 성찰의 기회를 가질 수 있다.

처음에는 두려움과 거부감을 가진 교사도 있었다. 그러나 공개수업과 협의회를 거듭할수록 선생님들의 표정은 밝아지고 아이들에 대한 이해도 깊어졌다. 공개수업 후 아이들이 훨씬 예뻐 보이고 동료 교사에 대한 존경심을 갖게 되었다는 선생님들의 증언이 이어졌다. 비디오 카메라가 앞뒤로 들어가고 전 선생님이 진지하게 참관하는 수업에서 아이들은 수업의 의미를 되새긴다. 수업을 방해하거나 무기력하던 아이들도 최선을 다해 참여하려는 모습을 보이며, 공개수업 후 여러 선생님의 칭찬을 받으면서 학습의욕이 커지고 수업 분위기가 좋아진다. 아이들은 "우리 반도 공개수업 해주세요"라고 요구하고 담임선생님들도 "우리 반 공개수업을 또 하면 좋겠어요"라고 말한다.

이제 공개수업과 협의회는 우리 학교의 가장 일상적인 풍경이 되었다. 21명의 선생님 중에서 정년을 앞둔 두 분을 제외하고 모든 선생님이 수업을 공개하고 협의회에 참여한다. 서로 다른 교과의 수업을 참관하면서 프로젝트 수업을 꿈꾸는 선생님도 생겼다. 각자 교육과정을 세밀하게 분석하여 내년에는 연관된 단원을 함께 가르쳐보자고 마음을 모은 선생님이 여러 명이다.

학교에는 여전히 많은 문제가 있다. 업무는 많고 아이들은 점점 거칠어지며 학부모들은 모든 책임을 학교에 묻는다. 날마다 밤 9시까지 방과 후 학교가 돌아가고, 방학도 휴일도 없을 정도로 각종 체험학습 프로그램을 운영하고, 밤낮없이 개별상담을 해도 싸우고 대드는 아이가 많다. 부모의 과보호와 학원 스트레스 때문에, 애정결핍과 경제적 빈곤 때문에, 친구가 없는 외로움 때문에…… 아이들은 오늘도 우울하다. 그런 아이들을 책임지고 가르쳐야 하는 교사들도 힘겹긴 마찬가지다.

하지만 이제 학교는 아이들만 배우는 곳이 아니다. 교사들도 서로 배우고 학생들을 가르치면서 함께 성장하는 곳이다. 어떤 어려움이나 시련에도 포기하지 않고 스스로 배움에 다가설 수 있도록 따뜻하게 격려하고 이끌어주는 관계가 교실에서 싹트고 있다. 배움을 통해 자존감을 회복하고 서로 믿고 의지하는 마음이 아름다운 학교로 거듭나기 위해 날마다 조금씩 앞으로 나아가고 있다.

혁신학교가 준 기회 '수업혁신'

2011년 2월 '혁신학교 핵심요원 심화연수'를 받으면서 배움의 공동체 수업을 처음 접했습니다. 혁신학교에서 가장 중요한 것은 학생이고, 학생이 학교에서 받을 수 있는 최고의 존중은 수업 안에서 존중받게 하는 것이란 생각이 들었습니다. 혁신학교가 무엇인지 제대로 설명도 못하지만, 행복하고 만족감이 큰 교사가 되어보고 싶어 무턱대고 바로 수업에 배움의 공동체를 적용해봤습니다. 중간중간 좌절도 여러 번 맛보고 우여곡절이 많았지만, 이제 아이들의 변화가 눈에 보이고 웃게 되는 나를 발견합니다.

학교의 가장 중요하고도 본질적인 기능은 수업일 것입니다. 그래서 우리 학교에서 혁신학교를 시작하면서 먼저 한 일은 수업을 바꾸는 데 뜻을 모으는 일이었습니다. 여러 가지 모델이 있었지만, 우리 상황에 맞는 접근으로 '배움의 공동체'를 택했습니다. 배움의 공동체 방식으로 수업하고 공개수업을 하고 또 협의회(컨설팅)까지 하며 수업의 변화를 위해 노력했습니다. 물론, 지금 우리가 완성 단계에 있다는 것은 결코 아닙니다. 우리 학교의 특수한 환경에 따른 한계가 있고, 수업에 대한 고민은 여전하고, 너 인징적인 적용을 위해 구성원 모두가 하나가 되어야 할 과제가 아직 많이 있습니다.

처음에 배움의 공동체 수업을 오해한 저는 'ㄷ'자 좌석배치나 점프문제가 있는 학습지라면 충분할 것이며, 아이들의 본능이라는 그 배움의 욕구를 충분히 이끌어낼 수 있을 것으로 생각했습니다. 연수 때 접했던 영상처럼 훌륭한 몰입이 있는 수업으로 이끌 수 있으리라 생각했습니다. 하지만 막상 시작해보니 자연스러운 것은 하나도 없었고 아이들 입에선 "왜 이렇게 해야만 해요? 목이 아파요. 더 떠들게 돼요. 그냥 하면 안 돼요? 얘는 도저히 말해도 몰라요" 등 끊임없는 불만이 터져 나왔습니다. 좌절감이 밀려왔을 때 선생님들은 다시 모이고 고민했습니다. 그리고 앞서 배움의 공동체 수업을 성공적으로 하고 있는 장곡중학교 선생님을 모시고 컨설팅을 받았으며, 아이들도 배움의 공동체에 대한 연수가 필요함을 절실히 느끼고 학생 연수 또한 진행했습니다. 그런데도 아이들은 수업에 몰입하지 못했고 저는 또 공허함을 느꼈습니다.

그런데 막상 공개수업을 하니 신기하게도 아이들이 달라지기 시작했습니다. 평소에 강조했던 수업 규칙을 자연스럽게 지켜가며 배려하고 배우는 것이었습니다. 또한, 협의회 때 선생님들이 관찰하시고 말씀해주시는 아이들의 모습은 감동이었습니다. 이런 기회가 아니면 발견할 수 없는 조용한 배움, 말로 표현하지 않으나 쓰면서 또는 슬쩍 보면서 일어나고 있는 무수한 배움, 끝까지 포기하지 않고 잡고 있는 아이들의 그 배움의 끈들이 보였습니다. 정말 행복한 감동이었습니다. 이것을 계기로 아이들을 보는 제 눈이 조금씩 바뀌기 시작했습니다. 그리고 한 명 한 명에게 소망을 두기 시작했습니다. '포기는 내가 먼저 했던 거구나'하는 생각이 들었습니다.

수업을 공개하고 협의회를 통해 감동을 느낀 선생님들은 별도의 협의회가 없어도 일상적으로 학습지와 점프에 관해 이야기하기 시작했습니다. 모둠에 대해 교과를 뛰어넘어 고민하고 수업에선 변화를 시도했습니다. 교실과 수업의 문을 여니 선생님들의 소통은 더 활발해졌으며 정말 자연스럽게 수업을 중심으로, 아이들을 중심으로 모이게 되었습니다. 그 안에서 아이들에 대한 감동이 공유되었고 이것은 서로 마음을 훈훈하게 만들고 힘들거나 지칠 때 일으켜주는 힘이 되었습니다. 이 힘은 학교의 다른 여러 일을 함께 이끌어가는 큰 힘이 됐습니다. 여전히 수업 공개에 부담을 느끼는 선생님들도 있습니다. 하지만 수업 공개가 수업자만의 성장이 아닌 참관 교사의 수업도 자극하고 개인의 성장과 성찰을 일으킨다는 것을 느끼기 시작하면 자연스럽게 그리고 자발적으로 열게 될 것입니다.

무엇보다 아이들의 변화는 놀랍고도 신기합니다. 처음 배움의 공동체 수업을 할 때 아이들의 모습은 실망 그 자체였습니다. 모둠으로 돌리니 금방 학습지를 해결하고 앞 친구와 쉽게 얘기합니다. 모둠 안 다른 친구는 고개 숙인 채 혼자만의 생각에 빠져 수업에서 도망가 버렸습니다. 우렁차게 외치는 나의 목소리는 대화에 깊이 빠진 아이들에게 잘 들리지도 않나 봅니다. '수학은 한계가 있지. 그래. 기초가 한참 안 되는 아이들인데. 같은 공간에서 수준별 수업을 해야 하는 거 아냐?' 고민의 수준이 아니라 거의 좌절 수준이었습니다.

학생 중심의 수업, 한 사람도 소외되지 않는 배움의 지향? 어떻게 해야 할지 막막했습니다. 하지만 공개수업 후에 갖는 협의회에서 아이들 한 명 한 명의 모습에 대한 칭찬을 들으며 변하기 시작했습니다.

선생님들이 어떤 점에서 감동했는지를 수업하신 선생님뿐 아니라 그 반을 들어가시는 교과 선생님들이 칭찬세례를 해주셨습니다. 칭찬은 누구나 듣기 좋은 말이겠거니 단순히 생각했는데 그 힘은 제가 생각했던 것보다 컸습니다. 아이들이 달라지기 시작했습니다.

칭찬받은 모습과 행동을 유지하려 노력했고, 그것이 담고 있는 의미를 이해하기 시작한 것 같았습니다. 또한, 그동안 소외되고 무기력하게 있던 아이들이 차츰 변화됐습니다. 수업시간에 자신의 질문에 대답해주고 친절히 설명해주는 선생님과 친구들로부터 존중받는 느낌을 받았기 때문입니다. 목소리를 내고 끝까지 자신의 속도로 학습과제를 해결하려 합니다. 자주는 아니지만 발표도 합니다. 참 놀랍지요. 물론, 아이들은 중간중간 무슨 주기가 있는 것처럼 수업 안에서 모였다 흩어지는 모습을 보였습니다. 어느 날엔 책을 집어 던지며 "XX 수학 안 해"하는 일도 있었습니다. 학교와 수업에서 다 해결하지 못하는 것은 아이들의 환경이 제각각이기 때문인 것 같습니다. 하지만 더디더라도 달라지고 있음을 봅니다. 지금은 기본적으로 선생님들과 마음이 통한 것은 '수업이 중요하다. 누구라도 이것을 멈추게 하면 안 된다'라는 것입니다. 제 생각으로는 수업 안에서 받는 존중감과 소통을 귀하게 여기게 된 것 같습니다.

여전히 학교에는 어려움과 문제가 있습니다. 교사가 어디까지 고민해야 하는지, 정말 수업만 생각하며 살 순 없는 것인지, 화가 나는 일도 많습니다. 그런데도 옆의 선생님들과 얼굴을 마주하며 이야기합니다. "내년이 정말 기대되지 않나요?"

제 수업의 변화가 누군가에게는 당연한 것인지도 모릅니다. 하지만 아이들의 변화와 제 마음과 관점의 변화, 희망, 믿음 이런 것을 생각하면 저는 지금의 상황이 놀랍기만 합니다. 그래서 괜히 웃기도 합니다. 배움의 공동체 수업이 유일하거나 전부라고 생각하지 않습니다. 또한, 혁신학교가 아니어도 이러한 일은 할 수 있습니다. 그러나 결코 혼자 또는 몇 명이 만들어낼 수 있는 변화는 아닙니다. 혁신학교여서 할 수 있었고, 선생님들의 뜻을 모을 수 있었기에 가능했습니다. 수업 혁신이야말로 혁신학교가 주는 가장 큰 선물이라고 믿습니다.

주제가 있는 교과통합 프로젝트 수업

●   살아있는 생명만큼 귀하고 아름다운 것이 또 있을까? 눈도 못 뜬 채 어미 품에 얼굴을 비벼대는 갓 태어난 강아지와 콘크리트 계단 틈에서 애처롭게 돋아난 풀 한 포기까지, 살아있다는 이유만으로 가슴이 뭉클해진다.

우리가 몸담고 있는 학교는 어떤 곳일까? 우리는 웃음이 넘쳐나는 행복한 학교를 꿈꾸지만, 현실은 만만치가 않다. 중학생의 인성이 나라의 걱정거리가 되었다. 남을 배려하기는커녕 책임감도 없고 분노조절도 안 되는 무서운 아이들이란다. 세계에서 가장 긴 시간 공부에 매달리지만 행복지수 최하위, 청소년 자살률 1위라니, 현대사회의 온갖 병폐를 함께 껴안고 가야 하는 학교의 운명이 무겁고 아프게 느껴진다.

그동안 많은 선생님이 걱정하고 아쉬워한 것도 바로 이러한 점이었다. 사건·사고가 생길 때마다, 정책이 바뀔 때마다 쏟아지는 공문의 홍수 속에서 뒷북치듯 시행해야 하는 각종 연수와 행사가 과연 아이들에게 어떤 교육적인 효과가 있을까 의문이다. '아이 하나를 키우기 위해서는 온 마을이 필요하다'라는 말처럼 학교의 교육과정도 행정 중심이 아니라 학생 중심으로 재구성되어야 한다는 점에서 선생님들이 마음을 모으게 되었다.

그 첫 시도로 황금만능주의 풍조가 만연한 세태에 생명을 존중하는 마음을 회복하는 것이 절실하다는 판단으로 '환경·생태주간1학기'과 '인성·인권주간2학기'을 운영해보기로 합의했다. 주제와 관련한 행사를 집중 배치하고 각 교과의 연관 단원을 재구성해 가르치면 아이들의 마음에 아름다운 인성이 깃들 수 있으리라! 아직은 어설프고 서툴지만, 씨를 뿌리는 마음으로 첫걸음을 내디뎌 보기로 했다.

가장 먼저 한 일은 선생님들이 모여서 무엇을 어떻게 할 것인지 의논하는 것이었다. 학년 초 교육계획을 짤 때부터 학년별·교과별로 관련 있는 단원을 재구성하는 작업이 필요했다. 우선 관련된 교과 내용을 살펴보면서 교과통합 프로젝트 수업을 시도해보기로 했다.

3, 4월의 교과 내용을 남겨두었다가 수업하거나 가을에 배울 내용을 앞당겨서 미리 수업하기도 하고, 이론 수업으로 그쳤던 내용에 실험이나 토론을 덧붙이기도 하고, 모둠 포스터를 만들어 전시하기도 하면서 보다 다양하고 풍부한 교육과정을 구현할 수 있었다. 1학년 국어과에서는 사서교사와 팀티칭으로 디베이트 기법을 이용하여 환경문제

에 대한 토론수업을 진행했는데, 학생들의 호응이 컸다. 2학년에서는 국어 시간에 인성 관련 단편소설 〈클라우스 포겔과 악동클럽〉을 읽고 노래 가사를 만든 다음, 음악 시간에 가락을 붙여 노래하도록 지도한 통합수업이 돋보였다. 3학년 역사 시간에는 조선 시대의 농사법을 체험하기 위해 가랑비 오는 날씨에도 호미로 이랑을 만들어보았으며 기술·가정 선생님은 학생들과 함께 EM효소를 이용한 세제를 직접 만들어서 실생활에서 쓸 수 있도록 안내했다.

평소 진행되는 공개수업 연간계획에 따라 1학년 국어과 토론수업을 전 교사가 참관하고 협의함으로써 생태수업의 기본철학을 공유했으며 1, 3학년 과학과 교생 공개수업 및 협의회를 통해 환경의 중요성을 체득하는 학생들의 모습을 확인할 수 있었다.

학생대의원회의는 각 주간의 주제에 맞는 학급자치회를 개최해서 학생들의 의견을 모아 토의사항을 실천하도록 추진했다. 특히 그동안 흐지부지했던 '쓰레기 분리수거'가 필요하다는 데에 의견을 모았고, 이 건의를 받아들여 각 학급에 쓰레기 분리수거함을 마련하여 종이, 플라스틱, 비닐, 캔 등을 재활용할 수 있게 했다. 학생들의 요구에 따라 학급별로 모종을 나누어주고 화분 가꾸기를 시작한 것도 좋았다. 환경부 주관으로 일회용품 줄이기 캠페인을 벌여 일주일 동안 일회용 컵이나 나무젓가락 등의 사용을 금지하고 개인용 컵 쓰기를 생활화하도록 했으며, 식생활관에서는 영양사 선생님이 잔반 줄이기 운동으로 점심시간에 음식을 남기지 않는 학생들을 기록하여 우수학급을 칭찬해주었다.

학생들이 가장 좋아한 행사는 생태체험이었다. 학급별로 생태해설사가 동행하여 길가에 핀 들꽃 한 송이에도 담긴 삶의 지혜와 우리 지역 자연환경의 역사 등을 재미있게 이야기로 풀어서 안내해준 점이 아이들에게는 인상적이었던 모양이다. 인성·인권주간 행사로는 장애인체험과 영화감상에 대한 반응이 폭발적이었다. 강당에 마련한 장애체험부스에서 아이들은 휠체어를 타거나 왼손으로 가위질을 하고 눈을 가린 채 더듬더듬 걸어보면서 장애인들이 얼마나 힘들게 생활하는지 온몸으로 느꼈다. 학생인권부에서 준비한 영화 〈나의 작은 영웅〉을 감상하고 다문화가정의 아픔을 이해하게 되었다는 아이들이 대견했다. 아이들은 내년에도 꼭 다시 해보고 싶은 프로그램으로 이런 행사를 추천했다.

봄에는 '극지방을 개발해야 할까, 보존해야 할까'를 주제로 전교생이 논술대회에 참가하여 글을 쓰고, 독서토론 동아리 '책상세' 아이들이 『돼지가 있는 교실』을 읽고 생명의 소중함에 대한 토론을 진행한 것도 기억에 남는다. 가을에는 『넌 자유롭니?』라는 책으로 독서 골든벨을 진행하면서 세계인권선언 30개 조항의 의미를 살펴본 것도 좋았다. 가을에는 축제와 연계하여 '욕해도 될까요?'를 주제로 학생대토론회를 개최할 예정이다. 여름 독서캠프에는 '자연을 교과서로'라는 주제로 환경과 관련한 다양한 독서활동을 했고 겨울방학에는 졸업생 멘토들이 참여해서 인성·인권 관련 독서교실을 운영할 계획이다.

행사와 특별수업으로 정신없이 바쁜 날이 지나갔다. 생각보다 반응이 좋은 프로그램도 있었지만, 기대에 못 미친 행사도 있었다. 학생 성장이 중심이 되는 '깊이 있는 교육과정'을 운영하고자 했지만 충분한 협의가 이루어지지 않아 비슷한 내용을 교과별로 반복하기도 하고, 잔반 남기지 않기 캠페인 덕분에 음식쓰레기가 획기적으로 줄었지만 아예 음식을 받아가지 않거나 몰래 버리는 아이들도 있어서 아쉬웠다. 선생님들과 아이들 모두 일주일은 너무 짧고 바빠서 적어도 한 달씩은 운영해야 충분한 효과가 있을 것 같다는 의견이 많았다. 무엇보다 짧은 기간의 행사로 끝나지 않고 생활에서 지속적으로 실천되고 학교의 일상에 늘 살아있도록 지키는 일이 가능할까, 걱정되기도 한다.

씨를 뿌려 새순이 돋아나니 반갑고 기쁘지만, 풀도 함께 생기는 것이 자연의 이치인 듯하다. 한 걸음 더 나아가기 위해 잠시 멈추어 서서 김매기를 해야 할 학교의 교육과정을 들여다본다.

달팽이 학교

기대 반 걱정 반이었던 '환경 · 생태주간 및 인성 · 인권주간'이 끝났지만, 그 여운은 계속되고 있다. 선생님들이 회의 시간에 개인 컵을 챙겨오고 아이들은 점심시간에 음식을 남기지 않으려고 노력하는 습관이 생겼다. 아이들의 시와 감상문이 전시된 게시판과 아이들이 그린 인성 · 인권 관련 4컷 만화 앞에 아이들이 옹기종기 모여 서로 감탄을 주고받는 모습이 어여쁘다.

무엇보다 감동적이었던 것은 흡연학생 지도를 위해 텃밭을 만든 일이다. 담임선생님들의 따뜻한 관심과 지속적인 지도에도 불구하고 일탈행위를 반복하는 아이들에게는 백약이 무효인 듯 보여 안타까웠다.

가정방문에 각종 상담 프로그램과 부모님 면담, 교내외 봉사활동에 등교정지까지, 학교에서 할 수 있는 거의 모든 방법을 동원하지만, 문제 상황은 되풀이된다.

담배를 피운 아이들의 지도를 위해 환경·생태주간을 경험한 선생님들이 '텃밭 만들기'를 제안했을 때 가장 큰 걱정거리는 땅이 없다는 것이었다. 아쉬운 대로 교문 옆 맨땅을 일궈보기로 했다. 담 아래 띠처럼 좁은 땅을 곡괭이와 삽으로 파 엎고 호미로 풀을 맸다. 맨손으로 자갈과 쓰레기를 골라내고 거름을 섞어 흙을 비벼야 할 때는 골을 내며 차라리 사회봉사를 보내달라고 아우성쳤다. 그런 녀석들에게 이랑을 만들어 제각각 밭을 정해주고 상추, 고추, 가지, 토마토, 고구마 등의 모를 심으라고 나눠주었더니 눈빛이 달라졌다. 처음부터 아이들과 함께 구슬땀을 흘리며 메마른 땅을 갈아엎고 풀을 매던 선생님들의 마음도 덩달아 환해졌다. 텃밭을 만들며 마음의 밭에서도 돌 같은 분노와 잡초 같은 상처를 뽑아내고 미래의 이랑을 일구어 꿈을 심는 아이들이 되기를 간절히 바라는 마음이었을 것이다.

엄마, 아빠들이 새벽부터 준비한 재료로 등교하는 아이들에게 즉석 주먹밥을 만들어주면서 내 아들딸처럼 따뜻하게 안아주는 프리허그 행사도 좋았다. 선생님들도 동참해서 가족의 정을 함께 나누었다. 작고 소박하지만 끈끈한 정으로 뭉친 우리 학교만의 힘이 느껴진다. '내 아이를 성공한 이기주의자로 키울 것인가, 행복한 리더로 키울 것인가?' 어느 교육학자가 이야기한 지점에서 부모님들이 내 아이, 네 아이를 가리지 않고 사랑으로 빚어주는 주먹밥을 먹으며 아이들은 서로 아끼고 배려하는 진정한 리더로 자랄 것이다.

메마른 땅도 정성껏 일구면 생명이 자라듯이, 열악한 가정 형편 속에서도 포기하지 않으면 꿈을 이룰 수 있다는 것을 아이들이 믿으면 좋겠다. 상추보다 토마토보다, 아니 그 어떤 생명보다 자신들이 더 귀하고 값지다는 것을 깨달으면 좋겠다.

모든 것이 느리고 더딘 달팽이 학교, 우리 학교의 모습은 아직 연둣빛 희망뿐이지만 우리 학교의 중심에는 아이들이 있다. 말로만 하는 학생 중심의 교육이 아니라, 아이들 하나하나를 중심에 놓고 고민하고 의논하면서 천천히 나아가고 있다. 여름 더위에 텃밭에서 고구마 밑이 실해지듯이 아이들 마음도 더욱 튼튼하고 건강해지기를 바라면서 설레는 마음으로 또 다른 한 걸음을 힘껏 내디뎌본다.

혁신학교에서 일 년을 보내며

● 　이번에는 혁신학교에서 일 년을 보낸 각 주체, 즉 교사, 학부모, 학생의 글을 하나씩 소개한다. 혁신학교 일 년 동안 그들은 무엇을 느꼈고, 어떻게 변했을까? 먼저 교사의 이야기부터 들어보자.

해마다 이맘때쯤 찬바람이 스치는 계절이 오면, '또 이렇게 일 년이 마무리되어 가는구나' 후련하고 시원하면서도 한편으로는 그의 몇 곱절은 더 섭섭하고 서운한 기분을 경험한 지도 올해로 3년째. 하지만

나는 여전히 아는 것보다는 모르는 것이 더 많고, 충분한 부분보다는 부족한 부분이 더 눈에 잘 띄고, 잘하는 일보다는 못하는 일투성이인 ○○중학교의 1년 차 새내기 교사이다.

올해도 이렇게 한 해를 마무리하려니, 이 학교에서 담임으로서 만난 28명의 아이와 수업을 비롯한 다양한 활동에서 만난 200여 명의 아이, 그리고 30명 남짓의 동료, 선배 선생님의 모습이 가장 먼저 떠오른다. 나와 이들이 함께 나눈 지난 일 년여의 시간은, 과연 무엇 때문에 그 어느 해보다 이토록 따뜻하고 선명한 추억으로 떠오르는 것일까. 아마도 그것은 '혁신학교'가 나에게 준 선물이 아닐까 싶다.

처음에는 '혁신학교'가 무엇인지, '혁신학교의 교사'로서 어떤 일을 해야 하는지에 대해서 궁금증과 호기심이 많았다. 하지만 도무지 감을 잡지 못하고 여느 해와 크게 다를 바 없이 바쁘고 정신없는, 2학년 담임으로 한 해를 맞이했다. 그러는 사이 가장 먼저 눈에 띈 것은 너무나도 열악한 가정 환경과 학습 환경 속의 아이들, 그로 인해 열정을 잃고 미래를 꿈꾸기조차 두려워하는 아이들이었다. 나는 현실에서 그들을 마주해야 했다. 그리고는 곧 '혁신학교'에 대한 궁금증과 호기심을 해결할 겨를도 없이, 그저 '아이들 만나기'에 여념이 없었다. 매일 조회와 수업, 종례를 통해 만난 아이들의 모습은 그야말로 누구 하나 평범하지 않은, 특별함 그 자체였다. 때로는 경험이 많지 않아 바라보는 눈길조차 서툴러서, 때로는 지극히 전형적인 교사의 눈으로 그들을 바라볼 수밖에 없었기 때문에, 아이들과 만나는 하루, 한 시간이 어렵고 힘들게만 느껴지던 어느 무렵 즈음이었을까.

나는 우리 학교 교사 독서토론 동아리 '띠앗'에서의 활동 중 선생님들의 안내로 잠시 잊고 있던 '혁신학교'에 대한 희망의 빛을 다시 접했다. 박현숙 선생님의 '배움의 공동체 수업' 연수와 경기도 장곡중학교, 호평중학교, 홍덕고등학교로의 견학, 학교로 찾아오는 현장지원 맞춤형 연수는 매번 교사로서의 '나'를 성찰하게 하며, 회를 거듭할수록 더욱 소중하고 의미 있는 시간이 되었다. 다양한 강의 주제와 내용도 좋았지만, 무엇보다 혁신학교의 밝은 미래에 대한 신념이 확고한 강사들의 강의가 참 매력적이었다.

그러면서 '배움의 공동체 수업' 방식을 나의 일상 수업에 적용해보려고 관심을 갖기 시작할 무렵, 선배 교사의 따뜻한 배려로 한 수업 안에서 가정 교과, 역사 교과, 독서활동이 함께 어우러지는 프로젝트형 수업을 진행·공개하는 큰 행운을 얻었다. 지금까지 기승전결이 확실한 틀 안에서 화려한 수업 기술을 적용한, 이른바 '완벽한 수업'을 동경했던 내가 아이들과 함께 만들어가는 일상의 수업 속에서 배움의 공동체 실현을 꿈꾸며, 수업에 대한 '완전히' 새로운 관점에 눈을 뜨게 된 결정적인 계기였다. 그뿐만 아니라 수업 공개의 성패에 연연하지 않고, 동료 선생님과 아이들에 대해 함께 고민하고 이야기하며 아이디어를 나누고, 함께 힘을 모아 하나의 주제를 향한 수업을 디디자인해본 것 자체가 정말 특별한 경험이자 감동적인 시간이었다. 그 후 매주 수요일 6교시를 통해 아이들에 대한 따뜻하고 사랑 넘치는 돌봄의 45분을 열어주시는 여러 선생님의 수업을 참관하면서, 나는 배움의 공동체 실현이 가능한 일상의 수업을 매일, 조금씩, 더 자신 있게 꿈꾸며 오늘에 이르렀다.

그리고 언제나 앞에서 이끌어주시고 뒤에서 밀어주시는 선배 선생님들과 늘 곁에서 함께 천천히 걸어주셨던 동료 선생님들, 어느새 수업 속에서 '진심'이 통하고 비로소 마음으로 '소통'할 수 있게 된, 변함없이 사랑스럽고 특별한 우리 아이들 덕분에 올 한 해도 처음 시작보다 한 걸음 더 내딛으며 마무리할 수 있었다.

한 가지 아쉬운 점은 '혁신학교'에 대한 여러 가지 궁금증과 호기심을 속 시원히 해결하지는 못했다는 것이다. 그만큼 내게 '혁신학교'는 여전히 어렵다. 당연히, 아직은 잘 모르겠다.

다만, 그것이 교사, 학생, 학부모, 한 사람 한 사람의 마음과 마음이 모인, 작은 한 걸음으로도 시작할 수 있는 그 무엇이라면, 적어도 교사인 내게는 올 한 해를 계기로 조금씩 '내 안의 혁신'이 시작되었다고, 그리고 이미 우리 학교 모두의 가슴에도 '혁신'이 시작되었고, 우리는 결코 서두르지 않지만 모두가 함께 꾸었던 '혁신학교'의 꿈은 분명 이루어지고 있다고, 감히, 조심스레 이야기할 수 있을 것 같다.

나는 혁신학교가 세간의 이목을 받음과 동시에, 당장 겉으로 보이는 모습만으로 종종 우려와 질타의 대상이 되는 현실이 너무나 안타깝다. 내가 경험한 '혁신학교'는 눈으로 볼 수 있는, 겉으로 드러나는 것 이상의 저력과 잠재력을 가진 학교이며, 분명 교사와 학생, 학부모 모두를 행복하게 하고, 함께 성장하게 하는 학교임이 분명하다.

잊지 않았으면 좋겠다. 우리는 모두, 지금 그 '과정'을 함께, 천천히 걷고 있음을. 고난과 시련의 벽을 만났을 때 더욱 강하게 손을 맞잡고,

서두름 없이 조용히, 그 벽을 오르는 저 굳건한 담쟁이 잎들처럼!

다음은 이미 우리 학교를 졸업한 큰아이와 재학 중인 둘째 아이를 둔 한 학부모의 글이다.

어느 날, 일과를 마치고 책상 앞에 앉아 큰아이가 졸업하고 둘째 딸아이가 재학 중인 ○○중학교를 가만히 떠올려보았다. 이름만으로도 가슴이 아림과 뿌듯함으로 가득 메워지고 나와 내 아이들이 함께한 추억의 시간이 하나둘씩 머릿속을 채운다.

큰아이가 처음 이 학교에 배정받은 날, 우리 둘은 끌어안고 엉엉 울었다. 보내고 싶지 않은 학교였기 때문이었다. 주위 엄마들로부터 주위들은 듣기 거북한 소문, 학업엔 전혀 도움이 안 된다는 이야기 등등 너무 많은 소문 때문에 '다른 학구로 이사까지 가야 하나?'라는 생각도 들었다. 하지만 큰아이가 마음을 추스르고 잘 다녀보겠다고 하는 말에 힘입어 ○○중학교를 보내게 되었다.

첫 학부모총회 때 본 학교의 겉모습은 실망 그 자체였다. 건물 분위기는 가라앉아 있었고, 생동감이라곤 보이지 않았다. 하지만 그날 내가 본 것은 정말 겉모습에 지나지 않았다는 걸 나중에 알았다. 다정다감하신 선생님들의 눈빛, 열정으로 가득 찬 목소리. 내 거정은 한낱 기우였음을 깨달았다. 큰아이도 며칠 다니더니 밝은 목소리로 "엄마, 우리 선생님, 정말 멋있는 선생님이셔"라고 말하며 즐겁게 학교생활을 시작했다.

아이가 초등학교 시절에는 걱정 반 기대 반으로 학부모회 활동에 참여했지만, 중학교에 보내고는 더 이상 학부모 활동을 하지 않으리라 마음먹었다. 그런데 학교에서 축제 때 엄마들의 참여도 필요하단 말을 듣고 한동안 갈등했다. 그러다가 축제 때만 잠시 도와주자는 마음으로 학부모회 활동을 시작했다.

학부모회 활동에 참여하면서 알게 된 것은 학생의 상당수가 형편이 열악하다는 점이었다. 학기 초 우리 학교의 독특한 전통이 하나 있다. 바로 가정방문! 내가 초등학교에 다녔을 당시에나 있었던 가정방문을 하는 것이다. 거부감마저 드는 단어였지만, 그 내막을 알고 나서 고개를 끄덕였다. 학생 한 명 한 명의 가정환경을 알아야 담임선생님들께서 어떻게 다가가고 지도하실지 알 수 있다는 것이었다. 아이들의 힘든 형편을 보고 눈물을 흘린 선생님이 많았다고 한다. 그걸 알게 된 학부모들의 마음도 같이 먹먹해질 수밖에 없었다. 그런 여러 이유로 우리 학부모회는 의기투합해야만 했다. 학교가 학부모를 필요로 하는 날이면 열일 마다치 않고 달려가기로 말이다.

큰아이가 3학년 때 혁신학교 1기로 선정이 되었다. 처음 혁신학교라는 단어를 접했을 때 대체 무엇을 어떻게 혁신한다는 것인지 이해도 되지 않았고, 별 기대도 하지 않았다. 혁신담당 선생님께서 설명해주셨지만 별다른 느낌이 없었다. 혁신학교 학부모들과의 첫 모임 때도 막연한 느낌만 들 뿐, 학부모가 할 수 있는 게 없을 것 같았다. 그러나 그 후 여러 차례 모임과 교육청의 컨설팅을 통해 우리가 해야 할 일이 점점 구체화되었다.

혁신학교 담당 장학사님들을 만날 때마다 우리 학교가 처한 상황을 이해시키고, 많은 관심을 가지고 환경개선에 투자해주시기를 말씀드리고, 아이들을 위해서 안팎으로 여러 활동을 해나갔다. 강당이 없어서 행사 때만 되면 외부의 도움을 받아야 했고 아이들이 원하는 많은 체험활동이 불가능했다. 아이들을 위해 무엇보다 강당이 절실히 필요했다. 추운 늦가을, 비 오는 날 운동장에서 열린, 눈물겹지만 열정적이고 행복했던 한마음축제를 교육청 관계자가 본 후, 마침내 강당 신축을 약속해주었다. 그 소식을 들은 날 선생님과 학생, 학부모들은 너무 행복해 모르는 사람이라도 붙잡고 자랑하고 싶은 심정이었다. 지금은 학교 뒤편에 당당하게 서 있는 자랑스러운 강당. 그곳에서 올해 처음으로 우리만의 축제를 했다.

자랑하고 싶은 학부모회 활동이 많지만, 특히 자랑하고 싶은 것은 아이들과 학부모, 선생님들을 하나로 꽁꽁 묶어준 하나의 이벤트, 바로 주먹밥 행사이다. 재작년 한 선생님께서 지나가는 말로 아침밥을 먹지 못하고 오는 아이들이 있다는 이야기를 듣고, 학부모회 활동으로 기획했던 것이다. 전날 장을 보고 새벽부터 일어나 챙겨온 재료로 즉석 주먹밥을 만들었다. 처음 행사를 했던 날, 아이들이 주먹밥을 받아가려 하지 않아 엄마들이 하나씩 챙겨주어야 했다. 쭈뼛거리며 받아가는 모습에 실망감도 있었지만 2회, 3회로 접어들면서 아이들이 스스럼없이 다가와 주먹밥을 가져가기도 하고, 창문 너머로 맛있다고 소리치기도 하고, 다른 학생들 것까지 챙겨갔다. 아이들에게는 주먹밥을 먹으면서 잠시나마 공부를 잊고 이야기를 나누는 즐거운 시간이었다.

아이들과 선생님들의 큰 호응에 힘입어 올해도 학부모회 활동의 주요 핵심으로 주먹밥 행사가 계속되었고, 작년에 이어 '아프리카 신생아 살리기 모자 뜨기' 재능기부 행사도 아이들과 학부모가 함께했다. 이런 활동은 다른 학교에 귀감이 될 수 있다 하여 작년에는 학부모회 우수사례에 뽑혀 우수상을 받기도 했다. 이제는 아이들이 먼저 기다리고 고대하는 행사가 되어서 학부모들이 얼마나 행복한지 모른다.

큰아이는 학교 때문에 두 번 울었다. 처음에는 배정받던 날, 두 번째는 졸업식 날이었다. 큰아이는 여러 동아리 활동과 체험, 선생님들의 관심과 사랑을 통해 그 또래에 있을 성장통을 다행히 크게 앓지 않고 잘 자랐다. 눈 깜짝할 사이 3년의 세월이 흘러 졸업하는 날, 일반 학교와는 너무 다른 졸업식에 감동했다. 초대된 내빈들의 인사말과 상장 수여가 전부인 졸업식이 아니라 졸업생 개개인의 3년간의 성장 과정을 동영상과 프로필로 보여주고, 선생님들의 목멘 축하공연, 졸업생들과 재학생들의 굿바이 공연이 있었으며, 마지막으로 교장 선생님을 비롯하여 모든 선생님께서 한 명 한 명 졸업생들을 포옹해주셨다. 졸업식이 무르익을수록 선생님과 졸업생들의 울음바다가 되었으며, 지켜보던 학부모들도 같이 울지 않을 수 없었다. 정든 학교를 떠나기 싫어서, 제자들을 떠나보내기 아쉬워 흘리는 눈물이 얼마나 아름답던지. 그때를 생각하면 지금도 눈시울이 붉어지며 가슴이 아려온다.

그 후로 둘째 아이도 동경해 마지않던 ○○중학교에 입학, 현재 2학년에 재학 중이다. 여전히 나도 학부모회 회원으로 활동한다. 학부모회 활동을 했던 5년의 세월이 나를 학부모가 아닌 부모의 마음으로 돌아가게 했다. 아이는 친구들을 싸워야 할 경쟁자가 아니라 같이 손잡고 나아가야 하는 또 다른 모습의 자신임을 알게 되었다.

아이들 일이라면 두 손 두 발 다 벗고 뛰어다니는 선생님들, 졸업식 때 떠나기 싫어 눈물짓던 아이들, 선생님들이 보고 싶어서 졸업 후에도 시간이 날 때마다 찾아오는 졸업생들, 하나라도 더 보탬이 되고자 눈 크게 뜨고 마음을 열어놓은 학부모들이 있는 학교, 그것이야말로 진정한 혁신학교의 모습이 아닐까 생각한다.

학교 일로 울고 웃었던 올 한 해도 저물어간다. 내 아이와 아름다운 추억을 쌓을 수 있어서 행복했고, 또 다른 추억을 만들어갈 기대감에 행복하다.

다음은 1학년 학생의 이야기이다.

웃음이 넘치는 우리 학교 이야기

20년쯤 된 우리 학교는 항상 즐겁고 오고 싶은 학교다. 입학하기 전까지는 소문 때문에 갈까 말까 많이 고민했다. 하지만 입학하고 난 뒤에는 다른 학교에 갔으면 큰일 날 뻔했다고 생각했다. 소문은 진짜 믿으면 안 된다는 걸 다시 한 번 깨달았다. 무엇보다 200명이 조금 넘는 학생 수 덕분에 모든 선생님께서 엄마처럼 편하고 친근하게 대해주신다. 또한, 입학하고 두세 번째 수업 때 이름을 다 외워서 한 사람 한 사람 이름을 불러주시는 선생님들께 감동했다. 한 사람의 이름을 외우는 것은 쉽지만, 75명 모두를 외운다는 건 어려운 일이 아닌가. 학생 한 명 한 명 보살펴주고 챙겨주면서 학교가 끝나도 개인적인 시간을 빼서 좋은 길로 가도록 도와주시는 선생님들께 많은 감사함을 느꼈다.

얼마 전에 생긴 깨끗한 식생활관과 시설 좋은 강당, 편안하고 따뜻한 학생카페까지 학교에 빨리 가고 싶은 생각이 든다. 특히 학생카페는 학생들이 편안히 쉴 곳이 없다고 자치의원들이 회의해서 만든 쉼터이다. 입구부터 아기자기하고 목공부 선배들이 직접 만든 의자와 탁자 같은 작품과 편히 쉴 수 있는 온돌마루에 방석과 베개까지 있어서 1학년들이 사용할 수 있는 월요일과 화요일이 기다려진다.

우리 학교는 '가장 중요한 건 수업'이라는 모토에 맞게 수요일에 항상 공개수업을 한다. 처음에는 6교시 정규수업이 끝나고 한 시간 더 남아서 공부해야 한다는 것에 불만을 느꼈다. 언제나 어느 학년 반이나 돌아가면서 꼭 한다는 말에, 그렇기 때문에 빨리 끝내준다는 말에, 우리는 수업 끝나고 놀러 가도 선생님들은 수업에 대해 회의하고 어떤 식으로 수업을 해야 할까 늦게까지 고민하시는 모습에 불만이 사라졌고 이제는 공개수업 하는 날이 기다려진다.

입학해서 신선했던 게 1학기에 하는 환경 · 생태주간과 2학기에 하는 인성 · 인권주간이었다. 환경생태주간에는 모든 교과가 환경에 관해서 수업하고 급식도 남기지 않고 전주식물원도 다녀오면서 1주일 동안 환경과 생태에 대해 다시 한 번 생각해보았다. 인성인권주간에는 학생들의 인성과 인권을 뒤돌아보기 위해서 다모임이라든지 예절이나 장애인에 대한 교육, 장애인체험 등을 해보았다. 두 주간 덕분에

쉬엄쉬엄 쉬어갈 수 있었고, 생각하지도 못했던 여러 가지 문제에 대해서 한 번씩이라도 생각하게 되었다.

또 하나 신기했던 게 소파였다. 쉬는 시간만 되면 기어 나와 복도 바닥에 철퍼덕 앉는 학생들이 딱해서 선생님들께서 마련하셨다고 한다. 우리가 입학하기 전의 일이라서 낡고 헤진 소파도 있지만, 앉아서 편히 쉴 수 있어서 좋다.

얼마 전에 축제를 성공리에 마쳤다. 처음 하는 축제라서 설렘과 기대로 그날만 기다린 것 같다. 작년까진 마땅한 장소가 없어서 다른 곳에 가서 하거나 운동장에서 힘들게 했다고 한다. 근데 이번엔 올해 완공된 멋진 강당에서 즐겁게 축제를 했다. 오전까지는 놀이마당과 체험마당을 했는데, 나는 부스를 맡아서 이곳저곳 자세히 둘러보지 못하고 끝나갈 때쯤에 시간에 쫓겨서 아쉬웠다. 하지만 공연은 하나하나 예쁘고 멋졌다. 동아리 발표뿐만 아니라 각 학년이 준비한 합창, 차차차, 한지 패션쇼까지! 어느 하나 눈을 뗄 수 없었다. 몰랐던 친구들의 끼도 발견하고 웃음과 즐거움이 넘쳤던 축제를 앞으로 2번이나 더 할 수 있어서 더 기대된다.

마지막으로 우리 학교의 대표적인 자랑거리인 도서관에는 사서 선생님이 계신다. 항상 친절히 맞아주시고 여러 가지 과제에도 도움을 주셔서 늘 감사하다. 또 책도 넘쳐나서 책을 둘 곳이 부족할 정도다. 꼭 졸업하기 전까지 학교에 있는 책 반절이라도 읽고 싶다. '설마 있겠어?'하는 책이 있어서 놀라는 때가 종종 있다. 마치 우리 학교 도서관은 보물섬 같다. 뜨끈뜨끈한 온돌에 긴 베개까지 있어서 편하게 누워서 책보고 싶을 때 자주 찾는다.

일 년도 안 지났는데 학교가 매우 즐겁다. 앞으로 남은 시간 어떤 일이 일어날까, 무슨 재미난 일이 더 있을까 하는 행복한 상상을 한다. 우리 학교야말로 진정 학생이 주인인 학교인 것 같다. 결정해야 할 일이나 행사는 항상 자치의원들이 직접 회의를 통해 전해준다. 그렇다고 다른 학생들의 의견을 무시하는 것도 아니다. 다른 학생들의 의견을 수용하면서 인정할만한 결과를 만들어낸다.

어떤 학교를 갈까 고민했던 일 년 전 나에게 지금의 나는 망설임 없이 우리 학교에 오라고 말해주고 싶다. 그때 내린 결정이 절대 후회되지 않는다. 모든 학생이 모범생인 학교가 어디 있는가. 어느 학교든 말 안 듣는 학생이 있기 마련이다. 단지 사실이 아닌 소문에 의해서 선입견을 가지고 바라보지 않았으면 한다.

2년 뒤 내가 얼마나 더 크게 성장해 있을지 기대된다. 곁에서 좋은 길로 인도해주시는 선생님들 덕분에, 도와주는 친구들 덕분에 여기까지 온 것 같다. 항상 즐거움이 가득한 우리 학교에 다니고 있어서 행복하다!

못다 한 이야기

● 　혁신학교에 관심을 보이는 이웃학교 선생님들을 만나면 늘 듣는 이야기가, 혁신의 내용과 방향은 좋은데 업무 과다로 힘들지 않

겠냐는 염려다. 가보지 않은 길인데 검증도 없이 선택하기가 불안하고 두렵다는 고백도 많다. 솔직하면서도 적나라한 우리의 모습이다.

〈골든타임〉이라는 TV 드라마에 이런 장면이 있다. 생명이 위급한 중증외상환자를 골든타임 안에 최대한 빨리 병원으로 호송하는 데 필요한 전용헬기 프로젝트가 무산되자 임시방편으로 소방헬기를 투입할 수 있는지 결정하는 회의가 열린다. 소방방재청 대표들은 헬기 운영에 따른 비용과 사고 위험을 들어 난색을 표한다.

"너무 감상적인 생각 아닙니까? 한 사람의 생명을 구하자고 그 많은 비용을 들여 위험을 감수한다는 것은 비효율적인 것 같습니다."

주인공인 의사는, 며칠 전 시간이 늦어 응급조치를 못 하는 바람에 사망한 남자의 이야기를 들려준다. 홀아버지의 보살핌을 받던 어린 두 남매는 고아가 되고 그 아이들이 어른이 되기까지 우리 사회가 지불해야 할 비용이 엄청나다는 점에서 오히려 헬기 비용을 대는 것이 훨씬 경제적이라는 것이다.

"원래 생명 값이 그렇게 비싼 겁니다. 그냥 한 번 해봅시다. 해보지도 않고 아직 일어나지도 않은 일을 미리 걱정하지 말고 문제가 생기면, 그때그때 해결하려고 노력하면 되지요."

학교도 마찬가지다. 한 아이의 방황을 막고 그 상처를 어루만져주기 위해 얼마의 비용이 드는지, 얼마나 긴 시간이 필요한지, 그것은 계산할 수 있는 문제가 아닐지도 모른다. 당장 눈앞의 이익과 효율만을 좇아 교육을 저울질한다면, 갈수록 심해지는 빈부격차의 그늘에서 우리 아이들은 시들어갈 것이다. 굳이 비용을 따지자면, 문제가 심각해지기 전에 예방할 수 있다는 점에서 소외된 아이들을 위한 교육이야말로 가장 저렴하고도 아름다운 투자가 아닐까?

드라마의 내용처럼 학교도 한 개인의 헌신만으로는 쉽게 바꿀 수 없다. 현실을 계속 비판하면서도 그 문제를 한 번에 해결할 수 있는 극적인 처방은 없다. 결국, 교육시스템을 바꾸려는 노력을 함께하지 않으면 안 된다. 시스템의 진보는 우리 모두의 인내와 성장이 어우러져야 가능한 결실이기 때문이다.

혁신학교에 대한 수많은 오해와 질시에도 우리는 혁신의 길을 걸어왔다. 이 길의 끝에서 우리가 만나고 싶은 현실은 결코 혁신학교의 부흥이 아니라, 마침내 혁신학교라는 말조차 사라지고 모든 학교가 그저 기본으로 돌아가 학교다운 학교가 되는 것이다. 수업이 중심이 되는, 아이들이 행복하고 교사가 스승으로 바로 서는, 변화에 대한 저항과 갈등을 지혜롭게 풀어가는 어른다운 어른이 있는 곳, 서로 아끼고 믿음을 소중하게 생각하는 그런 건강한 학교! '노아의 방주'처럼 점령군이 와도 마지막까지 지켜내야 할 보루이자 내일 지구가 멸망해도 사과나무 한 그루를 심을 줄 아는, 세상의 희망이 되고 등불이 되는, 밝고 따뜻한 곳이 학교였으면 좋겠다.

의사에게 가장 두려운 것은 환자가 죽는 것이다. 죽어가는 환자를 살리지 못하는 것이다. 이제 가던 길을 멈추고 우리 스스로 다시 한 번 물어봐야 할 시간인지도 모르겠다. '교사로서 나에게 가장 두려운 것은 무엇인가?'

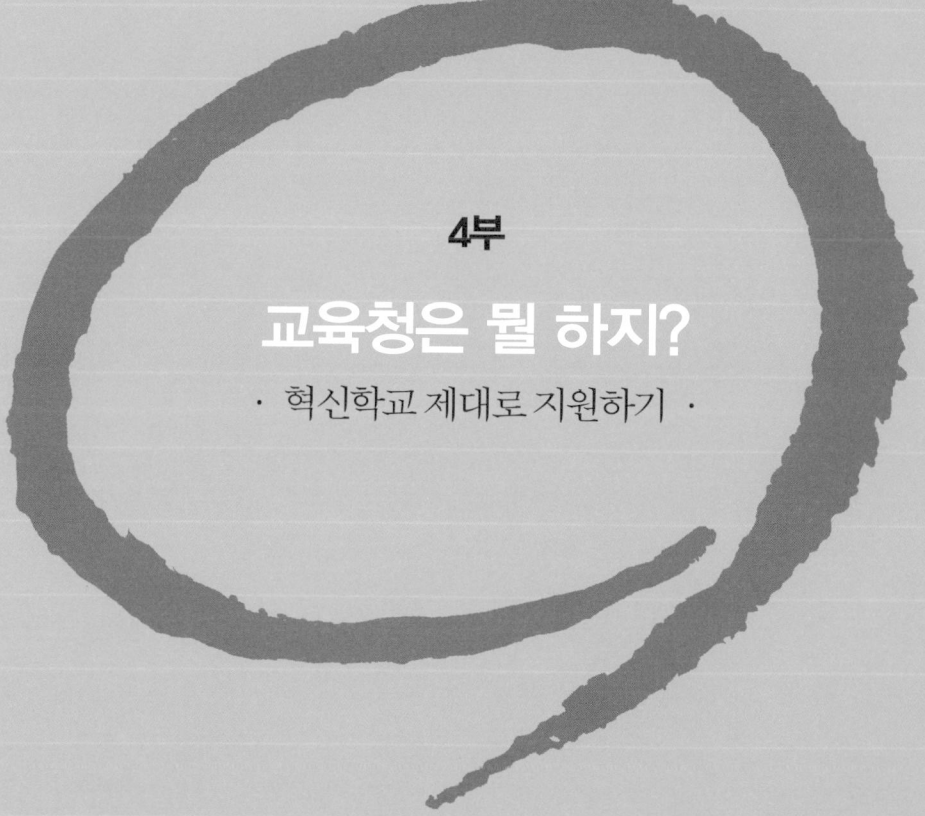

4부

교육청은 뭘 하지?

· 혁신학교 제대로 지원하기 ·

지시와 매뉴얼이 아닌
연대와 네트워크로

교육청부터 달라져야 한다

● "교육청부터 소통하고 교육청부터 혁신하면 좋겠다."

혁신학교 컨설팅 때마다 교사들에게서 많이 들었던 말이다. 도교육청 내의 각 과에서 추진하는 정책의 방향이 서로 맞지 않는 데서 오는 혼선과 이로 인한 학교 현장의 고충, 도교육청의 정책이 시·군 교육지원청에 제대로 스며들지 못한 데서 오는 교사들의 혼란과 갈등을 털어놓으며 교육청부터 달라지라고 주문한 말이다.

생각해보니 그랬다. 학교가 달라져야 한다고 주문하면서 교육청이 달라지지 않는다면, 이전의 교육청에서 했던 것과 마찬가지로 여전히 학교를 대상화하는 것이고, 결국은 교사들을 탓하는 꼴이 아닌가? 공교육이 이렇게 된 것이 진정으로 교사들과 학교의 책임인가? 따지고 보면 학교는 그동안 교육부와 교육청이 시키는 대로 했을 뿐이다. 혁신학교 정책을 추진하면서 과거의 잘못을 답습한다면 누가 그 진정성을 믿고 따르겠는가? 매뉴얼과 예산을 던져주고 "이대로 하라"고 주문하고, 시키는 대로 했는지 체크하고 지적하고 감독한다면, 혁신학교는 '따라 하기'일 뿐 아무것도 달라지지 않을 것이다. 학교와 교사들에게는 소통과 협력의 가치를 중시하라 하면서 교육청과 장학사들은 소통과 협력 없이 각자의 업무만 따로따로 집행하면 어떻게 되나?

학교와 교사의 입장에서 생각하면 이해할 수 없는 일이다. 같은 교육청, 같은 교육감 직인이 찍힌 공문인데, 어떤 부서에서는 하라고 하고 다른 부서에서는 하지 말라고 한다면 어느 장단에 춤을 춰야 할까? 도교육청에서는 성과에 연연하지 말고 실적물이나 문서를 생산하지 말자고 하고 교육지원청에서는 성과가 뭔지 확인할 수 있게 실적물을 제출하라고 한다면, 어느 부서는 수업컨설팅을 이렇게 바꾸자고 하고 다른 부서에서는 기존의 방식대로 하자고 한다면 학교는 어떻게 생각하겠는가? 실제로 이런 일이 자주 벌어지곤 했다. 그러니 현장에서는 얼마나 답답했을까 싶다. 오죽하면 교육청부터 소통하고 교육청부터 혁신하라고 했을까, 충분히 이해가 가는 일이다.

혁신학교 정책을 교육청 내 한 부서의 사업으로 여기는 한 절대 성공할 수 없다. 혁신학교를 통해 공교육의 새로운 표준을 만드는 것이 어떻게 한 부서의 사업으로 가능하겠는가? 교육청의 모든 부서가 방향을 맞추고 역량을 한데 모아도 될까 말까 한 일을 한 부서의 업무로만 여겨서는 절대 성공할 수 없다. 따지고 보면 교육청의 힘만으로도 안 될 일이다. 교육청과 자치단체와 지역사회와 학부모가 합심해서 모든 역량을 쏟아 지원해야 우리가 꿈꾸는 혁신학교의 토양이 다져질 수 있다.

그렇다면 교육청과 장학사는 어떻게 바뀌어야 할까? 답은 자명했다. 우리가 꿈꾸는 혁신학교는 학교와 교사들의 자발성에서 출발하고, 구성원들의 집단지성을 통해 완성되어 간다. 당연히 교육청도 기존과는 다른 관점을 가져야 하고 일하는 방식도 바꿔야 한다. 하지만 교육청의 기획조정 부서가 아닌 다른 부서에서 혁신학교 정책 업무만 담당하는 일개 장학사로서 처음 이 질문을 맞닥뜨렸을 때 내 능력의 범위를 넘어선 것으로 판단했다. 다른 부서와 교육지원청을 단번에 아우를 방법이 없었기 때문이다. 따라서 다른 부서와 지원청의 담당 장학사들과 사안별로 소통하고 협력하는 방법 말고는 달리 길이 없었다. 그리고 일단 우리 팀부터라도 일하는 방식을 바꾸어갔다. 매뉴얼과 지시 감독이 아닌 연대와 네트워크를 통해 공유하고 협력하는 방식을 선택했다.

혁신학교 담당 장학사들과 함께하는 회의문화부터 바꾸기로 했다. 그동안 도교육청이 직접 주관했던 혁신학교 선정 작업을 2012년부터는 시·군 교육청과 함께 진행했는데, 이와 관련하여 9월에 혁신담당 장학사 회의를 연달아서 열었다. 지역 교육지원청이 혁신학교 선정 업무를 진행하는 데 있어서 혁신담당 장학사의 관점과 마인드가 중요하다고 판단했기 때문이다.

첫 회의부터 전달보다는 토론에 무게를 두었다. 먼저 각 교육지원청의 상황을 듣고, 인식의 공유를 위해 각자 혁신학교가 어떤 학교라고 생각하는지 이야기했다. 그리고 혁신학교 선정심사위원회 구성과 심사 진행의 방향에 대해서도 모두 자유롭게 의견을 말했다. 혁신학교에서 시도되고 있던 회의 방식을 적용하여 모든 사람이 빠짐없이 돌아가며 의견을 말했는데, 그것이 불편하다고 말하는 장학사도 있었다. 지침이나 지시사항을 전달하면 시간도 절약되고 돌아가서 그대로 하면 되지 않느냐는 것이었다.

하지만 회를 거듭할수록 차츰 그런 반응도 사그라졌다. 혁신학교 선정·심사 작업을 교육지원청으로 넘기는 것이 처음에는 무척 염려스러웠으나 이런 협의와 토론으로 의미와 방향을 충분히 공유한 덕분에 교육지원청과 함께한 첫 선정 작업을 결정적인 잡음 없이 무사히 마칠 수 있었다.

2012년 11월에는 전남, 전북, 광주 3개 시·도 교육청이 공동으로 주최하고 전남이 주관하는 제1회 호남권 혁신학교 포럼을 광주에서 개최했는데, 그 행사를 계기로 혁신학교 심사위원단과 혁신담당 장학사들이 모두 모여 1박으로 워크숍을 진행했다. 혁신학교 정책의 성격상 자주 모여 생각을 나누고 공유하는 시간이 필요했고 그래서 무슨 일이 생기면 장학사들과 함께하는 시간을 가지려고 노력했다. 포럼 전날 심사위원단 워크숍을 마치고 전북의 14개 시·군의 교육지원청 장학사가 모두 한자리에 모였다. 이미 밤 9시를 넘기고 있었지만, 3시간

여에 걸친 회의에서 깊이 있는 이야기를 나누었다. 교육청의 어떤 것이 장학사들을 힘들게 하는지, 일을 추진하면서 행정지원과의 업무 스타일과는 어떤 점에서 마찰을 일으키는지, 혁신학교 사업이 각자에게 어떤 의미인지, 어떻게 업무를 창조적으로 재구성하고 있는지, 그밖에 어려운 점은 또 무엇이 있는지 등 많은 이야기를 나누었고 이야기를 나눈 만큼 서로 가까워질 수 있었다. 업무로 밀어붙이는 사업방식보다는 인간적인 유대와 소통이 먼저라는 걸 체감하는, 의미 있는 배움의 자리였다고 모두 입을 모았다.

달라진 기조, 변화하는 교육청

●   2013학년도를 맞이하면서 혁신학교 정책의 기조가 조금 달라졌다. 처음 2년 동안은 혁신학교를 만들고 지원하는 일에 초점을 두었다면, 이제는 혁신학교를 통한 유·무형의 성과를 일반 학교로 확산하여 적용해보자는 쪽으로 시야를 넓힌 것이다. 그래서 2013년에는 혁신학교 정책 슬로건을 "혁신학교를 넘어 학교혁신으로"라고 정했다.

정책의 기조를 바꾸고 그에 따른 새로운 계획을 세우기 위해 1, 2월을 보내면서 다양한 의견을 듣고 검토하고 수정하는 과정을 거쳤지만, 그것만으로는 충분하지 않았다. 그래서 3월 신학기를 맞이하여 제일 먼저 한 일이 혁신담당 전문직 워크숍이었다. 시기적으로 부담스럽다는 의견도 있었지만 3월 첫 주 목요일과 금요일에 1박 2일로 워크숍을 했다. 그것도 장소를 좀 멀리 잡아서 이동할 때도 개인 승용차보다는 관용 버스를 함께 이용할 것을 권장했다. 오가는 길에 버스에서도 대화와 소통의 기회를 갖고, 먼저 돌아가는 사람 없이 모두가 함께 저녁 시간을 이용하여 깊이 있는 토론을 진행해보자는 의도였다.

교육청의 계획에 대한 이해를 구하고, 수정·보완해야 할 사항에 대해 의견을 듣고 함께 토론했다. 새로운 혁신학교 정책의 방향을 어떻게 가져가야 하는지, 왜 그렇게 가야 하는지, 어떤 일을 해야 하는지 등을 충분히 공유한 후에 학교혁신 지원 전문가로서의 혁신담당 장학사 역할이 무엇인지에 대해서도 토론했다. 교육청 장학사의 역할이 얼마나 중요한지, 교육청의 사업방식이 학교에 어떤 영향을 미치는지에 대해서 다양하게 의견 교환을 하고 우리가 어떻게 할 것인지에 대해서도 돌아가며 이야기했다.

오후부터 저녁 늦게까지 학교혁신이라는 주제를 가지고 컨설팅, 연수, 네트워크, 장학사의 자세와 역할 등 다양한 내용을 끊임없이, 그것도 모두가 함께 참여해서 나누었다. 대부분의 참석자는 함께 밥을 먹고 이야기를 나누고 잠을 자는 시간을 통해 한층 더 가까워지고 연대감을 더 깊게 느끼는 기회였다고 소감을 피력했다. 둘째 날 오전에 덕유산 정상에 올랐을 때 '우리는 하나'라는 생각을 갖기에 충분한 시간이었다고 입을 모았다.

이후 모든 일이 순조롭게 진행되었다. 물론 각 교육지원청의 상황이 녹록지 않아서 혁신담당 장학사들이 함께 고민하고 합의했던 방식으로 과업을 수행하기가 만만치는 않았을 것이다. 하지만 지금은 자연스럽게 형성된 전문직 네트워크를 통해 서로 경험과 사례를 주고받으며 즐겁게 일하고 있는 모습을 확인할 수 있다. 책상 앞에 고립되어 교육부나 도교육청에서 내려오는 일만 처리하던 장학사에서, 상상력을 발휘하여 학교를 지원하는 일을 멋지게 해내는 장학사로 거듭난다는 것이 얼마나 가슴 벅찬 일인가?

교사들과 마찬가지로 장학사들도 지금까지와는 다른 방식으로 성장의 기쁨을 맛보는 행복한 경험이 필요하다. 그런 경험이 학교를 행복하게 지원하는 밑거름이 될 수 있음을 보여주는 수많은 사례가 계속해서 나오고 있다. 시골 작은 지역에서는 관내 모든 학교 교사의 동 학년 모임을 진행하고, 지역마다 교사 역량 강화를 위한 독서토론 연수가 열리고, 다 함께 만들어가는 교육과정 편성을 위한 연구부장 워크숍을 어떻게 진행할지 계획을 공유하고, 자치단체와 교육협력 사업을 진행하여 학교를 어떻게 도울 것인지에 대한 고민을 나누고, 관내 전체 중학교 교사들의 수업혁신을 돕기 위해 수업축제를 고민하고 실천하고 사례를 나눈다. 그런 과정을 통해서 학교에서 환영받는 장학사로 거듭나고 있다.

3월 워크숍 이후에도 수시로 협의 시간을 가졌다. 6월에는 혁신학교 컨설팅 결과를 함께 나누고 그 결과를 바탕으로 일반 학교 컨설팅에 어떻게 접목할 것인가에 대한 협의와 토론을 했고, 혁신학교 선정·심사와 같은 어려운 과제가 있을 때도 의견을 나누었다. 9월에도 3월과 같은 워크숍을 진행했고, 2014년도를 시작하면서도 이런 시간을 먼저 가졌다. 교육청은 여전히 관료 집단의 상하 위계질서가 지배하는 문화를 완전히 다 극복하지는 못한 것으로 보인다. 그러나 이렇게 혁신이라는 명분을 가지고 혁신담당 장학사들끼리 모여서 토론하고 문제 해결 방안을 찾아 나가는 방식이 이제 교육청 안에서도 조금씩 자리를 잡아가고 있다.

일방적으로 지시하기보다는 담당자들의 의견을 먼저 묻고 사업을 시행하는 부서가 점차 늘어나고, 장학사들도 교사들에게 먼저 의견을 물어서 사업을 진행하는 사례가 늘고 있다. 교육청 주도로 수업축제를 열어도 진행 방식과 내용에 대해 교사들과 사전에 협의하고, 핵심성취기준 연수를 진행하더라도 일방적으로 듣게 하는 연수보다는 장학사들이 학교로 찾아가 교육과정 운영에 대해 교사들의 생각을 먼저 들어보는 것이 어색하지 않고 오히려 자연스럽다.

교육청은 학교를 위해 존재한다

● 　도교육청은 교육지원청과 학교를 바라보고 일해야 하고, 교육지원청은 당연히 학교를 바라보고 일해야 한다. 어쩌면 그런 방향으로 섬기는 것이 정상이다. 학교에서도 교장이 교사를 섬기고, 교사가 학생을 섬기는 것이 맞다. 그것이 참된 섬김이다. 적어도 일반 관료행정이 아닌 교육에서는 그래야 한다고 믿는다. 교사의 존재 이유와 근거는 학생이고, 교육청의 존재 이유와 근거는 학교다. 그러니 학생이 원하는 것이 무엇이고, 학교가 필요한 것이 무엇인지를 고민하는 것이

정책의 출발이어야 하고, 이것을 지원하는 일이 교육청과 장학사가 해야 할 일이라는 점을 잊지 말아야 한다.

교육청의 혁신은 그동안 왜곡되어온 이러한 교육청과 학교의 관계를 교육청 중심에서 학교 중심으로 원상회복하는 것에서 출발해야 한다. 따라서 교육청이 일하는 방식도 당연히 지시와 감독이 아니라 지원이어야 한다. 혁신학교의 성과를 확산하는 것도 지역의 교사들과 학부모들의 연대와 네트워크를 통한 수평적 확산이 바람직하다고 판단한 것처럼, 현장을 잘 지원하는 정책을 펴기 위해서는 교육청과 장학사들도 상호 연대와 네트워크 안에서 자발적으로 동료성을 구축하면서 행복하게 일하는 조직문화를 만들어가야 하지 않을까 생각한다.

다음에 어느 교육지원청의 장학사의 이야기를 소개한다.

최근 2년은 나의 교직 생활 중에서 가장 바쁘고 고되지만 보람된 시간이었다. 혁신학교 관련 업무 외에도 다른 업무가 만만치 않은 터라 그 일만 하기에도 상당한 부담이 있는 게 사실이지만, 나는 항상 혁신학교 관련 업무를 가장 우선에 두었다.

혁신학교 관련 업무를 맡고 나서 한 대부분의 일은 도교육청의 공문 하달이나 지시에 의해 움직이는 종류의 것이 아니었다. 하지 않아도 아무런 문제가 없는 업무임에도 불구하고 자발적으로 사람들과 만나고 여러 가지 일을 함께 기획하는 데 온 힘을 기울였다.

이렇게 할 수 있었던 것은 도교육청 교육혁신과의 영향이 아니었나 싶다. 도교육청 교육혁신과에서 혁신담당 장학사를 대상으로 하는 워크숍이나 회의는 특별했다. 시기에 따라서 지역청 학교혁신 계획이나 혁신학교 컨설팅 결과를 가지고 토론하고, 상·하반기 학교혁신을 지원하기 위해 자체적으로 실시한 일을 밤새도록 토론했다. 14개 지역청 혁신담당 장학사들은 자신이 몸담은 지역청의 활동 상황을 돌아가면서 이야기하는 동안 각 지역의 모든 활동 내용과 방안을 공유할 수 있었다. 때로는 깊은 밤까지 서로의 어려움을 고민하고 대안을 찾기 위해 머리를 맞댄다. 지역청 장학사들끼리의 연대가 우리도 모르는 사이에 자연스럽게 쌓여갔다.

도교육청 교육혁신과에서 혁신담당 장학사가 주관하는 혁신학교 컨설팅은 정말 감동적이었다. 여태껏 경험했던 컨설팅은 늘 지적하고 가르치는 방식이었다. 도교육청 혁신담당 장학사는 모든 구성원의 이야기를 경청하고 그들이 안고 있는 문제를 인식하고 스스로 해결방법을 찾아가도록 최소한의 질문만 했다. 처음에는 이런 방식에 익숙하지 않아서 지루하기도 했지만, 얼마 지나지 않아 이를 통해서 우리 모두 같이 성장하고 있다는 놀라운 사실을 깨달았다. 우리 모두 이 과정을 몸으로 배워가고 있었다.

이제는 지역청에서도 이런 일을 추진할 수 있는 자체 동력이 생겼다. 혁신담당 전문직들이 지역의 교사들, 전문직들과 독서토론을 하고 맞춤형 현장 연수를 공모하여 진행하면서 전문적 학습공동체를 만들어 나가고 지역의 교육공동체 네트워크를 조직하여 교사나 학부모들과 정기적인 만남을 통해 지역의 교육을 함께 고민한다.

지금은 어떤 일을 기획할 때 나 혼자서 하는 법이 없다. 학부모와 교사 등 지역 교육공동체 네트워크를 통해서 그들의 의견을 듣고 함께 기획하고 추진한다. 지역의 컨설턴트들과 함께 학교 컨설팅을 지원하면서 모두가 성장하는 컨설팅이 되어가고 있다. 이런 방식은 일반 학교의 컨설팅에도 적용하고 있다.

올해부터는 지자체, 시민사회와 지역의 교육에 대해 고민하고 혁신학교에 대한 공감대를 형성했고 거버넌스 구축을 통해 혁신학교 벨트화에 박차를 가하려고 한다.

나는 지금 지역청에서 학교를 먼저 생각하고 그 속에서 교사가 학교 혁신의 주체로, 교육의 주체로 우뚝 설 수 있도록 교사를 지원하는 방향으로 혁신업무를 모든 전문직과 공유하면서 추진하고 있다. 나도 어느새 혁신의 주체로 우뚝 서 있는 전문직이 되어가고 있음이 느껴져 절로 미소가 번진다.

혁신학교 선정 심사 절차에 대하여

자발성과 진정성

● 　혁신학교를 처음 시작하는 단계에서는 사실 많은 오해가 있었고, 이는 어쩌면 당연할 수도 있다. 그저 '얼마짜리 사업'으로 인식하는 학교장, 열린교육을 할 때처럼 블록수업이나 협동학습을 도입하면 된다고 생각하는 교감, 혁신학교 계획서를 짜느라고 골치 아프다는 교사, 혁신학교를 방과 후 활동을 공짜로 다양하게 해주는 학교로 인식하고 반드시 해야 한다고 밀어붙이는 학부모, 1교 1혁신 과제 정도로 생각하는 장학사 등 혁신학교에 대한 경험이 없던 터라 자기 경험이나 인식의 한계 안에서 제각각 생각하고 정의를 내리기 일쑤였다.

처음 혁신학교 공모를 시작하기 전에 전북의 전체 교장단과 교감단, 사무관 이상의 일반직 간부들을 대상으로 대단위 설명회를 여러 차례 진행했고, 혁신학교를 희망하는 100여 개 학교의 교사와 학부모들을 대상으로 설명회를 하기도 했지만 혁신학교에 대한 오해는 쉽게 불식되지 않았다.

혁신학교 정책은 '나'부터 변화하고자 하는 자기 성찰로부터 출발해서 '우리'가 함께 변화하고자 자발적으로 나선 학교와 교사들의 교육운동을 지원하는 성격을 갖는다. 혁신학교가 예산 얼마짜리 정책 사업으로 변질되는 순간 '위로부터 내려오는 사업'이나 '실적을 내야 하는 사업'과 다를 바 없고, 그렇게 되면 기존의 여타 정책 사업과 마찬가지로 학교에는 그저 업무 부담만 가중시키는 또 하나의 정책 사업일 수밖에 없다. 교사도 혁신학교가 '나'의 변화로부터 출발해서 '우리'의 변화로 이어지는 학교개혁운동의 성격을 망각하는 순간 관 주도로 끌려갈 수밖에 없다. 현장의 자발성이 거세된 관 주도의 정책으로는 당연히 학교혁신을 통한 공교육의 혁신이라는 거대한 프로젝트를 성공적으로 수행할 수 없다. 결국, 교사들의 자발적 변화 의지를 이끌어내고 지원해주는 차원에서만 정책은 의미를 갖는 것이다.

바로 이런 연유로 우리는 혁신학교 선정 심사의 최우선 기준을 구성원들의 자발성과 진정성에 두었다. 그리고 구성원들의 자발적인 변화 의지와 열정, 그 변화의 과정을 함께할 동료성의 확보 여부를 가장 중요한 기준으로 삼았다. 나아가 혁신학교를 위해 학교철학가치와 지향을 세우고 모든 구성원이 공유했는지, 수업의 변화와 교사 성장을 위한 학습공동체를 형성하기 위해 얼마나 노력을 기울였는지 등의 준비 정도를 중심에 놓고 보기로 했다.

혁신학교 선정 심사를 위한 심사위원회 구성에도 세심한 주의를 기울였을 뿐 아니라 심사위원단 안에서도 서로 인식을 공유하는 것이 매우 중요했기 때문에 심사위원들의 사전 워크숍을 깊이 있게 준비해서 진행했다. 심사 과정에서도 심사위원단 간의 협의를 여러 차례 진행했고, 조금이라도 석연치 않은 부분이 있거나 평가가 엇갈릴 경우 다양한 통로로 자발성과 진정성을 확인했다.

이처럼 자발성과 진정성, 준비 정도를 평가하기 위해 기존의 정량평가 방식의 평가 도구나 심사 절차를 전면적으로 뒤집었다. 아예 처음부터 정성평가 방식을 도입했다. 예컨대 혁신학교 운영계획서는 심사에 20%만 반영하고, 정성평가의 주요 내용인 자발성과 진정성과 준비 정도에 80%의 비중을 두는 식이었다. 정성평가는 현장실사와 학교 구성원들의 심층면담으로 이루어진다.

심층면담과 현장실사의 기초자료로 활용하기 위해 다음과 같은 질문지를 만들었다. 이 질문지를 통해 혁신학교가 무엇인지, 혁신학교를 위해 무엇을 준비해야 하는지, 당시 전북의 여러 학교에 어떤 메시지를 전달하고자 하는 의도도 있었다. 이 질문지를 들여다보고 내용을 작성하면서 혁신학교가 추구하는 본질과 가치에 대해 좀 더 깊이 이해할 수 있지 않았을까 생각한다.

혁신학교 선정을 위한 질문지

학교명 : _____

1. 귀교는 어떤 미래 가치를 학교운영의 철학, 목표, 비전으로 담고 있습니까? (기술항목 : 학교운영 철학과 목표, 가치의 지향이 무엇인가, 왜 그런 목표를 세웠는가, 어떤 과정을 거쳐 세웠는가, 교사와 학부모 등 모든 구성원이 어떤 과정을 거쳐 공유하고 있으며, 공유할 계획인가?)

2. 학교운영의 철학이나 목표, 가치 구현을 위해 실제 교육과정에서는 어떤 내용으로 연관 지어 실행하고 있습니까? (기술항목 : 우리 학교만의 운영 철학이나 목표가 정규 교육과정 편성 운영과 내용상으로 어떻게 연관되는가, 어떤 목표나 철학이 어떤 교육과정으로 짜여 어떻게 구체적으로 실행되고 있는가, 또는 실행할 예정인가?)

3. 업무경감을 위한 노력은 어떻게 하고 있습니까? (업무처리 전담팀이 꾸려졌는가, 구체적으로 어떤 시스템으로 운영되고 있는가, 그 속에서 교장·교감 선생님의 역할은 무엇인가, 업무경감 효과가 실제로 느껴지는가, 앞으로 어떤 계획이 있는가?)

4. 수업혁신을 도모하고 있습니까? (수업혁신을 위해 어떤 노력을 하고 있는가, 교사의 연수 참여, 자체 연수나 워크숍, 혁신학교 탐방 연수 등의 구체적 실적, 현재 교내 수업컨설팅 실행 과정과 내용, 향후 계획 등 – 표,

개조식, 서술식 모두 가능, 언제 어떤 주제로 몇 회 몇 명 참여 등 자세히 기록)

5. 리더십과 조직문화는 어떻게 변화하고 있습니까? (학교장과 교감의 리더십, 조직 풍토, 토론문화, 의사결정 구조, 권한 위임 체제 등 자세히 기술)

6. 교사 간의 학습과 토론 문화는 있습니까? (교사 동아리, 학습모임, 독서토론모임 등 교사들의 전문성 신장을 위한 노력을 어떻게 기울이고 있는지 구체적으로 기술)

7. 학생의 학교 참여는 어떻게 이루어지고 있습니까? (학생회 운영 형태, 학생자치 활동, 동아리 활동 등 학생이 학교 교육의 주인으로서 어떤 활동에 참여하고 있는지, 생활규정은 민주적 절차와 내용으로 개정되었는지 등 현황을 자세히 설명)

8. 학부모의 학교 참여는 어떻게 이루어지고 있습니까? (학부모 연수는 언제 어떤 주제로 어떻게 진행했고, 진행하고 있는지 서술(표, 개조식, 서술식 모두 가능). 학부모 동아리 활동, 학부모 학교 참여 형태 등 자유롭게 소개)

9. 지역사회와 협력하거나 참여하는 사업과 지역사회와 함께하는 교육과정을 소개해주세요. (거버넌스, 포럼, 협력 사업, 지역사회 교육과정, NGO나 자치단체와의 협력 사업 등을 자세하게 기술)

질문지를 작성하여 미리 제출하게 하고, 현장실사 때 이를 토대로 함께 제출한 혁신학교 운영계획서에 담긴 내용을 크로스 체크하는 방식을 취했는데, 학교마다 그 차이가 현격하게 드러났다. 질문지에 대한 답변이 학교의 자발성과 준비 정도에 따라 적게는 3~4매 정도로 쓸 말이 없는 학교부터 많게는 10매 이상으로 할 말이 많은 학교까지 천차만별이었다. 학교장 개인의 의지로 공모에 응한 학교도 있었고, 학부모의 요구에 떠밀려 어쩔 수 없이 계획서를 제출한 학교도 더러 있었다. 2010년 11월에 혁신학교 1기를 선정하기 위한 공모를 진행했을 때, 처음 의사를 보인 학교 중 혁신학교에 대한 이해가 부족했던 20여 개 학교가 중도에 포기하고 최종적으로 77개 학교가 공모에 응했다.

그런데 생각보다 우열을 가리기 어려울 만큼 준비된 학교가 많아 심사위원들이 어려움을 겪었다. 결국, 논의 끝에 애초 예정된 수의 두 배인 20개 학교를 지정할 수밖에 없었다. 교육감의 의지에 따라 신설학교 2개를 의도적으로 지정한 것을 제외하면 결과적으로 18개 학교를 선정한 것이다. 물론 예정된 숫자를 넘겨 지정한 것을 두고 도의회와 언론의 따가운 눈총도 받았지만, 이 학교들은 모두 구성원들의 자발적인 의지와 열정, 혁신학교를 위한 준비가 대단해서 심사위원들을 감동시켰다. 그다음 해에는 심사 선정 도구를 발전적으로 변형하고 각 분야의 배점 비율에도 변화를 주었다. 하지만 전북은 지금까지도 정성평가를 통한 구성원의 자발성과 진정성 그리고 준비 정도에 따라 혁신학교를 선정하는 기본 정신은 그대로 유지하고 있다.

관계가 중요하다

● 그러나 한 가지 안타까운 점은 혁신학교 재지정을 위한 3년차 종합평가 때, 처음 혁신학교를 시작할 때의 의지와 열정이 식거나 동료성을 바탕으로 합의하고 공유한 학교철학과 가치 지향이 무뎌지고 교사들이 힘들어하는 학교가 10~20% 정도 나타난다는 것이다. 여러 가지 이유가 있겠으나, 가장 큰 이유는 인사이동에 따른 구성원의 변화와 리더십의 영향이 아닌가 생각된다.

결국, 혁신학교도 사람이 하는 일이고 관계 문제가 매우 중요하다. 처음 출발할 때 혁신학교의 가치와 철학에 합의하고 실천한 기존의 구성원들과 혁신학교에 대한 이해가 부족한 채로 해마다 전입해 오는 신규 구성원 간에 어떻게 새로운 관계를 형성할 것인지, 학교가 추구하고자 했던 핵심 가치를 언제 어떤 방식으로 합의하고 공유할 것인지를 지속적으로 고민해야 한다는 교훈을 얻었다. 이런 과정에서 신구新舊 구성원 간에 조화와 혁신학교에 대한 이해와 참여를 높이기 위한 지도자의 역할이 무엇인지도 숙고해야 할 때가 아닐까 생각한다.

혁신학교 지원에 대하여

'필요한 만큼'의 예산 지원

● 　혁신학교에 대한 지원 중에서 사람들이 가장 관심을 갖는 것이 바로 예산이다. 설명회 때마다 얼마의 예산을 언제 지원해주는지에 대한 관심과 질문이 가장 많았다. 특히 교사 그룹보다는 학교장과 학부모들이 유독 관심이 많았다. 그러나 4년을 지내면서 예산 지원에 양면성이 있다는 사실을 점차 깨닫게 되었다.

　과유불급이란 말이 적절한 경우도 더러 봤다. 지나치게 많은 예산을 지원한 경우 학교는 예산을 쓰는 데에 골머리를 앓기도 하고, 때로는 목적 외 용도로 잘못 사용하기도 했다. 예산을 사용하는 일은 곧 그에 따른 업무를 수반하게 되어서 혁신학교 안에서도 예산에 대한 서로 다른 목소리가 항상 존재해왔고, 교무실과 행정실 사이의 갈등도 대부분 예산 집행에 관한 부분에서 시작되곤 했다. 그래서인지 예산 문제는 늘 도의회의 자료요구와 감사의 표적이 되었고, 학교를 지원하는 일을 해야 할 교육청 장학사들도 예산 관련 자료를 모으고 보고하는 업무 때문에 에너지를 소진하는 일이 허다했다.

처음에 도의회가 예산을 삭감했을 때는 살려내기 위해 안간힘을 쏟았지만, 막상 예산 때문에 업무량이 늘고 더 힘들어졌다는 교사들의 하소연을 들을 때마다 예산 지원의 적정 규모에 대한 고민을 하지 않을 수 없었다. 시간이 지나면서 예산을 무조건 많이 준다고 좋은 것은 아니라는 사실을 깨닫게 되었다. 오히려 액수보다는 예산 사용의 융통성을 열어주고, 업무보조 인력을 지원해주는 편이 훨씬 나았겠다는 생각도 든다.

교육과정을 운영하는 데에 필요한 예산은 혁신학교 예산을 별도로 쓰지 않더라도 기존의 학교기본운영비_{표준교육비}만으로도 충분한 경우가 많았다. 실제로 1기 혁신학교 중에는 전원학교 예산이 풍족했던 관계로 혁신학교 운영비로 100만 원만 요구해서 그대로 배정해준 학교도 있었다. 다만, 초기에는 도시 변두리 지역의 열악한 환경의 학교나 폐교 위기를 겪고 있던 농촌의 작은 학교가 많았기 때문에 그동안 소외되었던 상황을 감안해서 시설을 현대화하거나 보완해주는 것이 절실했다. 그러나 안타깝게도 혁신학교 예산은 시설 분야에 쓸 수 없다는 제한이 있었기 때문에 예산을 많이 준다 해도 그런 상황을 극복할 수 없었다.

그보다는 오히려 학생 수가 급감하는 학교에는 학급당 학생 정원 기준을 낮춰주는 것이 더 큰 도움이 되기도 했고, 어떤 학교에는 업무경감을 위한 업무보조 인력을 배치해주는 것이 더 현실적인 지원방안이 되기도 했다. 그러나 학교들이 원하는 것 중 무엇 하나 일사불란하거나 속 시원하게 해결되지는 않았다. 우리가 협조를 얻어야 했던 다른 부서는 그 부서대로 업무를 처리하는 원칙이나 우선순위가 있어서 혁신학교에만 특례를 적용할 수 없다는 입장이었는데, 그것을 무시하고 우리 입장만 막무가내로 내세울 수만도 없었다. 아무튼, 혁신학교 지원 방안 중 예산 지원이 매우 중요한 부분이긴 하지만, 무조건 많이 지원하는 것이 상책은 아니라는 생각이다.

처음에 일률적으로 학교당 연간 1억 원씩 4년간 지원하겠다는 공약은 시간이 지나면서 여러 여건상 수정될 수밖에 없었다. 할 수 없이 학교 규모나 요구에 따라 차등 지원한다는 원칙을 세우고 예산 지원 규모도 연차적으로 조금씩 줄여나가는 방안을 고민해야 했다. 본래 4년간 100개 혁신학교에 293억 원을 지원할 계획이었는데 결과적으로는 40% 정도인 약 122억 원에 그쳤다. 전북은 혁신학교를 추진한 6개 시·도 교육청 중에서 학교당 지원 예산이 가장 적은 곳이 되지 않았나 싶다. 그렇다고 해서 혁신학교가 추구하는 본질에 집중하지 못한 것은 아니다. 오히려 지원의 부족함을 딛고 전북의 혁신학교는 양적으로나 질적으로나 전국의 어느 시·도보다 충분히 깊이 있게 성장하고 있다고 생각한다.

다음은 연도별 혁신학교 지원 예산을 평균적으로 산출한 내용이다.

- 예산 지원액
  - 2011년도 20개, 17억(교당 평균 8,500만 원)
  - 2012년도 50개, 22억(교당 평균 4,400만 원)
  - 2013년도 84개, 43억 4천만 원(교당 평균 5,160만 원)
  - 2014년도 101개, 39억 2천만 원(교당 평균 3,920만 원)
- 2013년 예산 지원 기준
  - 지정 연도별 고려(1년 차 6천, 2년 차 5천, 3년 차 4천 기준)
  - 학교 규모와 학생 수 고려
  - 예산 사용계획 심의 후 차등 지원

'새로운' 연수 지원

혁신학교에 대한 교사들의 이해를 돕고 혁신학교가 추구하는 목표를 공유하기 위해 일차적으로 중요한 것이 연수다. 다른 지역도 연수를 통해 혁신학교의 확산을 꿈꾸었을 것이다. 그러나 지나고 보니 연수를 통한 교사들의 자각과 성장, 인식의 공유나 성공사례의 확산은 일정한 성과를 내기는 하지만, 연수에 대해 지나치게 환상을 가질 필요가 없다고 생각한다. 연수원이 풀가동 된다 해도 시설과 인력의 한계를 감안하면 연간 가능한 과정 수나 참여 인원의 폭은 전체 교원의

10%를 넘기 어렵기 때문이다. 물론 연수원의 체질 개선과 우수 인력 확보, 연수 과정 혁신은 이런 목적과는 상관없이 중요한 일이고 차질 없이 진행되어야 한다. 하지만 그렇다고 연수원을 통해서 일거에 760개 학교 2만여 명의 교사와 수천 명의 일반 행정직원이 변한다는 것은 지나친 환상일 뿐 아니라 현실적으로 가능하지도 않다.

연수원과 별도로 교사아카데미를 설립하는 방안도 검토한 적이 있다. 의미 있는 성과를 거둘 수 있다고 판단했지만, 이 경우에 또 다른 많은 인력과 예산이 투입되어야 하는데 전북의 현실에서는 여러 여건상 가능하지 않았다.

교사 지도자 그룹의 양성을 위해서 학습연구년제나 수석교사제 등과 혁신학교 중심 동력 양성의 과제를 연동해서 고민할 필요도 있다. 어차피 이런 제도가 존재하는 한 학습연구년제에 참여할 교사를 선발할 때, 혁신학교에 대한 의지와 열정이 있는 교사를 우선 선발하고 이들을 제대로 된 연수나 연구기관에 연결해준다든지, 수석교사를 선발할 때에도 혁신학교가 추구하는 수업혁신과 수업컨설팅의 방향에 대한 이해가 있는 교사들을 우선 선발하여 학교혁신의 동력으로 성장시키는 방향을 같이 고민하면 좋을 것이다.

다만, 시작하는 단계에서 연수의 역할은 매우 중요하다. 가령, 혁신학교를 이해하고 동력을 만들기 위해 기본과정-심화과정-고급과정을 구분하여 체계화하거나, 교장·교감·전문직을 위한 지도자 양성과정을 단계별로 운영하거나, 행정실장들을 위한 혁신학교 이해과정 등의 연수는 꼭 필요하다. 혁신학교로 선정된 전체 구성원이 한자리에 모여 2박 3일의 합동연수를 진행한다든지, 수업혁신 연수를 30시간 이상 받는다든지, 감정코칭이나 회복적 정의 등 생활지도 관련 연수를 받게 하는 것도 좋다. 일단 이런 연수를 통해 동기부여가 된 교사들이 단위 학교 차원에서 스스로의 힘으로 학습공동체를 형성하도록 유도하고, 교육지원청 단위로 연수원과 협조하여 맞춤형 현장지원 연수로 학교를 지원하는 등 연수 체제의 전환을 위해서도 노력했으면 한다.

학교마다 처지와 환경이 다르고 이해와 요구가 다르므로, 학교 공동체가 필요로 하는 성장의 방향과 내용은 학교 스스로 채워가도록 도와주면 된다. 그래야만 연수가 개인의 것으로 머물지 않고, 학교에서의 집단적인 실천으로 이어질 수 있다. 그렇지 못할 경우 연수가 그저 개인의 지적 호기심을 채우는 과정에 그친다는 것을 경험으로 알게 되었다.

전북은 혁신학교와 관련된 질 높고 체계적인 연수과정을 만들기 위해 도교육청 혁신팀과 연수원이 수시로 협의하고 토론했다. 그래서 유용하고 만족도가 높은 연수를 제공하는 데 일정 정도 성공했다고 자평한다. 그리고 학교나 지역의 요구에 부응하는 현장지원 맞춤형 연수나 독서토론을 학교나 지역 단위로 지원하는 현장 중심 연수 지원 방향으로 나아가고 있는 것도 매우 고무적이다. 타 시도에서 전북교육연수원을 벤치마킹할 정도니 말이다.

그럼에도 불구하고 앞서 언급했듯이, 혁신학교를 지원하기 위한 연수를 연수원에서 다해낼 수는 없다는 사실을 명심하기 바란다. 교사의 자각과 성장의 열쇠는 학교 안에서 수업과 아이들을 중심에 놓고 고민하고 실천하는 동료성과 그에 기초한 학습공동체에 있기 때문이다. 그리고 연수란 이론으로나 지적인 호기심을 채워주는 방편으로 의미를 갖는 것이 아니라 현장의 생생한 실천과 고민과 요구를 만났을 때에만 그 의미가 살아나기 때문이다.

전북에서 진행한 새로운 연수들

도교육청의 혁신팀과 연수원이 함께 고민하면서 새롭게 만든 연수 몇 가지만 간략하게만 소개하고자 한다.

첫해였던 2011년에는 학교혁신을 선도하는 연수로 수업혁신 연수 과정을 신설 운영했다. '아이 눈으로 수업 보기' 심화과정 등 모두 4개 과정에 184명이 참여했다. 수업혁신을 이해하기 위한 학교경영자과정을 8개 운영했는데, 전북 도내 교장·교감 1,246명이 참여하는 성과를 거두었다. 리더십의 변화가 혁신학교 추진에 중요하다는 판단을 내렸고, 그 덕에 전북에서 혁신학교를 추진하는 동안 가장 눈에 띄게 변한 것이 학교장의 리더십이었다. 여기에 연수가 큰 영향을 끼쳤을 것으로 생각한다.

이 밖에도 혁신학교 이해를 위한 기본과정과 리더십과정 등 총 3개 과정을 개설했고 여기에는 153명이 참여했다. 현장지원 맞춤형 연수 중 전주 서신초, 오송중 등의 수업혁신 주제 7개 과정을 개설했는데, 여기에도 220여 명의 교사가 참여했다. 이런 주제나 형태는 이전에는 시도하지 않았던 새로운 것이었는데, 이러한 시도가 가능했던 이유는 연수원의 장학사들이 도교육청의 혁신팀이 주관하는 워크숍이나 컨설팅, 협의회 등에 항상 함께 결합했기 때문이고, 수시로 유기적인 정책 협의를 했기 때문이었다.

2012년에는 연수원 내에도 3명의 장학사가 혁신팀을 자체적으로 조직해 보다 발전된 형태의 연수를 고민하고 만들기 시작했다. 혁신학교 관련 연수도 폭발적으로 증가해서 총 20개 과정에 1,587명이 참여했다. 혁신학교로 선정된 학교들의 합동연수도 이전보다 발전해서 학교별 토론회의 장이 되었다. 전문직들의 역량 강화와 인식 공유를 위한 전문직 혁신연수 과정도 최초로 3차례에 걸쳐 운영했고 모두 255명의 전문직이 참여했다. 교장, 교감을 위해 혁신학교 리더십과정 등 4개 과정에는 모두 347명이 참여했다. 수업혁신의 방향을 함께할 수업 컨설턴트 양성 목적과 연계하여 수업혁신 연수를 운영하기도 했다. 혁신학교 내의 핵심 동력을 강화하고 지역을 넘어선 정보의 공유와 힐링을 목적으로 했던 학교혁신 핵심요원 연수를 여름과 겨울로 나누어 두 차례 진행하기도 했는데, 여기에 모두 249명이 참여했다.

2013년에는 새로운 연수의 내용과 방향이 안정적으로 정착되는 시기였다. 학교 구성원의 관계 회복과 교사의 성찰을 주제로 하는 찾아가는 에듀 힐링 연수도 개설했다. 그동안 심신이 많이 피로해진 혁신학교의 핵심 교사들에게 조금이나마 위로와 휴식을 겸한 연수를 제공하고 싶은 마음에 그분들의 의견을 들어 감정코칭, 회복적 정의 등 실습 위주로 연수과정을 만들었고, 연중 총 98개 과정을 진행했다. 혁신학교 핵심 교원을 포함한 1,349명의 교사가 참여했고 만족도 또한 매우 높았다.

또 새롭게 학교혁신을 위한 독서토론 연수를 개설하여 모두 54개 과정에 403명이 참여했는데, 대부분 학교 단위로 신청하고 학교에서 연수가 이루어졌다. 연수원에서는 학교로 독서토론 연수 강사를 멘토 형태로 보내줬다. 이 과정 역시 만족도가 매우 높았고, 학교 단위의 변화를 이끌어내거나 적어도 학교 문제를 고민하고 실천하는 단초를 제공하는 데 성공적이었다는 평가가 나왔다. 사색치유 교육성찰 힐링 캠프 과정도 새롭게 시도한 것인데 모두 3개 과정에 202명의 교사가 참여했고, 감정코칭 심화과정에는 59명의 교사가 참여했다. 이 중 최성애 박사 팀과 연결하여 감정코칭 1급 지도자 과정 연수에도 상당수가 참여함으로써 전북에 감정코칭을 지도할 수 있는 자체 강사풀이 생기는 결과로 이어졌다. 그 밖에도 초등학교 1~6년 새 학년 준비과정 연수에 150명이 참여했고, 지역 교육지원청과 함께하는 지역역량강화 과정에 136명이, 독서치유 교육대화 과정에 70명이 참여했는데, 이 과정들도 새롭게 시도한 것들이다.

이처럼 집단지성을 발휘하려는 연수원의 노력은 비단 혁신 연수에 국한되지 않고 중요한 성장기에 있는 1급 정교사 자격연수 프로그램까지도 변화시켜가고 있다. 각종 연수에서 성찰의 시간을 운영하고, 수업혁신이나 학교혁신과 관련한 내용을 담아내면서, 연수 형태도 토론형 워크숍, 멘토와의 대화, 저자와의 대화, 소셜 픽션 실습, 액션 러닝 등 성찰하고 참여하는 방식으로 바뀌고 있다.

더욱 긍정적인 것은 연수원의 노력과 성과가 지역과 학교로 확산되고 있다는 점이다. 교육지원청과 협력하여 지역으로 찾아가는 성찰 ·

소통 교육 아카데미 연수를 진행하기도 했는데, 남원과 전주 등 5개의 지역에서 진행되었다. 지역에서 초청하기 어려운 강사와 주제를 연수원의 협력을 통해 그 지역 교원들을 위해 맞춤형으로 만들어가는 연수이다. 또한, 학교 단위의 자율연수 분위기가 확산되어 정읍 수곡초등학교는 일 년 이상 진행해온 참여형 수업 연수의 결과를 책『참여형 수업 연구와 교사의 성장』으로 발간하기도 했다.

중요한 것은 연수과정 하나하나의 새로운 시도나 성과에 있다기보다는 도교육청과 연수원이 상시적인 협력 체제를 만들어냈다는 데에 있다. 전북의 연수원에서 만들어낸 새로운 과정이나 내용만 배우고자 한다면 아마도 다른 지역의 연수원 담당자들에게는 과부하가 걸릴 것이다. 왜냐하면, 연수원에 이미 기본적으로 운영해야 하는 자격연수나 직무연수 등이 짜여 있을 것이고, 여기에 한정된 인원으로 많은 새로운 내용을 추가한다는 것은 매우 어려운 일이기 때문이다.

참고할만한 것이 있다면, 시스템과 전체적인 연수의 방향 전환을 시도하기 위해 기관을 넘나드는 협력의 과정이다. 이전에도 연수원과 도교육청이 전혀 협력하지 않았던 것은 아니지만, 지금과 같이 작동하는 상시적인 협력 시스템은 전북의 혁신학교 정책이 일정한 성과를 만들어내는 데 큰 기여를 했다. 연수원 내에 혁신연수팀이 없어서 집단지성을 발휘할 수 없었거나, 연수원 장학사들이 혁신 관련 회의나 워크숍, 컨설팅 등의 활동에 주도적으로 참여하지 않고 사무실에 앉아 자신의 업무만 고립적으로 처리했다면 불가능했을 것이다. 다른 지역에서는 이 점을 참고했으면 한다.

'혁신학교 추진 동력을 고려하는' 인사 지원

●   혁신학교에 대한 지원 중 개인적으로 가장 중요하게 생각한 부분이 바로 인사 지원이다. 유럽의 혁신학교를 들여다보기 위해 탐방한 곳 중에서 독일의 헬레네 랑에Helene-Lange Schule가 가장 기억에 남는데, 세계가 주목하는 지금의 헬레네 랑에를 만든 여러 요인 중 인사 부분이 가장 인상적이었다. 이 학교의 철학에 동의하는 교사는 10년이든 20년이든 원한다면 학교에 계속 있을 수 있다. 지난해 전북에서 이 학교의 원로 교사인 알베르트 마이어를 초청해서 '독일 혁신교육 특강'을 진행했는데, 에냐 리겔 교장이 개혁을 시작했던 1980년대부터 줄곧 재직했던 분이다. 지금은 정년퇴직을 했지만 여전히 교사들의 멘토 역할을 하고, 이 분을 비롯한 이 학교 퇴직자들은 지금도 정기적으로 모여 학교를 위해 어떤 도움을 줄지 논의를 이어가고 있다고 한다.

혁신학교에 대한 지원이 편파적이고 불공평하다고 지적하는 사람도 많다. 혁신학교에 돈 폭탄을 퍼붓는다는 왜곡된 주장을 그대로 신봉하면서 교육청을 비난하는 사람도 있다. 그러나 혁신학교에 대한 지원은 그 학교 하나만을 지원하는 데에 의미가 있는 것이 아니다. 혁신학교의 성공을 통해 공교육의 새로운 모델을 창출하고 나아가 이를 바탕으로 전체 학교의 혁신을 위한 문화와 시스템, 교육과정과 수업의 새로운 패러다임을 만들어가는 데에 그 의미가 있다고 생각한다. 그래서 오히려 예산만 지원하는 것으로는 충분하지 않다고 생각한다. 다른 지역에서 혁신학교를 해볼 요량이라면 예산보다는 인사 지원을 더 우선적으로 고민해보라고 권하고 싶다.

앞서 언급했듯이 혁신학교를 만들어가는 초기에 가장 큰 어려움은 사람과 사람 사이의 관계 문제였다. 궁극적으로는 모든 교사가 학교를 새롭게 디자인하는 일에 동의하고 자발적으로 참여하게 해야겠지만, 학교 변화에 대해 부정적인 생각을 하는 사람이 많으면 아예 처음부터 시작조차 불가능하다. 또 혁신학교에 대한 생각을 모으고 힘차게 출발 했으나 1~2년 세월이 흐르면서 구성원이 하나둘 바뀌고, 생각이 다른 사람들이 본인의 의지와 상관없이 혁신학교로 전입해 오면서 생각과 경험의 차이로 갈등이 생기게 되고 그 결과 교사들은 불필요한 일에 에너지를 소모하게 된다.

그래서 생각한 것이 인사 지원 방안이었다. 6학급 이하는 2명, 7학급 이상은 4명의 범위 안에서 뜻있는 교사를 초빙하거나 지역 만기가 되었더라도 전보를 유예하도록 인사관리 규정을 고쳤다. 많은 혁신학교가 이 조항의 도움을 받았다. 혁신학교 추진에 핵심적인 역할을 한 사람들이 만기가 되어서 나가고, 그럼으로써 동력을 상실하게 되는 경우 전보를 최대 2년까지 유예하고, 교사 충원이 필요할 때 뜻을 함께 할 사람을 초빙하는 것으로 상당한 도움을 받은 것이다.

그러나 이 조항도 악용의 소지도 있으므로 주의를 기울이지 않으면 안 된다. 본래 취지와는 달리 혁신학교에 대해 동의하지 않거나 적극적으로 참여하지 않던 사람들도 이 조항을 이용하여 계속 근무하기를 희망하는 경우가 종종 있기 때문이다. 반대하는 사람들이나 무임 승차자들이 볼 때에도 혁신학교가 민주적인 학교문화를 만들어내고, 교사들의 헌신적인 노력으로 아이들이 달라지고, 여러 가지 지원으로 업무 경감도 이루어지다 보니 학교가 편해졌다고 느낀다. 익숙한 학교를 떠난다는 것이 쉽지 않고, 더구나 거리상 출퇴근이나 다른 조건이 좋은 학교의 경우에는 더욱 그렇다. 그러다 보니 입법 취지와는 달리 잘못 운영될 소지가 있다. 누군가 전보유예를 희망하면 학교장의 판단이 중요한데, 이 경우에 교통정리를 잘해서 혁신학교의 동력을 유지하거나 확대하는 방향으로 현명하게 대처해야 하지만, 대개는 어려운 일은 피하고 적당히 넘어가려고 하는 게 현실이다.

그래서 이러한 인사 지원 방안을 만들 때에도 세심한 주의가 필요하다. 우리는 이러한 부작용을 예방하기 위해 처음에 전 교원의 80% 동의를 얻어야 한다는 조항을 넣도록 인사부서에 요청했으나 어찌 된 일인지 규정에는 이 내용이 포함되지 않았다. 아마도 실수로 빠뜨린 것이 아닌가 생각한다. 가장 중요한 인사 문제인 만큼 학교에서도 인사위원회에서만 논의하지 말고, 전체 교무회의에서 논의해서 결정하면 좋을 것이다.

독일의 헤센 주에 가면 헬레네 랑에 Helene-Lange Schule가 있듯이, 전북의 교육을 보려면 이곳을 가보라고 할만한 학교, 혁신학교 중에서도 모든 학교의 모델이 될 만한 파일럿 스쿨을 몇 개라도 만들고 싶은 희망이 있다. 개인적으로는 큰 도시의 열악하고 소외된 지역에 있는 학교, 배려 대상 학생의 비율이 높은 학교를 지원해서 가장 행복하고 멋진 학교로 만드는 것이 더 의미 있을 것으로 생각한다. 현대적인 시설도 지원해주고, 최소 수혜자인 배려 대상 아이들에게 조금 더 재정적인 지원을 해준다고 해서 그것을 불평등이라고 말할 수는 없다. 존 롤즈John Rawls의 '정의론'의 관점에서 보더라도 그렇다.

이런 학교를 만들기 위해 가장 필요한 지원이 바로 인사 지원이다. 전북의 경우 혁신학교가 이미 122개인데, 이 많은 학교에 인사 특례를 허용하면 순환전보의 큰 원칙이 깨지게 된다. 그러므로 그 수는 매우 제한적이어야 한다는 점을 전제로 하는 말이다. 파일럿 스쿨이 많이 필요할 것 같지는 않다. 하지만 파일럿 스쿨을 염두에 둔다면, 학교의 철학을 만들고 영속시켜나갈 교사 그룹에 대한 고민이 먼저 있어야 한다. '아무리 험난한 길일지라도 나는 이 길을 가겠노라'는 굳은 의지를 가지고 이 학교를 만들거나 찾아온 교사들은 누구나 근무연수에 제한을 두지 말고, 10년이든 20년이든 아니면 정년퇴임을 할 때까지든 머무를 수 있게 하는 것이 어떨까 한다. 혁신학교도 결국 사람이 하는 일이므로 사람을 고민하는 일보다 더 중요한 것은 없을 테니까 말이다.

'맞춤형' 행정 지원

● 혁신학교에 대한 지원 중 가장 수혜 폭이 좁은 것이 행정적인 지원이었다. 그래서 많이 아쉽기도 하다. 행정적인 지원으로 가장 요구가 많았던 것이 학급당 학생 수 문제였다. 특히 원도심의 열악한 조건에 처한 중학교의 경우 학급감축과 그에 따른 교사 정원의 감축 문제는 상당히 심각한 상황이어서, 학급당 학생 수를 낮춰주는 것이 중

요한 문제로 떠올랐다.

다른 지역은 어떤지 모르겠지만, 전북의 경우에는 학교 설립이나 학생 정원 관리를 일반행정 파트에서 담당한다. 이른바 수용지표라고 하는 학교당 학생 수와 학급당 학생 수 조정 지표를 본청의 행정과와 지원청의 행정팀이 관리한다는 뜻이다. 대부분 초등학교 6학년을 대상으로 진학을 희망하는 중학교를 조사해서 배정하는 방식으로 수용지표를 조정한다. 그래서 담당부서와 자주 머리를 맞댔다. 협의라기보다는 사실 거의 일방적인 요구에 가까웠다고 해야 옳을 것이다. 하지만 결과적으로 많은 아쉬움이 남는다.

학교가 어려움을 겪을 때 해결 방안이 무엇인지 함께 고민하는 모습을 나는 기대했다. 하지만 이분들이 일하는 원칙과 방식, 관행이 있는 터라 우리의 생각과 일치시키는 데에는 한계가 분명했던 것이다.

같은 학구에 있는 중학교라도 시설이나 환경이 열악한 학교는 학생과 학부모들이 기피한다. 그래서 매년 학생 수가 줄고, 학생 수가 줄면 학급 수가 줄고, 학급 수가 줄다 보니 교사 수가 줄게 되는 악순환을 거듭한다. 그리고 그것은 온전히 학교의 책임으로 떠넘겨진다. 반대로 지망자가 많은 학교는 학생 수가 급증하여 과밀학급이 되고, 계속 증가하다 보니 특별실이나 여유 공간이 하나도 없는 열악한 상황이 되는 악순환이 계속된다. 행정이란 것이 무엇인지 생각하게 하는 대목이다. 신입생 배정 설명회 한 번을 해도 어려운 학교를 도와줄 다른 방법은 없는지 적극적으로 고민해보고, 버스 노선이 없어서 기피하면 시 당국과 협의해서 버스 노선을 만들기 위해 뛰어도 보고, 그래도 안 되면 통학버스를 지원하는 특별 방안을 만들어서라도 어려운 학교를 지원해야 한다고 나는 지금도 생각하고 있다.

혁신학교 중에도 열악한 환경에서 학생 수 급감을 걱정하는 학교가 많다. 전주의 한 중학교가 그렇다. 인근의 사립 중학교가 학년 당 8~9학급을 유지하는 데에 비해 이 학교는 개교 당시에는 학년 당 8학급 인가를 받아 출발했지만 몇 년 만에 지망 학생 수가 급감하여 지금은 학년 당 2~3학급만 남아 있다. 바로 옆에 담장 하나 끼고 있는 이웃 초등학교 아이들도 이 중학교를 두고 더 멀리 떨어진 중학교로 대부분 진학한다.

이 학교가 혁신학교를 만들어간 사연은 정말 눈물겹다. 어려운 여건을 극복하고 아이들이 행복하고 자부심을 느끼는 학교로 변한 사연이 아름답기만 하다. 교사들의 헌신과 열정과 아이들에 대한 사랑이 어렵고 힘든 학교를 어떻게 행복한 학교로 변모시켜 나가는지를 지난 4년간 나는 생생하게 목도했다. 이 학교의 소원은 더 이상 학급이 줄어들지 않도록 도와달라는 것이었다. 한 학급이 줄면 교사 정원이 두 명 감축되어야 했기 때문에 그렇게 될 경우 혁신학교의 동력을 상실할 위기에 처하게 되었다. 방법은 하나였다. 학급당 학생 수를 줄이는 것, 즉 수용지표를 조정하는 것 말고는 방법이 없었다.

그래서 구도심의 열악한 지역의 혁신학교에는 다른 수용지표를 적용하도록 도교육청 행정과와 협의했고 결과적으로 그렇게 되었다. 전주시 일반 중학교의 학급당 학생 정원 배정 기준이 38명이었지만, 구도심 혁신학교에는 25명의 기준을 적용했다. 개교와 동시에 혁신학교로 지정된 2개의 신설 학교는 교과교실제 전용교실로 건축 설계를 했기 때문에 기존의 교실보다 크기가 작았던 관계로, 이 두 학교에는 30명의 수용지표를 적용하도록 했다.

그 밖에도 혁신학교에 교무실무사를 한 명씩 더 지원하고자 노력했으나 불발되고 말았다. 현재 전북에서는 30학급 이상의 큰 학교만 두 명의 교무실무사가 배치되어 있고, 그 미만 규모의 학교에는 한 명이 배치된다. 그나마 2012년까지는 혁신학교 운영지원비에서 교무업무 도우미를 일 년 단위로 학교별로 채용해서 교사들의 업무를 경감하는 데에 도움을 받도록 했지만, 이조차 2013년부터는 지방공무원 총정원제와 비정규직 정원관리 규정에 묶여서 어려움을 겪고 있다. 몇몇 학교에서는 비정규직의 무기직 전환 조건을 피하는 최소 시간 채용으로 업무경감에 도움을 받기도 하지만, 이것으로는 거의 도움이 되지 않는다는 하소연이 끊이질 않고 있다. 아쉽고 안타까운 마음이다.

예산이나 인사, 연수 등과 함께 이와 같은 행정적인 지원 방안도 매우 중요한 의미가 있다. 현재와 같은 관료주의적 행정체제가 존재하는 한 수많은 공문으로부터 교사들이 자유로울 수 없는 것이 현실이다. 그럼에도 불구하고 이와 같은 여건을 극복하고 교사들을 교육과정과 아이들에게 집중하게 하려면, 업무경감을 위한 최소한의 인력 지원은 반드시 필요하다. 향후 연차적으로 교무실무사를 도내 전 학교에 두 명씩 배치한다는 계획이 하루빨리 실현되었으면 한다.

언제까지 교사들의 희생과 헌신에 기댈 것이냐고 하소연하는 혁신학교 교장 선생님과 교사들의 말이 아프게 다가온다.

'경청하고 지원하기 위한' 컨설팅

●   혁신학교 컨설팅의 핵심은 학교의 어려움이 무엇인지 파악하고 그 해결 방안을 학교 구성원들과 함께 모색하는 것이다. 그러니 학교 구성원들의 말을 경청하는 것이 가장 중요한 일이었다. 우리는 매번 빙 둘러앉아 돌아가며 말하는 방식으로 가능한 한 모든 구성원의 이야기를 들으려고 노력했다. 그렇게 하면 다양한 이야기를 들을 수 있고, 그 과정에서 학교와 선생님의 어려움은 무엇인지, 어떤 것을 스스로 해결하고 어떤 것을 밖에서 도와주어야 하는지가 분명하게 드러난다. 주로 경청하는 입장이지만, 때에 따라서는 학교 상황에 맞는 특정한 목표를 가지고 컨설팅에 임하는 경우도 있다.

혁신학교 1년 차를 혼란스럽게 보내고 있던 한 중학교의 컨설팅 장면을 들여다보자. 다시 읽어보니 컨설팅 당시의 학교 상황과 그때의 분위기까지 기억나서 입가에 미소가 번진다. A4 용지 13쪽 분량의 컨설팅 기록에서 가장 앞부분만 인용한다.

> "무언가를 점검하고 체크하고 지도하는 방식의 컨설팅이 아니라 전체 선생님과 대화를 나누는 시간입니다. 혁신학교를 하면서 선생님들이 무엇이 어려우신지, 또 그동안 합의해서 추진한 것 중 잘되는 것은 무엇이고, 저희가 도와드려야 하는 부분은 무엇인지, 이런 것을 함께 고민하면서 찾아보는 시간이 되었으면 합니다. 선생님들은 이야기하시면서 그동안 해온 일에 대해 성찰해보는 그런 시간도 갖고요. 그런 목

표로 컨설팅을 진행하고자 합니다.

제가 사전에 설문지를 하나 보내드렸는데요. 2011년과 2012년 운영했던 1, 2기 혁신학교가 작년 겨울에 자체평가를 한번 해보도록 제공했던 설문지예요. 선생님들도 한번 체크하시면서 저희와 이야기를 한번 나눠보시게요. 올해도 12월이 되면 OO중학교도 이런 자체평가를 해보셔야 해요. 어디에 반영하는 것은 아니지만, 혁신학교 운영의 목표가 되는 내용을 스스로 체크해보는 문항으로 구성되어 있습니다. 우리가 추구하는 핵심적인 가치, 철학, 문화, 교육과정, 이런 부분을 한번 체크하시면서 스스로 성찰도 하고 이야기도 해보자는 의미로, 그리고 오늘 이야기의 기초자료로 쓰려고 보내드린 것입니다.

첫 번째 영역이 혁신학교 기본사항입니다. 혁신학교 철학과 비전의 공유, 민주적인 의사결정 체제와 리더십, 이런 부분에 대해 먼저 이야기해볼까 합니다. 지난 1월 혁신학교 지정교 합동연수 때 이미 선생님들 모두 모여서 OO중학교가 어떤 교육을 하겠다, 어떤 철학을 갖고 어떻게 나가겠다는 그런 방향은 공유하셨죠?"

"네"

"민주적인 의사결정 체제는 어떻습니까? 학교의 중요사항에 대해 이런 토의, 토론, 협의가 잘 이루어지고 있나요?"

"혁신학교 준비할 때부터 이미 모든 일을 협의해서 진행하고 있어요."

"교장, 교감 선생님의 리더십에 대해서는 어떻게 생각하시나요? 한 분씩 돌아가면서 말씀해 볼까요? 담당 선생님부터 해봅시다. 이쪽으로 쭉 돌아가면서요."

"저는 교장 선생님하고 2년째 일하고 있는데요. 교장 선생님은 무슨 일이든 절대 독단적으로 결정하는 분이 아니세요. 이 학교에 와보니까 수업공개나 수업에 대한 비중은 아직 좀 낮지만 다른 부분, 예를 들면 학생 생활지도라든지 전체적으로 학교에서 결정해야 하는 모든 사항을 거의 교사들이 다 모여서 협의해서 결정하는 그런 분위기예요. 아, 이 학교 참 놀랍다, 그렇게 느꼈어요. 작년보다는 올해 학교가 변화된 이런 것이 많았어요."

"연결해서 업무경감을 위한 업무 효율화 부분과 수업에 전념할 수 있는 부분에 대해서 누가 한번 말씀해주시면 어떨까요?"

"저희는 혁신학교 예산으로 업무 도우미를 한 분 채용해서 교무실무사하고 대부분의 업무를 처리하는데, 선생님들께서 본인의 업무를 잘 아시기 때문에 직접 하시는 분들도 있어요. 아무튼, 많은 도움을 받고 있어요. 또 백 퍼센트는 아니지만 처리할 내용을 드리면 그분들이 전체적으로 받아서 교장 선생님이 결재하시고 해서 업무 추진을 그렇게 많이 하고 있어요. 사실 업무에 대한 부담이 많이 가벼워졌어요. 일 있을 때는 그분들 도움을 받고, 그분들이 워낙 열성적으로 열심히 하시기 때문에 혁신학교가 되어서 많은 도움을 받는다고 생각해요."

"네. 정읍이나 그 밖에 몇몇 지원청의 경우에는 교감 선생님의 업무분담률이 70% 이상인 지역이 많더라고요. 우리 교감 선생님은 어떠세요? 업무처리 지원 부분은?"

"공개적으로 '모든 일을 내가 한다' 이런 선언은 안 하셨어요. 그런데 저녁까지 남으셔서 날짜별로 처리해야 할 업무 다 체크하시고, 해당 선생님들하고 상의한 후에 선생님들한테 부담 주지 않고 처리해주세요. 이번에도 교장 선생님 병가 중에 모든 업무를 교감 선생님이 다 하셨거든요. 그런 식으로 협조를 많이 하세요. 기한이 많이 늦어진 경우에는 저녁에 남아서 직접 처리하세요."

"왜 남아서 하실까요? 일과 중에 안하시고?"(웃음)

"일과 중에 바쁘시잖아요? 하다 보면 오늘 꼭 처리해야 하는데 어떤 부분이 빠졌다든지 할 경우에는 체크를 하셔야 하고."

"교감 선생님 댁이 멀어요. 퇴근할 수가 없어서."(웃음)

"교감 선생님의 지원에 대해 선생님들은 만족하시는 편인가요?"

"네, 저는 뭐 일이 어렵다든지, 일이 저한테 많이 왔을 때도 별로 걱정스럽지 않아요. 교감 선생님이 계시니까 항상 상의해서 하면 된다는 그런 안도감이 있거든요."

"생활지도에서 발생하는 고충, 예를 들면 아이들 상담이라든지 폭력을 일으키는 아이들이나 평상시 교실 수업에 적응하지 못하는 아이들에 대해서 교장, 교감 선생님이 학부모 상담을 해준다거나 아이들을 데리고 특별한 프로그램을 운영해준다든가, 뭐 이런 지원도 있나요?"

"점심때 특히 사고가 많이 발생할 수 있잖아요? 저희 교장, 교감 선생님께서는 학교를 늘 순회하시면서 사고가 나기 전에 방지하세요. 그런 마일리지를 운영하면서 벌점이 많은 학생은 직접 청소지도라든지 이런 것도 챙기시고, 생활지도에 굉장히 관심이 많으셔서 저희가 도움을 요청할 때는 당연히 하시지만 그렇지 않을 때도 수시로 학생들이 무단외출을 하는지, 화장실에 모여서 딴짓은 안 하는지 늘 살피세요. 학생부 일이라 제가 잘 모르지만 평상시에 느끼는 점이에요."

"선생님들이 자발적으로 운영하는 독서토론모임이 있나요?"

"네, 12분이 참여하십니다."

"올해 몇 번이나 하셨어요?"

"4월에 한 번 했는데, 저희는 두 가지로 나눴어요. 왜냐하면, 생활지
도에 어려운 아이가 많아서 선생님들이 그쪽에 관심이 있기 때문에
요. 생활지도 토론 동아리하고 독서토론 동아리를 두 개로 나누어서 4
월 중에 계획이 한 번 더 있어요. 저희는 수시로 나눠요. 그런 부분을
하려고 합니다."

(이하 생략)

이런 식으로 상반기와 하반기 두 차례에 걸쳐 진행한 컨설팅의 결과
는 잘 정리해서 보고서를 만들고, 이렇게 만들어진 '컨설팅 결과 보고
서'는 매 학기 교육감에게 보고되었다.

인사상의 어려움을 호소하는 학교도 있고, 예산을 사용하는 데에 있
어서 행정실과 코드가 맞지 않는다고 호소하는 학교도 있고, 학생 수
와 학급 수 감축으로 인한 어려움을 호소하는 학교도 있고, 시설이 노
후하거나 부족하여 정상적인 교육활동이 어렵다고 호소하는 학교도
있다. 내용이 무엇이든 일단 모든 내용을 경청하고 기록했다. 그리고
교육청에 돌아오면 해당 부서와 그 내용을 놓고 협의했다.

어떤 것은 금방 해결되기도 했지만, 어떤 것은 수차례의 협의를 거
쳐야 겨우 해결되는 경우도 있었다. 때에 따라서는 다음 학기나 다음

연도에 해결해야 하는 경우도 있었다. 특히 인사 관련 문제나 큰 예산이 필요한 문제는 더욱 그랬다. 작은 예산으로도 해결할 수 있는 경우에는 교육감 보고를 통해 교육감 재량사업비특별교육재정수요를 투입하기도 했는데, 구체적으로 밝힐 수는 없지만 만만치 않은 금액이 투입되었다. 물론, 아예 해결할 수 없는 것도 있었다.

'관리'가 아니라 '지원'이다

혁신학교는 교사들의 자발성과 동료성에 기초해서 만들어가는 것이어서 교육청이나 외부에서 무엇을 제시하거나 감독하는 순간 위험해진다. 그러므로 혁신학교 컨설팅은 무엇을 제시하고 감독하고 확인하는 것이어서는 안 된다. 관리하는 입장이어서도 안 된다. 그래서 우리 전북은 혁신학교에 대한 '질 관리'란 용어도 쓰지 않았다. 혁신학교가 스스로 잘 가도록 철저하게 돕는 입장이어야 한다. 구성원들은 그런 기회에 집단지성을 발휘하고, 지나온 길을 함께 성찰하는 기회를 갖고, 교육청은 현장의 어려움을 파악하고 함께 해결하기 위한 노력을 기울여야 한다. 그것이 우리가 컨설팅을 했던 방식이고, 현장의 교사들로부터 지지와 신뢰를 얻은 비결이었다고 감히 말하고 싶다.

다음은 컨설팅 결과 보고서의 앞쪽 총평 부분이다. 뒷부분에는 50개 학교의 학교별 컨설팅 결과를 첨부했지만, 여기서는 지면 관계로 포함하지 않았다. 컨설팅을 어떻게 하면 좋은지, 그 결과 부서 간 협력할 일은 무엇인지, 교육청은 무엇을 바꾸려고 노력해야 하는지 등의 과제가 적나라하게 드러난다. 참고가 되길 바란다.

2013 상반기 혁신학교 컨설팅 결과 보고서

2013. 5. 30. 교육혁신과

■ 컨설팅 개요

1. 대상학교 : 제3기 혁신학교 34교, 씨앗학교 16교, 전체 50교

2. 컨설팅 방향 : 혁신학교 운영 현황, 애로사항 파악 및 지원 방안 모색

3. 컨설팅 진행 : 1팀(김○○, 박○○)과 2팀(이○○, 홍○○)으로 진행, 해당 지원청 혁신학교 담당 전문직 참석

4. 진행기간 : 2013. 4. 1. ~ 2013. 5. 30.

5. 컨설팅 진행 일정

일자	실시학교	일자	실시학교	일자	실시학교
4월 1일	전주초, 나운초	4월 24일	삼례초	5월 14일	무장초, 용지중
4월 2일	북일초, 임피중	4월 25일	계북초, 중앙중	5월 16일	한빛중
4월 3일	고산고	4월 29일	적상초, 도통초	5월 20일	신풍초, 섬진중
4월 4일	아영초	4월 30일	원천초, 진경여중	5월 21일	창오초, 장계공고
4월 5일	회현초, 곤지중	5월 2일	동산초, 소성초	5월 22일	신동초, 영원초
4월 15일	공덕초, 전주중	5월 3일	청웅중, 심원중	5월 23일	고창북중
4월 16일	성내초, 성수중	5월 6일	기림초, 고산중	5월 24일	진안중앙초, 안성중
4월 17일	대야초	5월 7일	복흥초, 청웅중	5월 27일	산동초, 성북초
4월 22일	보성초	5월 10일	번암초, 칠보초	5월 30일	옥천초, 위도중고
4월 23일	백운초, 참사랑	5월 13일	죽산초, 성송초		

■ 2013 혁신학교 컨설팅 총평

혁신학교를 시작한 지 3년째, 학교는 1, 2년 차의 어설픔과 혼란을 극복하고 아이들의 행복한 배움과 성장이 있는 교육 공동체를 만들어 가고 있었다. 아이들은 교육과정 속에 녹여낸 다양한 체험과 경험을 바탕으로 깊이 있게 배우고 있었으며, 교직원들은 그런 아이들의 배움을 뒷받침하는 연수와 독서토론, 교사 간 협의를 통해 교사로서의 자존감을 되찾고 있었으며, 학부모들 또한 네트워크를 만들어 서로 교류하고 협력하는 과정을 통해 부모의 역할을 인식하기 시작했다.

1. 가장 눈에 띄는 것은 관리자 마인드 변화였다. 교장, 교감 선생님은 교사들의 자발성을 믿고 기다려주고, 교사들이 제대로 된 수업을 진행할 수 있도록 지원하고 있었다. 행정적인 지원을 넘어 도서관에서 직접 아이들에게 책을 읽어주고, 생활지도가 어려운 학생을 품어주는 OO초 김OO 교장 선생님 같은 분도 있었고, 중학교와 지역사회를 돌면서 혁신지구를 만들려고 노력하시는 OO초 장OO 교장 선생님 같은 분도 있었다. 혁신학교 초기에 겪었던 관리자와의 소통 문제를 돌이켜보면 학교혁신의 가장 놀라운 변화는 교장, 교감 선생님의 리더십이다.

2. 교사들은 이런 관리자들의 변화 노력 속에서 자발적인 연수와 독서토론을 진행하면서 아이들의 입장에서 생각하고 행동하는 방법을 익혀가고 있었으며, 좋은 수업을 위해 동료 교사와 협의를 진행하고

있었다. 3월 초부터 진행된 에듀 힐링 연수(감정코칭, 교사역할훈련, 비폭력 평화교육)와 찾아가는 맞춤형 연수, 혁신 관련 도서를 같이 읽고 토론하는 독서토론연수 등을 통해 아이들의 행복한 배움과 성장을 이끌고 있었다.

3. 지역별로 운영되는 혁신 거점학교(16곳)를 중심으로 혁신학교 교사 간, 혁신학교와 일반 학교 교사 간에 네트워크를 구축하여 혁신학교 경험을 나누고 연수를 같이 받으며 행복하게 성장하고 있으며, 교육지원청에서는 이러한 교사들의 활동과 활발한 교류를 지원하고 끌어주고 있었다.

OO지원청은 담당자들이 휴일도 반납한 채 관내 모든 학교 부장교사와 함께 1박 2일로 혁신 관련 워크숍을 열고, 학교에서 중심적인 역할을 하는 부장교사들에게 혁신에 대한 의지와 생각을 심어주는 좋은 시간을 마련했다.

이 밖에도 각 지원청은 학교 컨설팅 방법을 바꾸고, 일반 학교 교사들을 대상으로 독서토론 동아리를 조직하여 운영하고, 희망교실, 행복교실 네트워크를 만들어 혁신학교의 성과를 자연스럽게 일반 학교에 전파하는 노력을 하고 있었다. OO지원청을 비롯한 각 지역의 교육지원청의 이런 노력은 현장교사들의 교육에 대한 열정을 살리는 역할을 하고 있다.

4. 2013혁신학교 컨설팅에는 혁신학교학부모대표자협의회에서 학

부모컨설팅을 맡아 함께 진행했다. 회장을 비롯하여 임원진이 혁신학교 학부모 면담을 진행하면서 혁신학교에서의 학부모 역할과 앞으로의 활동 방향, 다른 학교 학부모와의 연대 등에 대해 대화를 나누었다. 학부모들의 반응은 폭발적이었으며 이 과정을 통해 OO초 학부모 대표는 "그동안 학교 일에 뒷짐 지고 구경하던 모습을 돌아보고 반성하면서 앞으로 내가 무엇을 할 것인가에 대해 고민하는 시간이었다"고 말했다.

5. 이러한 의미 있는 변화는 그러나 초등과 중등에서 다소 다른 양상으로 나타났다. 유·초등 23교 중, OO초·OO초·OO초가 관리자(교감)의 업무지원 마인드 부족과 교사들의 학교혁신 의지가 조금 부족한 면이 있으나, 위 세 학교를 제외한 모든 학교에서 민주적인 학교 문화를 만들고 교육과정을 재구성하여 수업을 바꾸려고 노력하고 있었다.

그러나 중등의 경우 초등과 달리 혁신에 대한 교사의 역량이 부족한 학교, 관리자의 지원 리더십에 문제가 있는 학교가 상당수 있었다. 관리자 리더십이 문제가 되는 학교는 OO중(교감)과 OO중(교장)이며, 혁신에 대한 교사 역량이 부족한 학교는 OO중, OO중, OO여중, OO중, OO고, OO중, OO중 등이었다. 특히, OO중과 OO고는 지역사회의 뒷받침과 요구에도 불구하고 교사들의 역량 부족으로 가장 어려움을 겪는 학교였다.

이러한 현상은 입시에서 자유로울 수 없는 중등학교의 현실과 교과

간의 장벽, 방과 후 수업 등으로 교사들의 협의 · 토론 · 학습 등 성장을 위한 시간의 확보가 어려운 현실 그리고 무엇보다도 교사들의 연령대가 높은 것이 원인으로 분석되었다.

6. '교육청부터 소통하고, 교육청부터 혁신하면 좋겠다.' 혁신담당 교사 워크숍에서 나왔던 주문인데, 이번 컨설팅 과정에서도 나왔다.

가. 먼저, 도교육청 각 과의 정책 조정이 필요하다는 의견이 나왔다. 같은 정책을 두고 서로 다른 목소리를 내며 다른 내용의 공문을 내려보내거나, 같은 공문을 서로 다른 과에서 내려보내 중복으로 보고하게 하는 사례가 있어 혼란스럽다는 의견이 있었다.

나. 가장 문제가 되는 것은 교육과정 편성 · 운영지침이었다. 혁신학교 교사들은 월별로 진행하는 교육과정운영평가회나 교육과정 워크숍을 통해 다음 해 교육과정에 무엇을 담을지 2학기가 시작되면서 고민하기 시작한다. 적어도 겨울방학을 마칠 때쯤이면 혁신학교 운영 취지에 맞는 그 학교만의 교육과정이 완성되는데, 2월 말부터 3월 초까지 도교육청과 지역교육청에서 내려보내는 교육과정 편성 · 운영지침 때문에 교사들이 합의해 완성한 교육과정 내용을 바꿀 수밖에 없다. 올해, 늦게야 내려간 한자, 보건, 인성 · 인권 등의 지침이 그것이다.

보건교육이나 인성 · 인권교육 등은 특별히 시간을 마련하지 않아도 수업 안에서 녹여내고, 공동체적인 가치를 담은 학교 교육과정 안에서 얼마든지 실현할 수 있는 것임에도 불구하고 교육청에서 일일이 지침을 주어 교육과정 재구성의 의미를 흐리고 있다.

지침을 최소화해야 하며, 지침을 주더라도 학교 교육과정을 완성하기 이전에 전달하고(적어도 2월 초 이전까지) 모든 학교에서 하게 할 것이 아니라 학교에 자율권을 달라는 의견이 대부분의 혁신학교에서 나왔다.

다. 중등 혁신학교에서 가장 어려움을 겪는 것 중 하나가 교사들끼리 협의 시간을 마련하는 문제였다. 교육청과 지자체에서 내려오는 방과 후 학교 운영 예산으로 교과 방과 후 수업을 교사가 운영해야 하기 때문에 주요 과목의 교사는 주당 수업시간이 25시간을 훌쩍 넘기고 있어 제대로 된 수업 연구나 동료 교사와의 협의를 생각할 수 없다는 학교들이 있었다. 방과 후 학교 예산 운영에 대한 종합적인 검토와 협의가 필요하다.

라. 업무에 대한 부담이 여전하고 개선을 요구하는 목소리도 높았다. 학교별로 업무지원팀을 어떻게 구성할지에 대한 컨설팅을 했으나 제도적으로 개선이 필요한 부분이 있어 보였다. 업무경감에 대한 실제 체감은 낮은 편이었다.

대표적으로 초등학교 학습준비물 구입 절차와 시기에 문제가 있다는 의견이 많았는데, 이는 비단 혁신학교뿐만 아니라 일반 학교도 시급히 개선해야 할 문제라고 생각한다. 문제가 되는 것이 구입 시기와 일을 처리하는 방식이다.

현재 1,000만 원 이상은 입찰을 진행해야 하는데 이 규정 때문에 학교들이 3월 초와 9월 초, 한꺼번에 준비물을 구입한다. 그러다 보니 수요 예측이 정확하지 않아 낭비가 심하고 무엇보다도 학습준비물 업무를 담당한 교사는 3월과 9월 각 한 달 동안 업무를 처리하느라 수업에 집중할 수 없을뿐더러 찰흙과 같은 준비물은 학기 말이 되면 사용할 수 없는 경우도 생긴다.

학습준비물은 입찰 진행 품목에서 빼고, 수시 구입 체제로 바꾸어야 하며 구입 업무를 교사가 아닌 교무실무사나 행정실에서 담당할 수 있도록 해달라는 의견이 많았다.

마. 이 밖에도 혁신학교 운영 사례 발표는 신중하게 접근하여 일반 학교들이 오해하지 않도록 해야 하며 혁신학교에 새로 전입해 오는 교사나 신규 교사를 대상으로 학기 초에 연수를 해달라는 의견도 있었다.

올해 혁신학교 추진 슬로건은 '혁신학교를 넘어 학교혁신으로'이다. 학교 현장을 돌면서 선생님들과 대화를 나누고 그들의 이야기를 들으면서 이 슬로건이 학교 현장으로 자연스럽게 스며들고 있음을 느낄 수 있었다.

그러나 한 편으로는 여전히 학교혁신에 대한 오해가 존재하고 특히, 전주와 익산을 중심으로 한 대도시 학교와 교사를 중심으로 혁신학교에 대한 거부감이 크다는 것을 느꼈다. 전라북도 전체 초등학생의 40%가 몰려있는 전주 지역은 겨우 4개의 혁신학교가 있고, 2014년도에도 혁신학교를 준비하는 학교가 1개에 그치는 것을 보면 도시 지역 교사들의 학교혁신에 대한 부담이 얼마나 큰지 짐작할 수 있다. 전주 교육지원청에 초등 혁신담당 전문직을 발령내는 것도 중요하고 시급하지만, 혁신학교를 추진하는 과정에서 얻은 경험과 성과를 바탕으로 학교혁신을 근본적으로 고민해야 할 때다.

작년에 연수원에서 각 학교 연구부장을 모아 학교 교육과정을 어떻게 고민하고 어떻게 논의해서 짜야 할 것인지에 대한 연수를 열었는데, 참여했던 연구부장들의 호응과 열의가 대단했다. 연구부장뿐만 아니라 학교의 중심축인 교무, 연구를 비롯하여 학년 단위, 교과 단위 교사 워크숍을 수시로 열고 토론하고 협의하는 자리를 연수원이 아닌 교육지원청 차원에서 열어야 한다. 교사들이 자신을 돌아보고 협의하게 하는 것이 교육지원청과 연수원의 역할이라면, 학교운영의 기본적인 틀을 제대로 잡아서 방향을 제시하는 건 도교육청의 몫일 것이다.

혁신학교마다 가장 큰 애로사항으로 내놓았던 교육과정 편성에 있어서 단위 학교 자율성에 대한 고민을 담은 정책, 학교에서 거부감을 드러내고 있는 학교 컨설팅에 대한 대대적인 손질과 방향 수정 등도 함께 고민하고 풀어야 할 과제이다.

도교육청이 이런 고민을 정책으로 반영하여 일반 학교들을 지원할 때 비로소 혁신학교가 추구하는 가치가 자연스럽게 현장으로 스며들 것이며 교사들의 자발성을 바탕으로 행복한 학교를 만들어갈 수 있을 것이다.

(이하 생략)

학교별 컨설팅 결과는 다음과 같이 간단하게 요약해서 정리해두면 좋을 듯하다.

□ 학교명 : ○○중학교

□ 일시 : 2013. 4. 15.(월) 15:00

□ 참석 : 교육혁신과 김○○, 박○○, 지원청 현○○, 이○○, 학부모 윤○○, 학교 교원 15명

□ 내용

• 교사의 성장을 위한 독서토론 그룹 운영 10명에서 올해 18명으로 확대

• 수업혁신을 위한 역량 준비 8명 – 올해 2차례 수업공개와 협의회

• 합동 직무연수 후 집단지성의 발휘 – 졸업식 문화 개선(모두가 주인공이 되는 졸업식)

• 혁신학교의 철학 · 가치 · 문화가 연착륙하고 있음.

• 교장, 교감 리더십에 대한 만족도, 교사 관계지수 높음.

• 학생 자치 · 자율 활동 및 동아리 활동 활성화

→ 하드웨어 지원 절실(모든 회의와 행사는 도서실, 도서실도 학생 수에 비해 협소)

→ 잉여 교실 전무 – 특별실, 시청각실, 회의실 지원 필요

→ 학생들을 위한 문화 · 휴식 공간 지원 필요

→ 교문 확장과 인도 확보 지원 필요

□ 애로 및 건의사항

• 교실 부족 – 식생활관 연결복도 공사 시 넓게 공간 확보, 식생활관 출

이 학교는 학생 수가 1,000명이 넘는 큰 규모임에도 독서토론을 통한 학습공동체가 형성되어 혁신학교 운영에 필요한 교사들의 동력이 형성되고 있고, 혁신학교를 통한 행복한 학교 만들기에 대한 의지가 컸다. 하지만 과밀 학급, 과대 학교의 문제를 안고 있어서 학급 수와 학생 수 축소 조정 및 시설 지원이 시급했다. 컨설팅이 끝나자마자 급한 대로 우선 별관과 연결복도 공사와 식생활관 출구 확보를 위한 예산을 지원했고, 본청 시설과와 함께 학교 시설에 대한 전반적인 진단을 실시하여 필요한 부분은 다음 해 예산에 반영하기로 했다.

혁신학교 컨설팅은 학교가 스스로 성장하고 변화할 수 있도록 가능성을 열어주고, 자발적인 변화를 뒷받침해주기 위해 필요한 것이다. 제도 개선이 필요한 부분이 발견된다면 컨설팅이 그 계기가 되어도 좋을 것이다. 이러한 현장 지원 마인드로 학교가 필요로 하는 것이 무엇인지 경청하고, 관련 부서와 유기적으로 협의하고 협력하면서 해결 방안을 찾아 함께 고민했던 것이 우리의 컨설팅이었다.

컨설팅은 계획 단계에서부터 학교 현장과 지원청의 담당자들과 함께 어떤 목표를 가지고 무엇을 들여다볼 것이며, 어떻게 하면 좋을지에 대해 협의하고 토론하는 것에서 시작해야 한다. 컨설팅을 하는 단계에서는 낮은 자세로 경청하고, 진심으로 도와주어야 할 것이 무엇인지 찾아서 협의하고, 대화와 토론을 통해 학교 구성원들이 스스로 성찰할 수 있도록 돕는 것이 핵심이다. 컨설팅 이후에는 참여했던 관계자들이 다시 한자리에 모여 반드시 총화 하는 시간을 가져야 한다. 그래서 보고서 하나 만들어내는 것에 머무르지 않고, 컨설팅의 결과를 가급적 널리 공유하고, 그럼으로써 현재의 학교 상황을 객관적으로 이해하고 인식을 함께하는 일이 중요하다. 현장에서 파악한 문제를 어떻게 해결하고 어떻게 지원할 것인지에 대한 협의와 토론의 과정을 반드시 거칠 것을 권하고 싶다. 해결책은 집단지성을 통해 도출되는 법이다.

'혁신학교 지원을 위한' 조례 제정

● 혁신학교 추진 2년 차였던 2012년 6월에 '전라북도 혁신학교 운영에 관한 조례'가 제정·공포되었다. 조례는 혁신학교를 지원하기 위한 법적 근거로 중요한 의미가 있지만, 처음부터 조례 제정의 필요성을 느꼈던 것은 아니다. 혁신학교에 대한 예산이나 인사 등의 지원에 대하여 교육부나 도의회가 근거가 없다는 꼬투리를 잡지 않았다면, 아마도 조례 제정을 추진하지 않았을 것이다.

조례는 의원입법으로 추진했다. 처음에는 '전라북도 혁신학교 운영 및 지원에 관한 조례'라는 이름으로 초안을 작성하여 전달했으나, 제정과정에서 '지원'이라는 말이 빠져버렸다. 이름에서 느낄 수 있는 바와 같이 이 조례는 우리의 의도와는 다르게 지원보다는 통제에 관한 내용이 뼈대를 이루었다. 당시 도의회 교육상임위원들의 혁신학교에 대한 거부감이나 부정적 시각이 존재했기 때문이다. 지원의 내용은 단지 조례 제15조에 다음 3가지 항을 넣은 것이 전부였다.

① 교육감은 혁신학교에 대하여 지정된 기간 동안 운영에 필요한 행정 및 재정적 지원을 할 수 있다.
② 교육감은 혁신학교를 통한 공교육의 성공 모델을 창출하기 위하여 필요한 경우, 인사 지원 방안을 마련하여 지원할 수 있다.
③ 교육감은 혁신학교를 통한 공교육의 성공 모델 창출을 위하여 각 주체별로 다양한 연수 및 연찬회, 워크숍 등을 실시할 수 있다.

조례 규정에 '혁신학교 운영위원회 이하 운영위'를 두도록 하고, 혁신학교의 지정, 운영, 평가, 지정취소 등의 모든 중요 사안을 운영위에서 심의하도록 했다. 운영위의 위원 9명 중에서 3명을 도의회에서 추천하도록 규정했다. 지정기간도 4년으로 해줄 것을 요구했으나 3년으로 만들어놓았다. 그 결과 같은 정책을 추진한 6개 시·도 중 유일하게 전북만 혁신학교 지정기간이 3년이다.

여기에다 매년 자체평가를 하고 3년마다 외부 전문기관에 의뢰하여 종합평가를 받도록 규정함으로써 혁신학교가 외부의 평가를 받아야 하는 상황을 만들어놓았다. 예산을 받았으면 당연히 평가를 받아야 한다는 것이 의원들의 생각이었다. 그 예산이 교사에게 준 인센티브도 아니고 결국 아이들에게 쓰일 돈인데도 마치 교사들에게 혜택을 준 것처럼 생각하는 듯하여 씁쓸했다. 자발성과 열정을 가지고 스스로 헌신하며 변화를 꿈꾸는 학교에 어떤 외부기관의 평가를 받으란 말인가? 혁신학교의 내적 성과를 제대로 들여다볼 외부 전문기관이 있기나 한가?

이제 와 생각해보니 애초 조례 없이 추진하는 것이 좋았겠다는 후회도 든다. 조례가 정책 추진의 근거를 마련해주고 공교육의 변화를 전폭적으로 지원해주는 기폭제가 되기를 바랐지만, 거꾸로 혁신학교를 감시하고 감독하고 평가하게 만드는 덫이 되고 말았으니 말이다. 결과적으로는 정책 추진 부서와 학교 모두 조례 제정으로 도움을 받기보다는 오히려 어려움을 더 많이 겪었다.

지금은 혁신학교 정책을 지원하는 내용을 더 보완하여 전향적인 방향으로 조례를 개정하는 방안을 고민 중이다. 우선 시급하게 지정기간부터 4년으로 늘려야 한다. 3년은 너무 짧다는 것이 그동안 느낀 점이고 현장의 요구도 이와 다르지 않기 때문이다. 종합평가도 외부 전문기관에 의뢰한 객관적인 평가와는 좀 다른 방향을 고민하고 있다. 한 걸음 더 나아가 학부모를 교육의 주체로 인정하고 학부모들의 조직 활동이나 학교 참여 활동을 지원할 근거 조항을 마련하는 것도 필요하다고 생각한다.

조례를 제정하려고 하는 지역이 있다면, 전북의 사례를 거울로 삼기를 바란다. 절름발이 조례가 되지 않도록 세심하고 철저하게 준비해서 혁신학교 정책 추진에 힘을 받을 수 있는 좋은 조례를 만들기 바란다.

04

혁신학교 2.0
새로운 도약을 꿈꾸며

포기할 수 없는 길

● 아이도 교사도 학부모도 행복한 학교가 되는 길, 모두가 존중받고 협력하면서 성장하는 길, 교사가 수업에만 전념하는 길, 아이들이 바뀌고 학교가 바뀌는 길, 학교가 학교다워지고 교육이 교육다워지는 길, 이 모든 길은 하나로 통한다는 사실을 우리는 알게 되었다. 지난 4년의 시간은 전북의 혁신학교가 이런 길을 찾아가고 확인하는 여정이었다.

전북은 지난 6.4 지방선거에서 교육감이 재선됨에 따라 혁신학교가 한 번 더 깊어질 수 있는 기회를 갖게 되었다. 이제 성과와 한계를 꼼

꼼하게 짚어보고, 무엇을 이어가고 어떤 것을 극복해야 하는지에 대하여 성찰하는 동시에 제2의 도약을 꿈꾸고 있다.

물론, 아직 갈 길이 남아 있다. 중앙 정부의 교육철학과 정책을 만나면서 한계를 절감하기도 했고, 스스로 범한 과오도 있었다. 우리 안에서조차 서로 지향하는 바가 달랐고, 변화에 대한 거부도 있었다. 무사안일도 있었고 '각자 업무처리' 관행과 편의주의도 있었다. 극히 일부이긴 하지만, 혁신학교를 통해 추구하고자 했던 본질적 가치와 지향에서 멀어져 '무늬만 혁신학교'로 변질된 경우도 분명히 존재한다. 학교에 대한 지원이 충분치 못한 데서 오는 현장의 어려움과 좌절, 원망도 있다. 지금도 '더 이상 교사의 헌신과 희생에 기대지 마라'는 가슴 아픈 하소연이 절절하게 들려오기도 한다.

그러나 어려움이 있다고 이토록 아름다운 길을 포기할 수 있을까? 언제 우리에게 한 번이라도 학교가 학교다워지는 것이 무엇인지 진지하게 성찰할 기회가 있었던가? 언제 우리가 수업 속에서 아이들의 모습을 바라보며 함께 아파하고 감동하고 눈물을 흘린 적이 있었던가? 언제 한 번이라도 교사들의 집단지성으로 학교를 운영해본 적이 있었던가? 언제 우리가 아이들의 행복을 중심에 놓고 학교를 디자인해본 적이 있었던가? 밤늦게까지 토론하고 회의하면서도 언제 가슴 뿌듯한 적이 있었던가?

힘들고 때론 상처도 생길 거라 예견했다. 그리고 성과만큼이나 한계나 어려움도 분명 있을 것이란 것도 이미 알고 있었다. 그러나 혁신학교는 우리가 예상했던 것보다 훨씬 아름다운 모습으로 성장했고 성장해가고 있다. 그리고 그 속에서 우리는 공교육의 새로운 희망을 발견했다.

더 나은 교육, 더 행복한 학교를 꿈꾸며

● 　이제 '혁신학교 2.0' 시대를 준비할 때다. 급속하게 성장하고 확산되는 초등학교에 비해 중학교와 고등학교는 그 속도와 정도가 덜한 편이다. 그래서 중·고등학교의 학교혁신 지원 방안을 만들기 위한 정책 방향을 더 고민하고 있다. 나아가 지역적으로도 초-중-고등학교가 연계될 수 있는 방안도 찾고 있다. 혁신학교의 모델이 될 만한 학교, 파일럿 스쿨과 연수원 학교도 계획하고 있다. 자치단체와 함께 그 지역의 학교 교육활동을 지원하기 위한 교육협력 사업도 여기저기에서 시도하고 있다. 혁신학교를 통해 얻은 과실을 어떻게 다른 학교들과 나눌 것인지, 나아가 어떻게 모든 학교가 이 아름답고 행복한 길에 스스로 동행하게 할 것인지에 대한 고민도 깊어지고 있다.

　교육이 희망이다. 정치든 경제든 사람이 하는 일이고, 사람은 교육을 통해 성장한다. 희망보다 절망이 더 커 보일지라도 절망을 희망으로 바꾸는 것 또한 사람의 힘으로 가능한 일이다. 그래서 더욱 교육만이 희망이다. 교육이 바뀌려면 학교가 바뀌어야 하고, 학교가 바뀌려면 교사가 먼저 자각하지 않으면 안 된다. 그래서 혁신학교는 싫든 좋든 교사의 집단적인 자각으로부터 출발할 수밖에 없다는 결론에 이르게 되었다. 우리는 경험으로 이를 체득했다.

　이제부터라도 동료 교사와 커뮤니티를 만들고, 독서토론을 하면서 우리 자신과 우리 아이들과 우리 학교와 우리의 교육에 대하여 진지하게 성찰하는 시간을 가져보자. 우리가 존재하고 있는 바로 이 학교를 따뜻한 학교로, 행복한 학교로 디자인하는 꿈을 꿔보자. 그리고 함께 생각을 나눠보자.

　"혁신학교, 우리도 한번 해볼까?"

에필로그

2014년 6. 4. 지방선거의 가장 큰 이변은 소위 진보 교육감이 대거 당선된 것이었다. 정당 투표에 가까웠던 시·도지사 선거의 결과와는 판이한 결과였기 때문이다. 어떤 이는 노무현 대통령 당선보다 더 큰 의미를 부여하기도 했다. 재선에 도전한 전북과 전남, 광주, 강원도의 진보 교육감이 예외 없이 재선에 성공했을 뿐만 아니라 서울, 경기, 인천을 포함한 13개 지역에서 진보 교육감을 선택했다. 왜일까? 아마도 많은 국민이 세월호 참사를 계기로 우리 교육에 대해 본질적인 질문을 던진 결과가 아닐까 생각한다.

그 이유야 무엇이든 그동안 진보 교육감들이 공통적으로 추진해왔던 정책이 좀 더 힘을 얻고 확산될 가능성이 커진 것은 사실이다. 중앙 정부의 교육철학이나 정책 방향과 다른 데에서 오는 갈등과 한계가 일정 정도는 존재하겠지만, 혁신학교와 보편적 교육복지, 학생 안전과 인권 관련 정책은 더욱 탄력을 받을 것이고 교육계의 청렴도나 정책 투명성 역시 제고될 것으로 기대한다.

이제 전북은 혁신학교 정책에 깊이를 더할 때가 되었다. 그동안 혁신학교 정책을 추진하면서 성장한 사람들이 그 깊이를 더해가는 핵심 동력이 될 것이다. 그리고 깊어지면 넓어질 것이다. 학교가 본질에 집중하고 깊어지는 행복한 성장을 경험한 사람은 또 다른 사람의 성장을 견인할 것이며, 행복 바이러스를 이웃 학교에 전파할 것이 때문이다. 이러한 선순환이 전북의 교육계에서 지속적으로 확대되고 재생산되기를 바라는 마음 간절하다. 나아가 다른 지역으로까지 행복 바이러스가 전파되는 데에 이 책이 조금이나마 기여하기를 바란다.

이 글은 처음부터 전북의 혁신학교 4년의 경험을 다른 지역과 고스란히 나누고 싶은 의도로 쓴 것이다. 그러므로 혁신학교를 추진하면서 얻은 우리 지역의 좋은 경험은 가져다 쓰고, 어렵고 힘들었던 경험은 미리 참고하여 시행착오를 줄여주는 역할을 했으면 하는 바람을 시종일관 가슴에 담고 진솔하게 쓰려고 노력했다.

고통스러운 글쓰기를 마치면서 그간 살아온 교육자로서의 삶을 돌아보게 된다. 부끄럽지 않은 교사로 살고 싶었지만, 그러지 못했던 모습이 더 많이 떠올라 부끄럽다. 줄곧 좌우명으로 여기며 살았던 서산 대사의 경구를 다시 한 번 가슴에 새겨본다.

踏雪野中去(답설야중거)

不須胡亂行(불수호란행)

今日我行跡(금일아행적)

遂作後人程(수작후인정)

눈 쌓인 들판을 걸을지라도
어지러이 걷지 마라.
오늘 내가 걸어간 발자국은
뒤따르는 사람의 길이 되느니라.

전라북도 혁신학교 지정 현황

지역	혁신학교 2011	2012	2013	2014	2015	지역	혁신학교 2011	2012	2013	2014	2015
전주	덕일초 서신초 덕일중 오송중 우림중	중앙초 전라중 전주남중 신흥고	전주초 북일초 전주중 곤지중 중앙중	신동초	지곡초 완산초 전주동초 신일중	완주	삼우초 이서초 봉서중	동상초 이성초	삼례초 고산중 고산고	소양서초 남관초 구이중	가천초 대덕초
						진안	장승초	마령초 동향초	백운초	진안중앙초	
군산	군산서초	미룡초 대야초 회현중	회현초 나운초 임피중	창오초 자양중	금광초 옥구중 군산남고	무주	구천초 무풍중고		적상초 안성중		
						장수		장수초	번암초 계북초	장계초 장계공고	번암중 백화여고
익산	성당초	부송초 성일고	진경여중	왕북초	이리동산초 황등중	임실	대리초 관촌중	삼계중 임실동중	청웅초 기림초 청웅중 성수중	덕치초	
정읍	수곡초 칠보중	백암초 덕천초 산외초 동화중	보성초 칠보초 소성초 영원초	북면초	정읍서신초 태인중	순창	풍산초	순창초 순창중앙초	복흥초 동산초	팔덕초	옥천초 동계중
남원	남원초	인월초 왕치초 운봉초	참사랑유치원 아영초 도통초 원천초	산내초	용성중	고창			성내초 심원중	무장초	
						부안		행안초 하서중		줄포초	부안초 하서초
김제	금산고	백석초 만경초 지평선중	공덕초	금산중	난산초	계	20	30	34	17	21

- 혁신학교 : 총 122개 학교 지정·운영
  – 2011년 20교, 2012년 30교, 2013년 34교, 2014년 17교, 2015년 21교
- 씨앗학교
  – 2011년 30교, 2012년 30교, 2013년 16교, 2014년 8교
- 학교급별 : 유치원 1교, 초등 79교, 중등 35교, 고등 7교, 총 122교

참고한 책 & 영감을 준 책

『경쟁에 반대한다』, 알피 콘, 산눈

『공동체는 어디에 있을까』, 서근원, 교육과학사

『공부상처』, 김현수, 에듀니티

『교사는 수업으로 성장한다』, 박현숙, 맘에드림

『교사를 춤추게 하라』, 우치다 타츠루, 민들레

『교사상처』, 김현수, 에듀니티

『교사, 수업에서 나를 만나다』, 김태현, 좋은교사

『교사의 도전』, 사토 마나부, 우리교육

『교실 속 인권나무』, 이기규, 우리교육

『교육개혁을 디자인한다』, 사토 마나부, 우리교육

『교육과정에 돌직구를 던져라』, 정성식, 에듀니티

『교육사유』, 함영기, 바로세움

『교육은 사회를 바꿀 수 있을까?』, 마이클 애플, 살림터

『김상곤, 행복한 학교 유쾌한 교육혁신을 말하다』, 김상곤 외, 시대의창

『김승환의 듣기여행』, 김승환, Human & Books

『꿈의 학교, 헬레네 랑에』, 에냐 리겔, 착한책가게

『나는 공짜로 공부한다』, 살만 칸, RHK

『나는 교문 앞 스토커입니다』, 이범희, 에듀니티

『나는 대한민국의 교사다』, 조벽, 해냄

『나는 혁신학교에 간다』, 경태영, 맘에드림

『내 아이가 사랑한 학교』, 강성미, 샨티

『내 아이를 위한 감정코칭』, 존 가트맨 외, 한국경제신문

『다시 학교를 디자인하다』, 한상준, 작은숲

『대한민국 교육혁명』, 교육혁명공동행동연구위원회, 살림터

『덕양중학교 개혁학교 도전기』, 김삼진 외, 맘에드림

『독일 교육 이야기』, 박성숙, 21세기북스

『마인드 인 소사이어티』, 비고츠키 외, 학이시습

『명강의 노하우&노와이』, 조벽, 해냄

『배움으로부터 도주하는 아이들』, 사토 마나부, 우리교육

『비고츠키, 불협화음의 미학』, 박동섭, 에듀니티

『비폭력 대화』, 마셜 로젠버그, 바오

『새로운 사회를 여는 교육자치혁명』, 한국교육연구네트워크, 살림터

『새로운 사회를 여는 교육혁명』, 심성보 외, 살림터

『수업, 어떻게 볼까』, 서근원, 교육과학사

『수업을 살리는 교육과정』, 서우철 외, 맘에드림

『수업을 왜 하지』, 서근원, 우리교육

『수업이 바뀌면 학교가 바뀐다』, 사토 마나부, 에듀니티

『수업컨설팅』, 조벽, 해냄

『아니야, 우리가 미안하다』, 천종호, 우리학교

『아이들이 주인공이 되는 주제 통합 수업』, 이윤미, 살림터

『어! 교육과정? 아하! 교육과정 재구성!』, 박현숙 외, 맘에드림

『우리도 행복할 수 있을까』, 오연호, 오마이북

『유령에게 말 걸기』, 김진경 외, 문학동네

『인권, 교문을 넘다』, 배경내 외, 한겨레에듀

『인재혁명』, 조벽, 해냄

『진로교육, 아이의 미래를 멘토링하다』, 조진표, 주니어김영사

『진짜 공부』, 김지수 외, 맘에드림

『징검다리 교육감』, 곽노현, 메디치

『청소년 감정코칭』, 최성애 외, 해냄

『초등교육을 재구성하라』, 초등교육과정연구모임, 에듀니티

『최고의 교사』, EBS, 문학동네

『투게더』, 리처드 세넷, 현암사

『펭귄과 리바이어던』, 요차이 벤클러, 반비

『프레네 교육학에 기초한 학교 만들기』, 디틀린데 바이예 외, 내일을여
는책

『핀란드 교육개혁 보고서』, 에르끼 아호 외, 한울림

『핀란드 교육의 성공』, 후쿠타 세이지, 북스힐

『학교가 달라졌다』, 이중현, 우리교육

『학교개혁, 정답입니다』, 최영란, 이매진

『학교란 무엇인가』, EBS, 중앙books

『학교란 무엇인가2』, EBS, 중앙books

『학교를 바꾸다』, 김성천 외, 우리교육

『학교 속의 문맹자들』, 엄훈, 우리교육

『학교에서 연극하자』, 구민정 외, 다른

『학교의 도전』, 사토 마나부, 우리교육

『학교 혁신의 길』, 서근원, 강현출판사

『학교 혁신의 패러독스』, 서근원, 강현출판사

『학급긍정훈육법』, 제인 넬슨 외, 에듀니티

『해석주의 교육사회학』, 서근원, 강현출판사

『행복한 교실을 만드는 희망의 심리학』, 김현수, 에듀니티

『행복한 작은 학교』, 이길로, 글담출판사

『행복한 진로학교』, 박원순 외, 시사IN북

『행복한 혁신학교 만들기』, 초등교육과정연구모임, 살림터

『혁신교육 미래를 말한다』, 서용선 외, 맘에드림

『혁신학교란 무엇인가』, 김성천, 맘에드림

『희망특강』, 조벽, 해냄

『14세 아이를 가진 부모들에게』, 우치다 타츠루 외, 에듀니티

30시간 2학점 원격연수

함께 만들어가는 학교

[학교혁신]
학교를 변화시키는 초등사례

전국 7개 새로운 학교의 철학과 교육과정, 수업의 노하우와 현장의 목소리를 담았습니다.

 전국교직원노동조합과 함께 만들었습니다.
http://www.eduhope.net

참여교사 거산초등학교 복준수, 장종천, 최은희, 한진희 / 구름산초등학교 고은정, 김은숙, 김은혜, 양명희, 진정아, 홍명희
보평초등학교 서길원 교장, 하승대 / 백원초등학교 김현정, 서근원 교수님, 최진열
상주남부초등학교 김주영, 백미연, 이용운, 전종태, 조용기 교수님 / 송산초등학교 김현진, 오선영 / 조현초등학교 이중현 교장, 박성만

30시간 2학점 원격연수

함께 만들어가는 학교!

[학교혁신]
학교를 변화시키는 중등사례

전국 6개 **새로운 학교의 철학과 교육과정, 수업의 노하우와 현장의 목소리**를 담았습니다.

 전국교직원노동조합과 함께 만들었습니다.
http://www.eduhope.net

참여교사 수완중학교 김혁순 교장, 강구, 김치원, 정성홍, 표남수, 한병순 / 장곡중학교 김미경, 문경일, 박현숙, 백원석, 이경숙, 이정민
호평중학교 강범식 교장, 김은시, 김희진, 이경하, 정현숙, 황연이 / 홍동중학교 이정로 교장, 노경수, 남동원, 민병성, 박신자, 방인성, 안은자
회현중학교 이항근 교장, 이경자, 양은희, 정영수 / 흥덕고등학교 이범희 교장, 김주영, 김문겸, 이만주

30시간 2학점 원격연수

아이들에게 배움을 강요하고 있지는 않으세요?

기본 **배움의 공동체**

수업이 바뀌면 학교가 바뀐다.

이 과정은 '손우정 교수님과 함께하는 배움의 공동체 집중연수' 현장 강의를 기초로
배움의 공동체의 철학과 원리, 실천방법을 충실히 다루고 있습니다.

배움의공동체연구회와 함께 만들었습니다.

http://www.learningcom.kr

강의 손우정
현 배움의공동체연구회 대표 / 전 하자센터 배움공방 대표 / 전 월간 우리교육 기획위원 / 전 서울시 대안교육센터 전문위원

30시간 2학점 원격연수

한 명의 아이도 포기하지 않는 배움 만들기!

심화 배움의 공동체
수업이 바뀌면 학교가 바뀐다.

'배움의 공동체-수업이 바뀌면 학교가 바뀐다' 기본 과정을 심화 발전시킨 과정으로,
배움의 공동체 철학이 담긴 수업 속으로 좀 더 깊이 들어가서 살펴봅니다.

이론
01. 배움의 공동체란?
02. 배움의 공동체에서 말하는 '배움'
03. 협동적인 배움의 이론
04. 배움의 공동체와 수업 연구
05. 배움 디자인
06. 수업에서 무엇을 볼 것인가 (수업을 보는 TIP)

국어
07. 국어교과와 배움
08. 국어과 수업 대화
09. 국어과 수업 비평

수학
10. 수학교과와 배움
11. 수학과 수업 대화
12. 수학과 수업 비평

미술
13. 미술교과와 배움
14. 미술과 수업 대화
15. 미술과 수업 비평

역사
16. 역사교과와 배움
17. 역사과 수업 대화
18. 역사과 수업 비평

기술/가정
19. 기술/가정교과와 배움
20. 기술/가정과 수업 대화
21. 기술/가정과 수업 비평

과학
22. 과학교과와 배움
23. 과학과 수업 대화
24. 과학과 수업 비평

영어
25. 영어교과와 배움
26. 영어과 수업 대화
27. 영어과 수업 비평

총정리
28. 중학교 실천사례
29. 고등학교 실천사례
30. 총정리 및 질의응답

배움의공동체연구회와 함께 만들었습니다.
http://www.learningcom.kr
강의 손우정
현 배움의공동체연구회 대표 / 전 하자센터 배움공방 대표 / 전 월간 우리교육 기획위원 / 전 서울시 대안교육센터 전문위원